Franz Lehner/Ulrich Widmaier
Vergleichende Regierungslehre

Grundwissen Politik
Begründet von Ulrich von Alemann
Herausgegeben von Arthur Benz,
Roland Czada und Georg Simonis

Band 4

Franz Lehner/Ulrich Widmaier

Vergleichende Regierungslehre

4. überarbeitete Auflage

Leske + Budrich, Opladen 2002

Die Autoren:
Prof. Dr. Franz Lehner, Präsident des Instituts Arbeit und Technik Gelsenkirchen im Wissenschaftszentrum NRW; Dr. Ulrich Widmaier, Professor für Vergleichende Regierungslehre und Politikfeldanalyse, Ruhr-Universität Bochum.

Gedruckt auf säurefreiem und altersbeständigem Papier.

Ein Titeldatensatz für diese Publikation ist bei
Der Deutschen Bibliothek erhältlich

ISBN 3-8100-3199

Satz: Leske + Budrich
Einbandgestaltung: disegno, Wuppertal
Druck: DruckPartner Rübelmann, Hemsbach
Printed in Germany

Inhaltsverzeichnis

Vorwort zur 4. Auflage

Der vorliegende Band bietet eine breite Einführung in die Vergleichende Regierungslehre, ihre Ansätze und ihren Erkenntnisstand. Dabei wird Vergleichende Regierungslehre nicht nur als formale Regierungsformenlehre, sondern auch als empirisch-analytische Analyse politischer Strukturen und Prozesse verstanden. Deshalb werden in diesem Buch nicht nur grundlegende Ansätze der Vergleichenden Regierungslehre dargestellt, sondern auch grundlegendes Wissen über Strukturen und Strukturprobleme westlicher Demokratien. Darüber hinaus werden Zusammenhänge zwischen institutionellen Strukturen und staatlichem Handeln diskutiert.

Das Buch gliedert sich in drei Teile. Im ersten Teil werden unterschiedliche Ansätze der Vergleichenden Regierungslehre dargestellt. Im zweiten Teil werden Strukturen und Strukturprobleme westlicher Regierungssysteme erörtert. Im dritten Teil werden Zusammenhänge zwischen institutionellen Strukturen und staatlichen Handlungskapazitäten demokratischer Regierungssysteme untersucht. Im Text wird nicht auf Literatur verwiesen. Dafür enthält jeder Teil am Ende eine kommentierte Bibliographie mit der wichtigsten Literatur.

Dieser Text ist zunächst – wie alle Bände dieser Reihe „Grundwissen Politik" – an der FernUniversität Hagen als Kurs entwickelt worden. Er beruht auf einer Einführungsveranstaltung, die Franz Lehner während seiner Lehrtätigkeit an der Ruhr-Universität Bochum gehalten hat. Nach dem Wechsel von Franz Lehner an das Institut Arbeit und Technik wurde dessen Lehrtätigkeit von Ulrich Widmaier übernommen und fortgeführt. Wir sind sehr froh, dass wir Ulrich Widmaier als Koautoren gewinnen konnten. Er zeichnete bereits für die umfangreiche Überarbeitung des Bandes für die 3. Auflage 1995 verantwortlich und besorgte auch seine inzwischen erneut erforderlich gewordene Aktualisierung und Ergänzung für die vorliegende 4. Auflage.

Der wichtigste Grund für den Entschluss, eine im größeren Umfang überarbeitete Neuauflage zu präsentieren, liegt in der dynamischen Entwicklung des Gegenstandes selbst. In den letzten sieben Jahren haben sich in einigen westlichen Regierungssystemen Veränderungen vollzogen, die unbedingt – insbesondere wenn ihre institutionellen Auswirkungen schon sichtbar sind – in einem solchen Text berücksichtigt werden müssen. Hinzu kommt, dass sich die Gewichte einzelner Nationen in der vergleichenden Betrachtung verschoben haben.

Ein kaum weniger wichtiges Motiv für eine Überarbeitung ergibt sich aus der Tatsache, dass sich die theoretisch-konzeptionellen Perspektiven einer modernen

Vergleichenden Regierungslehre inzwischen durch den Beitrag neuerer Ansätze erweitert haben.

Der dritte Grund für eine Überarbeitung ist eher banaler Art. Jeder Text hat formale und inhaltliche Unzulänglichkeiten, die man verbessern kann. Hinzu kommt, dass die empirischen Analysen des dritten Teils zwangsläufig an Aktualität und damit Interesse verloren haben und folglich durch aktuellere Beispiele ersetzt werden mussten.

Das Buch wurde vor allem für Studentinnen und Studenten geschrieben, die schon über einige Grundkenntnisse der Politikwissenschaft verfügen. Das entspricht der an den meisten deutschen Universitäten üblichen Einordnung der Vergleichenden Regierungslehre in den Studienablauf. Vergleichende Regierungslehre ist üblicherweise Bestandteil des Grundstudiums, wird jedoch zumeist im dritten oder vierten Fachsemester angesiedelt. Obwohl dieses Buch in erster Linie für Studierende der Politikwissenschaft geschrieben wurde, ist es auch für andere Personengruppen, die an Politik und Politikwissenschaft interessiert sind, gedacht. Es wurde deshalb so angelegt, dass es auch für andere Leser verständlich ist.

Die beiden Autoren widmen das Buch Rudolf Wildenmann und Karl W. Deutsch, denen sie das breite Verständnis von Vergleichender Regierungslehre, das diesem Buch zugrunde liegt, verdanken. Dazu gehört insbesondere auch das Verständnis für die Notwendigkeit, Vergleichende Regierungslehre nicht bloß als formale Regierungsformenlehre zu betreiben, sondern als empirisch-analytisches Teilgebiet der Politikwissenschaft.

Das Schreiben und die Erstellung dieses Buches und seiner Neuauflage wurde von Kolleginnen und Kollegen, Mitarbeiterinnen und Mitarbeitern in Hagen und Bochum hilfreich unterstützt. Angelika J. Hüpen hat die stilistischen und orthographischen Korrekturen vorgenommen. Die Druckvorlage und die Schaubilder wurden von Ralf Schröer, Dietrich Plath und Christian Wehry erstellt. An der FernUniversität Hagen hat Stephan Bröchler, der hier seit vielen Jahren diesen Lehrtext betreut, an seiner Überarbeitung mitgewirkt. Der Dank der Herausgeber gebührt vor allem aber Franz Lehner und Ulrich Widmaier, die mit dieser „Vergleichenden Regierungslehre" ein unverzichtbares Standardwerk vorgelegt haben.

Hagen, im Mai 2002

Arthur Benz *Roland Czada* *Georg Simonis*

Einleitung

Die Vergleichende Regierungslehre ist eines der Kerngebiete der Politikwissenschaft. Sie beschäftigt sich mit dem systematischen Vergleich unterschiedlicher Staats- und Regierungsformen, ihren unterschiedlichen politischen Strukturen und den damit zusammenhängenden Politikprozessen. Dabei steht auch der normative Grundgedanke der Politikwissenschaft zur Diskussion, dass jedes Gemeinwesen eine politische Ordnung benötigt, dass aber die beste und gerechteste aller Ordnungen noch nicht gefunden wurde und aufgrund der Dynamik des gesellschaftlichen Wandels auch in Zukunft nicht gefunden werden dürfte. Politische Ordnungen sind deshalb immer Annäherungen an einen normativ begründeten Idealzustand.

Die Vergleichende Regierungslehre hat kein einheitliches Erkenntnisinteresse. Es gibt verschiedene Ansätze und Konzeptionen von Vergleichender Regierungslehre. Diese Ansätze lassen sich durch unterschiedliche Fragestellungen sowie durch unterschiedliche theoretische und methodische Grundlagen charakterisieren. Obwohl es keine allgemeinen Grundlagen der Vergleichenden Regierungslehre gibt, existieren jedoch Orientierungen, Kenntnisse und Einsichten, die für das Studium der Vergleichenden Regierungslehre grundlegend sind.

Grundlegend für das Studium der Vergleichenden Regierungslehre sind neben der Kenntnis wichtiger Begriffe vor allem die Vertrautheit mit den wichtigsten theoretischen Ansätzen dieser Subdisziplin und das Verständnis der damit verbundenen methodischen Probleme. Die Tatsache, dass in der Vergleichenden Regierungslehre verschiedene Ansätze mit unterschiedlichen theoretischen und methodischen Grundlagen nebeneinander existieren, wird in einführenden Arbeiten selten deutlich gemacht. Einführende Bücher und Aufsätze werden vielmehr in der Regel auf der Grundlage eines bestimmten Ansatzes geschrieben, dem der/die Autor/in nahesteht, während alternative Ansätze nicht oder nur am Rande diskutiert werden. Das führt jedoch zu einem verkürzten Verständnis von Vergleichender Regierungslehre. Eine solche Verkürzung versuchen wir, in dieser Einführung zu vermeiden.

Zum Inhalt von Teil I

Ein erster wichtiger und weit verbreiteter Ansatz der Vergleichenden Regierungslehre wird als Verfassungssystematik bezeichnet. Die Verfassungssystematik strebt eine systematische Erfassung und Diskussion von Herrschaftsformen, Verfassungsstrukturen und institutionellen Regelungen an. Ihr Ziel ist die Herausarbeitung unterschiedlicher Typen von politischen Systemen und ihre Einordnung in umfassendere Klassifikationen. Sie hat ihre wesentlichen Impulse aus der Staatslehre, d.h. aus der Rechtswissenschaft, und aus der Geschichtswissenschaft erhalten. Das Wissenschaftsverständnis und die Methodologie dieser Disziplinen kennzeichnen die Verfassungssystematik als einen Versuch einer synoptischen Beschreibung und systematischen Bewertung institutioneller Strukturen. Das Resultat ist eine Regierungsformenlehre, die politische Strukturen und Prozesse nach formalen oder normativ begründeten Kriterien beschreibt und systematisiert. Eine positive Theoriebildung auf der Grundlage nomologischen Wissens wird nicht angestrebt.

Ein zweiter wichtiger Ansatz ist die systemtheoretische Konzeption von Vergleichender Regierungslehre. Dieser Ansatz wendet sich gegen eine nur klassifizierend-beschreibende Regierungsformenlehre und versucht, die Vergleichende Regierungslehre theoretisch zu untermauern. Sein Ziel ist es, durch einen systematischen Vergleich politischer Strukturen und Prozesse Erklärungen für funktionale Zusammenhänge zu finden. Die systemtheoretische Variante der Vergleichenden Regierungslehre lässt sich in eine soziologische Tradition, genauer in die Tradition der soziologischen Systemtheorie Talcott PARSONS', einordnen. Diese Theorie hat auch die Politikwissenschaft stark beeinflusst. Vor allem David EASTON und Karl DEUTSCH haben in Anlehnung an PARSONS versucht, eine allgemeine Theorie politischer Systeme zu entwickeln.

Politische Systeme werden von EASTON und DEUTSCH als selbstregulierende Systeme mit bestimmten funktionalen Mechanismen für die Sicherung der Anpassungsfähigkeit und der Selbstregulierungskapazität betrachtet. Diese Grundkonzeption hat zum Beispiel DEUTSCH in einer kybernetischen Systemtheorie weiterentwickelt. Zugleich hat DEUTSCH seine Theorie in empirischen Analysen zur Vergleichenden Regierungslehre umgesetzt. Damit hat er vor allem die amerikanische Tradition der „comparative politics“ nachhaltig beeinflusst.

Systemtheoretische Varianten der Vergleichenden Regierungslehre beschränken sich im Gegensatz zur Verfassungssystematik folglich nicht auf Beschreibungen und Klassifikationen unterschiedlicher Staats- und Regierungssysteme, sondern versuchen, institutionelle Strukturen, ihre Funktionen und ihre Funktionsprobleme mit einem einheitlichen theoretischen Gerüst zu erklären. Der Versuch, die Vergleichende Regierungslehre auf eine einheitliche theoretische Basis zu stellen, wird dabei allerdings mit einem hohen Grad an Abstraktion der verwendeten Begriffe und Konzepte erkauft.

Beschränkt man den Gegenstandsbereich der Vergleichenden Regierungslehre nicht nur auf die Beschäftigung mit Verfassungsinstitutionen im engeren Sinne, dann fällt der steigende Beitrag der ökonomischen Theorie der Politik auch für dieses Gebiet auf. Aus politikwissenschaftlicher Perspektive ist es dabei von besonderem Interesse, wie aus individuellem rationalen (eigennützigen) Verhalten kollektive, politische Entscheidungen entstehen können. Dazu werden wir drei grundlegende Konzeptionen im Rahmen der ökonomischen Theorie der Politik diskutieren. Zum Ersten gibt es die Idee eines politischen Marktes, auf dem Wähler und politische Unternehmer (Parteien) in einen Tauschprozess eintreten. Dieses Konzept ist vor allem mit Anthony DOWNS und seiner ökonomischen Theorie der Demokratie verbunden. Zum Zweiten spielen die Entscheidungsregeln, mit deren Hilfe kollektive Entscheidungen getroffen werden, eine große Rolle (z.B. Einstimmigkeits- vs. Mehrheitsregel). So ist eine einstimmige Entscheidung zwar für alle an der Entscheidung Beteiligten optimal, aber sie erfordert lange Verhandlungen und kommt deshalb häufig überhaupt nicht zustande, da jeder der beteiligten Akteure (Letztere können auch Institutionen sein) sein Veto einlegen kann. Diesem Thema haben sich vor allem James BUCHANAN und Gordon TULLOCK zugewandt, die als Erfinder der „constitutional economics" gelten. Das Problem der so genannten Vetospieler in einem gegebenen konstitutionellen Rahmen war neben anderen in jüngerer Zeit Gegenstand der Arbeiten von TSEBELIS. Die dritte Konzeption befasst sich mit der Organisation von Interessen und der Logik kollektiven Handelns. Dieser Ansatz ist eng mit dem Namen Mancur OLSON verbunden.

Mit diesen theoretischen Konzepten ist die ökonomische Theorie der Politik zwar keine spezifische Theorie der Vergleichenden Regierungslehre, aber ein Ansatz, der auf vielfältige Weise die vergleichende Analyse theoretisch anregen und auch systematisieren kann. Insbesondere gelingt es mit diesem Instrumentarium, grundlegende Annahmen über das Verhalten von Akteuren in variierenden institutionellen und kulturellen Kontexten als konstant zu betrachten, was Vergleiche erleichtert.

Auch neuere theoretische Strategien, die als kognitive oder konstruktivistische Ansätze bezeichnet werden, werden nicht nur in der Vergleichenden Regierungslehre verwendet. Sie finden sich in Policy-Analysen wie in der Internationalen Politik gleichermaßen. Sie wollen insbesondere erklären, auf welchen kognitiven und normativen Grundlagen Akteure politisch handeln. Damit rücken Wissen und seine Einbettung in Überzeugungssysteme ins Zentrum der Analyse. Dies schließt nicht aus, dass individuelle und kollektive Akteure auf der Grundlage solcher Überzeugungssysteme (Weltbilder) rational, zumindest aufgrund begrenzten Wissens begrenzt rational, handeln. Aber da die ökonomische Theorie nicht oder nur unzureichend erklärt, wie normative Grundlagen des Verhaltens und damit Präferenzen zustande kommen, wird durch solche Ansätze nach Ansicht ihrer Vertreter eine Erklärungslücke geschlossen.

In den letzten Jahrzehnten hat sich aus den bereits dargestellten Ansätzen heraus eine Forschungsrichtung entwickelt, die wir als vergleichende Policy-Analyse oder empirisch-analytische Regierungslehre bezeichnen wollen. Dieser Ansatz war zunächst insofern stark von der systemtheoretischen Variante der Vergleichenden Regierungslehre beeinflusst, als er das Ziel verfolgte, allgemeine Zusammenhänge zwischen institutionellen Strukturen einerseits und dem Ablauf und Ergebnis politischer Prozesse andererseits theoretisch zu erklären und empirisch zu überprüfen. Die empirisch-analytisch orientierte Vergleichende Regierungslehre basiert jedoch nicht nur auf der Systemtheorie. Sie hat keine einheitliche theoretische Basis, sondern kann mit unterschiedlichen theoretischen Ansätzen – zum Beispiel auch politisch-ökonomischen Theorien und Modellen („rational coice“) und/oder konstruktivistischen Perspektiven – verbunden werden. Ihr allgemeines Merkmal ist, dass institutionelle Strukturen und Prozesse sowie das wissen- und normbasierte bzw. zielgerichtete Handeln individueller, aber insbesondere kollektiver Akteure als wichtige Determinanten von Politik und staatlichem Handeln verstanden und zum Erklärungsobjekt werden.

Es geht um eine „policy“-orientierte Analyse von Regierungssystemen, also um eine Vergleichende Regierungslehre, die sich an den Erkenntnisinteressen der so genannten „Policy-Analyse“ (auf deutsch: Politikfeldanalyse) orientiert. Vergleichende Regierungslehre wurde bisher überwiegend in einer „polity“- und „politics“-Orientierung verstanden, während hier Vergleichende Regierungslehre in einer „policy“-Orientierung diskutiert wird. Die Begriffe „policy“, „politics“ und „polity“ beziehen sich dabei auf eine aus der amerikanischen Politikwissenschaft übernommene Unterscheidung von

- „Polity“ als Bezeichnung für die formale Struktur von Politik, d.h. für die Institutionen, Verfahren und Normen von Politik,
- Politics“ als Bezeichnung für Politik als Prozess der Vermittlung und Durchsetzung von Interessen, der Regulierung von Konflikten und des Fällens politischer Entscheidungen,
- „Policy“ als Bezeichnung für Politik als wert- und zielgerichtetes staatliches Handeln. Es geht also um Politik im Sinne von Gesundheitspolitik, Bildungspolitik oder Wirtschaftspolitik.

Da im deutschen Sprachgebrauch keine Unterscheidung verschiedener Ebenen von Politik möglich ist, ist es durchaus sinnvoll, hier die amerikanischen bzw. englischen Begriffe zu übernehmen. Allerdings wird für „Policy-Analyse“ im Deutschen immer häufiger der Begriff „Politikfeldanalyse“ verwendet. Es scheint so, als würde sich diese Bezeichnung durchsetzen.

Policy-Analyse beschäftigt sich mit den Strategien, Instrumenten und Aktivitäten, mit denen öffentliche (staatliche) Akteure wirtschaftliche und gesellschaftliche Probleme zu bewältigen versuchen. Sie untersucht die Voraussetzungen, Bedingungen und Konsequenzen materieller Politik. Sie interessiert sich für die Art und Weise, in der die Politik ihre Funktionen erfüllt und fragt nach der Effektivität und Effizienz politischen Handelns.

Diese materiellen Dimensionen von Politik haben in der traditionellen Politikwissenschaft eine eher untergeordnete Rolle gespielt. Sie hat sich überwiegend mit institutionellen Strukturen und politischen Vermittlungs- und Entscheidungsprozessen beschäftigt und sich dabei vor allem Fragen der Macht, der Legitimität und Stabilität zugewandt. Die Untersuchung materieller Politik und der Effektivität und Effizienz politischen Handelns hat in den letzten Jahrzehnten aufgrund der Ausweitung der Staatstätigkeit eine größere Bedeutung erhalten.

Policy-Analyse kann als eine spezifische Forschungsrichtung in der Politikwissenschaft verstanden werden. Sie wird jedoch auch als ein neues „Paradigma“ von der (traditionellen) Politikwissenschaft abgegrenzt. Dabei wird die „policy science“ gerne als eine praxisrelevante Beratungswissenschaft der „political science“ als einer akademischen Reflexionswissenschaft gegenübergestellt. Diese Abgrenzung ist jedoch nicht sinnvoll, weil wir es nicht mit zwei verschiedenen Wissenschaften mit jeweils unterschiedlichen Gegenstandsbereichen, Theorien und Methoden zu tun haben. Es handelt sich eher um verschiedene Forschungsrichtungen, die unterschiedliche Aspekte von Politik untersuchen und mit unterschiedlichen Fragestellungen an die Analyse politischer Systeme herangehen. Die beiden Forschungsrichtungen konkurrieren nicht miteinander, sondern ergänzen sich.

In den modernen kapitalistischen Gesellschaften operiert die Politik zum Beispiel unter den Bedingungen einer starken politisch-ökonomischen Interdependenz. Unternehmen und die Wirtschaft insgesamt sind einerseits abhängig von einer Vielzahl staatlicher Infrastruktur-, Sozial-, Ordnungs- und Steuerungsleistungen und auf den Staat angewiesen bei der Sicherung von Währungs- und Preisstabilität, die Verringerung unternehmerischer Risiken, die Beschaffung qualifizierten Personals, den Schutz der Umwelt und der natürlichen Ressourcen, die Regulierung sozialer Konflikte und vieler anderer Faktoren. Andererseits bezieht der Staat seine wesentlichen finanziellen Ressourcen aus der Besteuerung privater wirtschaftlicher Aktivitäten von Produzenten und Konsumenten. Diese weit gespannte und tief greifende Involvierung des modernen Staates entspricht zum Teil den ökonomischen Ordnungsfunktionen des Staates. Die starke Interdependenz von Wirtschaft und Staat bzw. Politik bedeutet jedoch keineswegs, dass der Staat über beträchtliche Möglichkeiten einer autoritativen Lenkung der Wirtschaft verfügt oder verfügen sollte. Im Gegenteil: er ist bezüglich der Durchsetzbarkeit und der Erfolgschancen seiner Politik auf die Kooperation von Wirtschaft und wirtschaftlichen Interessenverbänden angewiesen. Das liegt unter anderem daran, dass große Unternehmen und wirtschaftliche Verbände über erhebliche wirtschaftliche und damit auch politische Macht verfügen, weil sie einen großen Teil von Produktion und Verteilung sowie andere gesellschaftlich relevante Leistungen kontrollieren.

Die wechselseitige Interdependenz von Staat und Wirtschaft wird vermittelt durch die Interaktionen zwischen dem politisch-administrativen System einerseits und organisierten Interessen sowie großen Unternehmen andererseits. Diese Interaktionen finden im Rahmen von institutionellen Strukturen statt, die erheblich zwischen Ländern und Politikbereichen variieren. In manchen Ländern und/oder Politikbereichen haben wir es mit schwach integrierten Strukturen und pluralistischen Interaktionen einer großen Zahl von staatlichen Agenturen, Verbänden, Parteien und anderen Akteuren zu tun; in anderen dagegen stoßen wir auf stark integrierte Strukturen und monopolistische Interaktionen von wenigen dominierenden Interessengruppen.

In einigen Ländern und/oder Politikbereichen sind diese Interaktionen eingebunden in ein zentralistisches System; in anderen dagegen finden sie im Rahmen dezentralisierter Strukturen und Prozesse statt. Damit sind unterschiedliche Durchsetzungschancen für organisierte Interessen, sich unterscheidende Bedingungen der Konfliktregulierung und verschiedene Handlungsmöglichkeiten der Politik verbunden. Deshalb können wir auch vermuten, dass spezifische institutionelle Strukturen mit unterschiedlichen Mustern der Problemverarbeitung und Leistungsfähigkeit verbunden sind.

Die bisher skizzierten Ansätze definieren die Vergleichende Regierungslehre über theoretische Strategien (die Konstruktion einer Verfassungssystematik, die Interpretation von Politik als systemtheoretischer Regelkreis, die Annahme über nutzenmaximierende Akteure, die Entstehung und der Wandel von Überzeugungssystemen und Weltbildern). In dieser Sicht ist also die Vergleichende Regierungslehre, ebenso wie andere Teilgebiete der Politikwissenschaft (z.B. die Innenpolitik, die Internationale Politik oder die Politische Soziologie), durch einen spezifischen Gegenstandsbereich (die Systematik von Regierungsformen, die Analyse struktureller und funktionaler Zusammenhänge politischer Systeme, die Untersuchung der Folgen des individuellen Nutzenmaximierungsprinzips für kollektive politische Entscheidungen, die Bestimmung der Bedeutung kognitiver Elemente für politische Handlungen) bestimmbar, dessen Untersuchung eine vergleichende Analyse erfordert bzw. nahe legt.

Im Gegensatz dazu wird Vergleichende Regierungslehre in einem weiteren Verständnis als reine Methode definiert. In dieser Sicht hat Vergleichende Regierungslehre kein spezifisches Erkenntnisinteresse, sondern lässt sich als Methode der Entdeckung und Erfassung empirischer Zusammenhänge für die Verfolgung unterschiedlicher Erkenntnisinteressen und Fragestellungen nutzen. Sie ist inhaltlich offen und wird definiert als quasi-experimentelle Forschungsstrategie zur empirischen Analyse allgemeiner Zusammenhänge unter unterschiedlichen strukturellen Bedingungen. Dabei sind institutionelle Strukturen zumeist nicht das zentrale Erklärungsobjekt, sondern werden als Kontextbedingungen für andere Zusammenhänge (z.B. zwischen Sozialstrukturen und Wahlverhalten oder Parteikonkurrenz) definiert.

Die hier genannten theoretisch-konzeptionellen Grundlagen der Vergleichenden Regierungslehre werden im ersten Teil dieses Buches dargestellt und diskutiert. Dabei geht es insbesondere darum, die theoretische und methodologische Heterogenität der Vergleichenden Regierungslehre deutlich zu machen. Diese Heterogenität ist ein wesentliches Merkmal des gegenwärtigen Diskussionstandes der Vergleichenden Regierungslehre. Trotz dieser Heterogenität gibt es in der Vergleichenden Regierungslehre aber ein breites akkumuliertes Wissen über Strukturen und Strukturprobleme politischer Systeme. Das gilt insbesondere in Bezug auf die westlichen Regierungssysteme, auf deren Behandlung sich dieser Kurs beschränkt. Das akkumulierte Wissen besteht zum einen aus deskriptiven Informationen, zum anderen aber auch aus einem breit akzeptierten und systematischen Verständnis von Problemen bestimmter politischer Systeme. Insofern kann man durchaus von der Existenz eines Grundwissens in der Vergleichenden Regierungslehre sprechen.

Zum Inhalt von Teil II

Im zweiten Teil des Kurses werden Grundkenntnisse über die wichtigsten westlichen Regierungssysteme vermittelt. Dabei werden unterschiedliche Formen demokratischer Regierungsweise und deren institutionelle Strukturen dargestellt und die mit ihren unterschiedlichen institutionellen Strukturen verbundenen Probleme erörtert.

In einer formal-deskriptiven Sichtweise werden zunächst drei unterschiedliche Typen demokratischer Regierungssysteme anhand von empirischen Beispielen unterschieden:

- die parlamentarischen Regierungssysteme Großbritanniens, Italiens und Japans;
- das präsidentielle Regierungssystem der Vereinigten Staaten von Amerika und das semi-präsidentielle der Fünften Republik Frankreichs;
- das durch weitgehende plebiszitäre (direktdemokratische) Elemente gekennzeichnete Regierungssystem der Schweiz.

Diese Regierungssysteme basieren auf unterschiedlichen Verfassungsprinzipien und repräsentieren unterschiedliche Konzeptionen der Kontrolle von Herrschaft. Die parlamentarischen und die präsidentiellen Regierungssysteme stellen unterschiedliche Varianten repräsentativer Demokratie dar; die Schweiz dagegen ist ein westliches Regierungssystem mit effektiven Strukturen einer plebiszitären Demokratie.

Repräsentative und plebiszitäre Regierungssysteme stellen als Typen unterschiedliche Modelle demokratischer Kontrolle staatlichen Handelns dar. Beide basieren auf dem Prinzip der Volkssouveränität, d.h. auf dem Prinzip der Kontrolle von Herrschaft und staatlichem Handeln durch die Bürger. In einem rein plebiszitären System wird diese Kontrolle durch Volksabstimmungen ausgeübt; in repräsentativen Systemen dagegen erfolgt die Kontrolle mittelbar durch das Parlament. In repräsentativen Systemen entscheidet damit das vom Volk gewählte Parlament stellvertretend für das Volk, in plebiszitären Systemen dagegen das Volk (d.h. die stimmberechtigten Bürger) unmittelbar.

In der Praxis äußert sich dieser Unterschied so, dass in repräsentativen Demokratien die Gesetzgebung beim Parlament liegt und die Partizipation der Bürger an politischen Entscheidungen auf Wahlen und die Mitwirkung in Parteien und Verbänden beschränkt ist. In plebiszitären Demokratien können sich die Bürger über Volksabstimmungen direkt an der Gesetzgebung beteiligen. Das bedeutet aber nicht, dass es in realen Systemen keine repräsentativen Organe (Parlamente) mit Gesetzgebungskompetenz gibt. Ihre politische Handlungsfähigkeit bei der Gesetzgebung wird jedoch durch die plebiszitären Elemente der Verfassung eingeschränkt.

Ein Modell mit weitgehenden plebiszitären Elementen ist auf der nationalstaatlichen Ebene gegenwärtig in der Schweiz realisiert. Plebiszitäre Verfahren gibt es darüber hinaus in einigen Bundesstaaten der Vereinigten Staaten von Nordamerika und mit geringerer Bedeutung auch in Frankreich und in kleineren Ländern Westeuropas. Die Bedeutung des plebiszitären Modells liegt nicht in seiner realen Verbreitung; es ist aber ordnungspolitisch als theoretische Alternative zur repräsentativen Demokratie interessant und der Gegensatz beider Modelle bestimmt in hohem Maße die ideengeschichtliche und theoretische Diskussion über die Demokratie als Herrschaftsform.

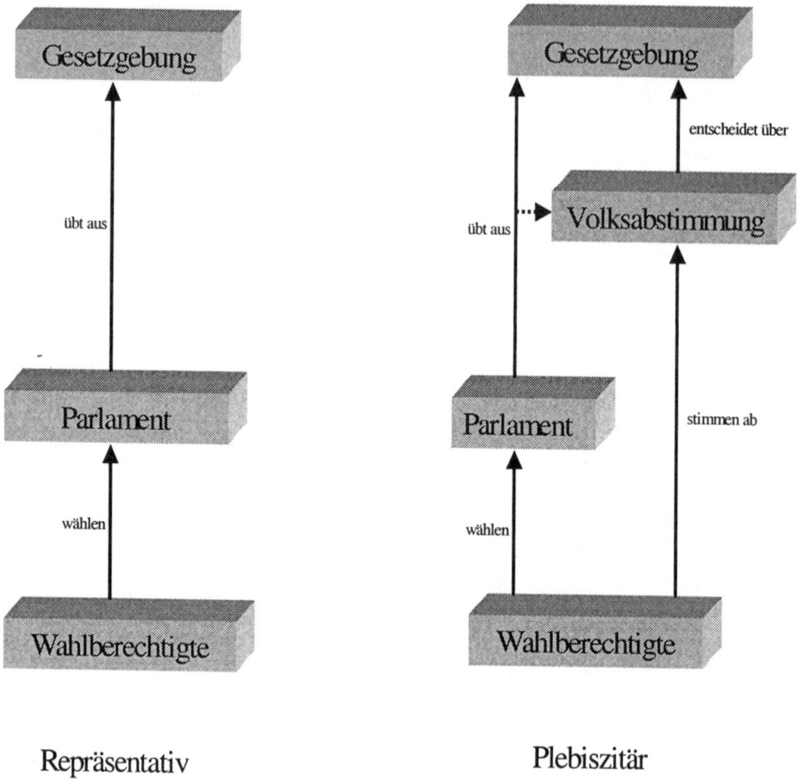

Schaubild 1: Repräsentative versus plebiszitäre Demokratie

Parlamentarische und präsidentielle Regierungssysteme stellen unterschiedliche Varianten des repräsentativen Modells dar. Der wesentliche Unterschied liegt im Verhältnis von Exekutive und Legislative. Das präsidentielle Modell ist durch eine Gewaltenteilung zwischen Exekutive und Legislative gekennzeichnet, das parlamentarische durch eine Gewaltenverschränkung.

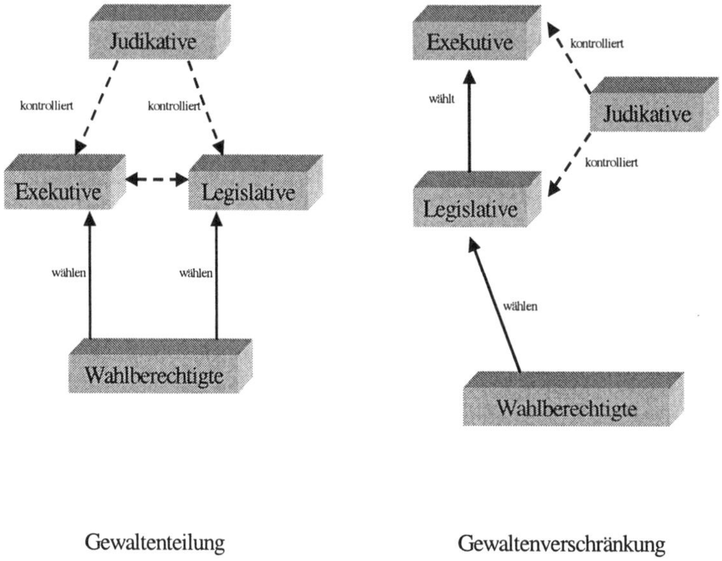

Schaubild 2: Gewaltenteilung versus Gewaltenverschränkung

Gewaltenteilung und Gewaltenverschränkung markieren unterschiedliche Konzeptionen der Kontrolle politischer Macht. Im Modell der Gewaltenteilung soll die Kontrolle der Regierung durch eine Trennung und wechselseitige Kontrolle von Exekutive und Legislative gewährleistet werden. Im Modell der Gewaltenverschränkung dagegen sind Exekutive und Legislative über den Mechanismus der parlamentarisch gestützten Regierungsbildung miteinander verflochten und können sich deshalb nur beschränkt wechselseitig kontrollieren. Diese Aufgabe übernimmt die Opposition. In diesem Modell soll die Parteienkonkurrenz zwischen Regierungs- und Oppositionspartei für eine Kontrolle der Regierungsmacht sorgen.

Die beiden Modelle repräsentativer Demokratie werden in den westlichen Demokratien in unterschiedliche institutionelle Strukturen mit unterschiedlichen Ordnungsprinzipien umgesetzt. Das semi-präsidentielle Regierungssystem Frankreichs und das präsidentielle der Vereinigten Staaten von Amerika zum Beispiel weisen nicht nur unterschiedliche institutionelle Strukturen auf, sondern basieren auch auf unterschiedlichen politischen Ordnungsprinzipien und Staatsverständnissen. Dies geht so weit, dass die Zuordnung der Verfassung der Fünften Republik zu den präsidentiellen Regierungssystemen in der Literatur nicht unumstritten ist. Ähnliche Unterschiede gibt es auch zwischen den parlamentarischen Regierungssystemen.

Die hier angesprochenen Unterschiede sind nicht nur von formaler Bedeutung. Sie beeinflussen vielmehr die Art und Weise, in der wirtschaftliche und gesellschaftliche Probleme politisch vermittelt und umgesetzt werden. Unterschiedliche institutionelle Strukturen sind dabei

- mit unterschiedlichen Repräsentationsmechanismen verbunden und beeinflussen dadurch die politische Vermittlung von Interessen,
- mit unterschiedlichen Machtstrukturen verbunden und beeinflussen dadurch die politische Regulierung wirtschaftlicher und gesellschaftlicher Konflikte,
- mit unterschiedlichen Informations- und Kommunikationsstrukturen verbunden und beeinflussen dadurch die politische Wahrnehmung und Verarbeitung von wirtschaftlichen und gesellschaftlichen Problemen,
- mit unterschiedlichen Partizipationschancen verbunden und beeinflussen dadurch die Legitimität und Akzeptanz politischer Entscheidungen,
- mit unterschiedlichen Bedingungen des Erwerbs und des Erhalts von Regierungsmacht verbunden und beeinflussen damit die Stabilität politischer Systeme,
- mit unterschiedlichen Mustern der Verflechtung von Staat, Wirtschaft und Gesellschaft verbunden und beeinflussen dadurch die Effektivität und Effizienz staatlichen Handelns.

Diese nur beispielhaft benannten funktionalen Konsequenzen der institutionellen Gestaltung von Politik führen zu komplexen Wechselbeziehungen zwischen Strukturen, funktionalen Kapazitäten und politischem Handeln. Diese Zusammenhänge können im Rahmen eines einführenden Buches allerdings nicht sehr ausführlich analysiert werden. Sie sollen aber zumindest beispielhaft erörtert werden.

Zum Inhalt von Teil III

Aus diesem Grunde werden im dritten abschließenden Teil exemplarisch einige wichtige Strukturprobleme westlicher Demokratien diskutiert. Dazu gehört insbesondere die Regierungsproblematik moderner Demokratien. Dabei werden Zusammenhänge zwischen institutionellen Strukturen einerseits und der Handlungs- und Leistungsfähigkeit politischer Systeme andererseits thematisiert. Als Beispiel dient u.a. ein Vergleich zentraler mit dezentralen Strukturen der Politiksteuerung.

Mit diesen drei Teilen und ihren verschiedenen Perspektiven bietet der vorliegende Band eine kompakte Einführung in die Vergleichende Regierungslehre, ihren gegenwärtigen Forschungsstand und ihre Perspektiven. Dadurch soll insbesondere auch deutlich gemacht werden, dass die Vergleichende Regierungslehre ein sich weiter entwickelndes Teilgebiet der Politikwissenschaft darstellt, das aus einem engen Bezug zu wichtigen Problemen moderner politischer Systeme immer wieder neue Impulse erhält und durch theoretische Reflexion und empirische Analyse auch Anstöße für Problemlösungen in der politischen Praxis geben kann.

Teil I:
Theoretische Grundlagen der Vergleichenden Regierungslehre

1. Vergleichende Regierungslehre als Verfassungssystematik

Ziel der Verfassungssystematik

Die Vergleichende Regierungslehre hat als Verfassungssystematik eine lange Tradition, die man bis zu ARISTOTELES zurückführen kann. Sie ist charakterisiert durch den Versuch, unterschiedliche Regierungssysteme im Rahmen von Klassifikationen oder Typologien systematisch zu ordnen.

Klassifikationen sind Einteilungsschemata, die mit Hilfe bestimmter Kriterien eine strenge Ordnung bestimmter Objekte vornehmen. Objekte werden mit Hilfe eindeutiger und strikter Merkmale in Klassen eingeteilt.

Typologien nehmen dagegen keine eindeutige und strikte Einordnung vor, sondern gehen von einigen zentralen Merkmalen aus und ordnen Objekte einem Typus zu, wenn seine realen Eigenschaften eine erhebliche Überstimmung mit den Definitionsmerkmalen dieses Typus aufweisen.

Formale und normative Kriterien

Die Verfassungssystematik ordnet Regierungssysteme nach bestimmten Kriterien, die entweder formal oder normativ definiert werden. Formale Kriterien beziehen sich auf beobachtbare, äußerliche Merkmale. So unterscheidet beispielsweise ARISTOTELES nach der Zahl der an der Herrschaft Beteiligten zwischen Monarchie, Aristokratie und Timokratie. Zugleich aber unterscheidet er auf der Basis normativ postulierter und abgeleiteter Kriterien zwischen legitimen und illegitimen Formen (gemeinwohlorientierten und eigennützigen) – bei der Herrschaft von Einzelpersonen zwischen (legitimer) Monarchie und (illegitimer) Tyrannei. Der Aristokratie stellt er die Oligarchie entgegen und der Timokratie die Demokratie. Diesen Unterscheidungen der aristotelischen Herrschaftsformentypologie liegt nicht nur ein bloß deskriptives Merkmal zugrunde, sondern ein aus einem bestimmten normativen Verständnis heraus definiertes Kriterium.

Ein solches Kriterium ist beispielsweise auch Pluralismus als ein definierendes Merkmal für Demokratie. Dieses Kriterium beruht auf einem bestimmten Verständnis von Demokratie, demzufolge Interessenvielfalt ein wesentliches Merkmal von Demokratie ist. Dieses Verständnis ist eng verbunden mit der liberalen Gesellschaftstheorie und dem von ihr postulierten Prinzip individueller Freiheit. Geht man von einer anderen (normativen) Staats- und Gesellschaftstheorie aus, kommt man auch zu einem anderen Demokratieverständnis und damit auch zu anderen Kriterien für die Definition und Abgrenzung von Demokratie. Das lässt sich anhand eines Exkurses in die politische Ideengeschichte verdeutlichen.

Ideengeschichtliche Grundlagen der Verfassungssystematik

Die Demokratie hat als Staatsform eine lange historische Tradition. Ihre Wurzeln liegen im antiken Griechenland. Nach der Herrschaftsformenlehre von Aristoteles kann man die Timokratie (bzw. Demokratie) gegenüber der Aristokratie (bzw. Oligarchie) und der Monarchie (bzw. Tyrannei) abgrenzen. Nach dieser Einteilung der Herrschaftsformen existierte im 5. und 4. Jahrhundert vor Christus in Athen und anderen griechischen Stadtstaaten in der Tat eine Art Demokratie (Timokratie) in der Form der Polis. Diese hat jedoch wenig gemeinsam mit den modernen Demokratien. Die attische Demokratie war ein ständisch gegliederter Staat (Timokratie), in dem die politischen Bürgerrechte auf eine kleine Schicht beschränkt waren. Die Frauen und Masse der Sklaven und „Halbfreien" war von der politischen Beteiligung ausgeschlossen. Auch im republikanischen Rom und in den mittelalterlichen städtischen Republiken Italiens, Deutschlands, der Niederlande und der Schweiz herrschte ein stark aristokratisches bzw. oligarchisches Regiment vor. Demokratie auf der Basis von Volkssouveränität und allgemeinen Bürgerrechten ist im Wesentlichen eine neuzeitliche Entwicklung, die eng mit dem Aufkommen des Liberalismus vor etwa 200 Jahren verbunden ist.

Entstehung einer liberalen Staatstheorie

Die liberale Staatstheorie markiert einen wichtigen Einschnitt in die Geschichte des politischen Denkens. Von der Antike bis in das 17. und 18. Jahrhundert wurde die Staatstheorie durch kollektivistische Gemeinwohlkonzeptionen dominiert, d.h. durch die Vorstellung, dass der Staat und die gesellschaftliche Ordnung ein allgemeines, a priori gegebenes und über individuellen Interessen stehendes Ziel (Gemeinwohl) zu verfolgen hätten. In der Sicht von PLATO und ARISTOTELES z.B. basieren Staat und Staatskunst auf einem Gemeinwohl, das unabhängig vom Individualwohl auf der Basis einer allgemeinen Tugendlehre vernünftig, objektiv bestimmbar ist.

Für Thomas von AQUIN dagegen folgt die Gemeinwohlorientierung des Staates aus der Verankerung jeder rationalen Ordnung im göttlichen Gesetz. Wegen dieser Verankerung kann der Zweck der Politik nicht das individuelle Wohl sein, sie muss vielmehr durch das göttliche Gesetz bestimmtem Gemeinwohl dienen. Ähnliche Auffassungen finden wir bei den meisten antiken und mittelalterlichen Staatstheoretikern. Erst mit HOBBES beginnt Anfang des 17. Jahrhunderts die Abkehr von der Gemeinwohlkonzeption.

Hobbes

HOBBES geht zwar immer noch davon aus, dass der Staat einem allgemeinen und übergeordneten Interesse zu dienen hat, aber dieses Interesse wird nicht mehr ethisch als Verwirklichung von Tugend oder göttlicher Ordnung, unabhängig vom individuellen Interesse, legitimiert. Vielmehr besteht der einzige Zweck des Staates in der Schaffung und Erhaltung von Ordnung. Dahinter steht die Annahme, dass das Streben der Menschen egoistisch an ihrer Selbsterhaltung orientiert ist. Das natürliche Recht jedes Individuums besteht in der Freiheit, zu seiner Selbsterhaltung und zu seinem individuellen Wohl seine Möglichkeiten und Mittel beliebig einzusetzen. Das führt in einen Naturzustand, zu einem Krieg aller gegen alle. Um das zu vermeiden, muss durch die Etablierung eines Staates (des Leviathan) eine künstliche Ordnung geschaffen werden. Der Staat übernimmt also die Sicherung des individuellen Lebens und der sozialen Ordnung. Er ist dabei nicht an irgendein vor ihm liegendes Recht oder natürliches Recht gebunden, sondern schafft sich sein eigenes Recht. Alles staatliche Recht ist also künstlich konstruiertes bürgerliches Recht ohne naturrechtliche Basis. HOBBES verwirft damit die Idee eines auf dem Naturrecht basierenden Staates – der Staat verfolgt in seiner Sicht keine moralischen Ziele (Tugendhaftigkeit, Gottgefälligkeit), sondern dient dem allgemeinen Zweck der Ordnungssicherung. Dieser Zweck kann nur durch eine totale staatliche Herrschaft, der sich alle Individuen, aber auch Kirche, Philosophie und Wissenschaft bedingungslos zu unterwerfen haben, erreicht werden.

Locke

Die HOBBES'sche Staatstheorie wurde insbesondere von LOCKE kritisch weiterentwickelt, dessen Staatstheorie die Entwicklung der englischen Demokratie nachhaltig beeinflusste. Im Unterschied zu HOBBES sah LOCKE den primären Zweck des Staates nicht nur in der Sicherung einer friedlichen Ordnung und des individuellen physischen Lebens, sondern vor allem im Schutz von Freiheit und Eigentum. In dieser Sicht ist das Eigentum naturrechtlich begründet und stellt eine zentrale Grundlage einer freien Gesellschaft dar. Da der Staat insbesondere die Freiheit und das Eigentum der Bürger sichern muss, darf seine Gewalt nicht absolut sein. Im Gegensatz zu HOBBES fordert LOCKE eine begrenzte und auf der Souveränität des Parlaments beruhende staatliche Gewalt. Herrschaft bedarf in dieser Sicht der Zustimmung der Beherrschten. Folgerichtig ist das Handeln aller staatlichen Institutionen an Gesetze gebunden, die nur von dem Parlament als repräsentativem Vertretungsorgan der Bürger beschlossen werden. Damit wurde die argumentative Basis für den englischen Parlamentarismus geschaffen.

Rousseau

Eine in mancher Hinsicht ähnliche, gleichzeitig radikal unterschiedliche Staatskonzeption entwickelte ROUSSEAU (1712-1778), dessen Ideen die Französische Revolution und die Entwicklung der Demokratie in Frankreich stark beeinflussten. ROUSSEAU geht wie HOBBES und LOCKE von einer Vertragskonzeption des Staates aus – der Staat beruht nicht auf Naturrecht, sondern auf sozialer Übereinkunft. Der Gesellschaftsvertrag allein legitimiert politische Herrschaft. Durch einen Gesellschaftsvertrag können Menschen, ROUSSEAU zufolge, zwar politische Herrschaft begründen, keineswegs aber ihre natürliche Freiheit veräußern. Da individuelle Freiheit ein natürliches Merkmal des Menschen ist, muss der allgemeine Wille der Gesellschaft mit dem natürlichen Willen des Menschen übereinstimmen. Das bedeutet, dass der Staat auf einer Identität von Einzel- und Gemeinwillen beruhen muß. Der Gemeinwille – „volonté générale" – ist jedoch nicht bloß die Summe der Einzelwillen – das wäre die „volonté des tous" –, sondern das Allgemeine an der Summe der Einzelwillen. Die „volonté générale" wird durch Abstimmung aus der Summe der Einzelwillen „herausgefiltert". Das setzt voraus, dass erstens keine Interessengruppen oder Koalitionen gebildet werden, und dass zweitens die Bürger aufgeklärt sind. Die Aufklärung der Bürger muss, so Rousseau, notfalls durch staatliche Zwangsmaßnahmen erfolgen. Der aufgeklärte Bürger soll sodann in plebiszitären Verfahren alle grundlegenden politischen Entscheidungen fällen. ROUSSEAU lehnt repräsentative Verfahren ebenso wie die Gewaltenteilung und die Bildung von Parteien und Interessengruppen entschieden ab. Die Souveränität des Volkes ist nach seiner Ansicht nicht repräsentierbar und die „volonté générale" ist nicht teilbar. Obwohl der Staat als Vertreter der „volonté générale" dem einzelnen Bürger übergeordnet ist, muss er doch auf der einhelligen und einheitlichen Partizipation aller Bürger beruhen.

Mill

Während ROUSSEAU noch einmal eine Gemeinwohl-Konzeption des Staates vertrat, wobei allerdings das Gemeinwohl aus dem Individualwohl entstehen soll, verschaffte John Stuart MILL, etwa einhundert Jahre nach Rousseau, der Individualkonzeption des Liberalismus den ideologischen Durchbruch. Für MILL ist, ganz im Gegensatz zu PLATO und ARISTOTELES, die individuelle Freiheit die zentrale Voraussetzung für die Entfaltung und das Glück des Menschen. In die Freiheit des Einzelnen darf denn auch nach MILLs Ansicht nur eingegriffen werden, wenn das zum Schutz der gesellschaftlichen Ordnung notwendig ist. Der Schutz der gesellschaftlichen Ordnung ist die einzige Aufgabe des Staates, d.h. MILL vertritt die Konzeption eines Minimalstaates. Dieser Staat kann nur dann in die individuelle Handlungsfreiheit eingreifen, wenn das individuelle Handeln die legitimen Interessen anderer bedroht und die gesellschaftliche Ordnung gefährdet. Jede darüber hinausgehende Regulierung individuellen und kollektiven Handelns lehnt MILL entschieden ab. Er lehnt damit auch jede Beschränkung der Meinungsfreiheit ab.

Freiheit des Individuums als zentrales Prinzip

Das von LOCKE und MILL postulierte Prinzip individueller Freiheit ist das zentrale Prinzip liberaler Staatstheorien. Im Gegensatz zu HOBBES gehen sie davon aus, dass Ordnung ohne Zwangsgewalt dann entsteht und funktioniert, wenn erstens individuelle Rechte und Eigentumstitel klar definiert, sozial anerkannt und kollektiv gewährleistet sind, und wenn zweitens die Interaktionen der Gesellschaftsmitglieder als freiwillige Tauschbeziehungen ausgestaltet und Tauschprozesse als Wettbewerbsmarkt organisiert sind. Der Staat ist nur als Garant der Ordnung, d.h. zum Schutz der individuellen Rechte und Eigentumstitel sowie des freien Wettbewerbs notwendig. Die liberale Gesellschaftstheorie hat die Entwicklung der westlichen Demokratien und ihre staatstheoretische Rechtfertigung stark beeinflusst. Dennoch war und ist sie keineswegs die einzige unangefochtene ideologische Grundlage. Sie wurde und wird immer wieder sowohl vom Konservatismus als auch vom Sozialismus und Marxismus in Frage gestellt.

Konservatismus

Der Konservatismus, der vor allem von BURKE als Programm entwickelt wurde, richtet sich zunächst gegen die Ideen der Aufklärung und der Französischen Revolution. Er betont nicht nur die Notwendigkeit einer traditionsgebundenen Ordnung, sondern vor allem die Unverzichtbarkeit einer über den bloßen Utilitarismus hinausgehenden sittlichen Grundlage gesellschaftlicher Ordnung. In Deutschland wurden diese Ideen insbesondere von Carl SCHMITT vertreten und beeinflussten maßgeblich die deutsche Verfassungsentwicklung bis zum Ende der Weimarer Republik.

Sozialismus

Der Sozialismus dagegen ist ein Produkt der industrialisierten Gesellschaft. Er richtet sich kritisch gegen die liberal-kapitalistische Gesellschaft und ihre Ideologie. Sein zentrales Argument behauptet, dass eine individualistisch-utilitaristische Gesellschaftsordnung zu Machtakkumulation, sozio-ökonomischer Ungleichheit und Ausbeutung führt. Diesen Sachverhalt hat vor allem Karl MARX theoretisch herausgearbeitet. Er behauptet, zum Teil auf der Basis der klassischen Arbeitswertlehre von RICARDO und SMITH, dass Privateigentum und eine ungleiche private Verfügbarkeit über Produktionsmittel unvermeidlich zu einer Ausbeutung der Besitzlosen (des Lohnarbeiters) durch die Besitzenden (die Kapitalisten) führen müsse. Damit wird nicht nur das liberale Credo individueller Freiheit obsolet, sondern die gesellschaftliche Ordnung prinzipiell instabil. Da sich infolge der beschleunigten Kapitalakkumulation der Klassengegensatz zwischen Lohnarbeit und Kapital verschärft, wird die bürgerliche Gesellschaft zunehmend durch einen Klassenkampf bedroht, wobei aufgrund der immanenten Krisen des Kapitalismus immer mehr Individuen aus der Bourgeoisie und der Intelligenz in das Proletariat absinken. Die Sicherung der Ordnung gegen den Klassenkampf erfordert eine verstärkte Unterdrückung der beherrschten Klasse, der Lohnarbeiter. Der Staat wird deshalb immer mehr zu einem Instrument der Unterdrückung. Nach MARX ist also, im Gegensatz zur Konzeption der liberalen Gesellschaftstheorie, eine stabile Ordnung nicht möglich, solange die Verfügbarkeit über Produktionsmittel ungleich verteilt ist, d.h. solange ein Privateigentum an Produktionsmitteln existiert.

Einflüsse auf modernes politisches Denken

Die hier grob umrissenen normativen Staats- und Gesellschaftstheorien beeinflussen mehr oder weniger stark auch gegenwärtige Verständnisse von Staat und Gesellschaft. Das moderne politische Denken weist nicht nur starke ideengeschichtliche Bezüge auf, sondern repräsentiert in seiner heutigen Vielfalt die Vielschichtigkeit einer langen ideengeschichtlichen Entwicklung. Diese Entwicklung hat nicht zu einer Vereinheitlichung normativer politischer Theorie geführt, sondern gegensätzliche Positionen (z.B. gemeinwohl- versus individualwohlorientierte Konzepte) und alternative Interpretationen und Festlegungen der Bedeutung und der Funktionen des Staates (z.B. die liberale Konzeption des Minimalstaates, die sozialistische Konzeption des Staates als Verteilungssystem oder konservative Vorstellungen vom Staat als System einer autoritativen Zuweisung von Werten) reproduziert. Das moderne politische Denken ist denn auch charakterisierbar durch die Koexistenz einer Reihe unterschiedlicher oder gar gegensätzlicher Staats- und Gesellschaftstheorien.

Bedeutung normativer Kriterien

Dieser Sachverhalt ist für die Verfassungssystematik immer dann von Bedeutung, wenn sie sich nicht nur auf formal-deskriptive Kriterien für die Bildung von Klassifikationen und Typologien beschränkt, sondern versucht, über ihre Klassifikationen und Typologien auch inhaltliche, funktionale oder ethische Merkmale und Aspekte von Staats- und Regierungsformen zu erfassen. In diesen Fällen benötigt man normative Kriterien oder empirisch-analytische Relevanzkriterien, um zu bestimmen, welche Merkmale in die Klassifikation und Typologie eingehen.

Normative Kriterien beruhen auf Aussagen, die bestimmte Merkmale positiv oder negativ bewerten. Diese Merkmale werden der Klassifikation oder Typologisierung von Staats- und Regierungsformen zugrunde gelegt.

Empirisch-analytische Relevanzkriterien beruhen auf theoretischen Annahmen über die empirische Bedeutung bestimmter Merkmale für die Funktionsweise von Staats- und Regierungsformen.

In der Verfassungssystematik werden normative Kriterien häufig verwandt. Unterschiedliche Staatsformen lassen sich meist nicht ohne Rückgriff auf normative Kriterien klassifizieren oder typologisieren. Für die Abgrenzung von Diktatur und Demokratie wird beispielsweise häufig auch das Kriterium der Legitimität von Herrschaft verwendet.

Begriff der Legitimität

Legitimität heißt die Anerkennung einer politischen Ordnung sowie ihrer Rechtmäßigkeit und ihrer normativen Richtigkeit durch die Herrschaftsunterworfenen. Die Legitimität einer Ordnung stützt sich zugleich auf bestimmte Normen, auf die Einhaltung bestimmter Verfahren und die tatsächliche Anerkennung durch die Herrschaftsunterworfenen.

Wenn für die Abgrenzung von Klassen oder Typen von Staats- und Regierungsformen das Kriterium der Legitimität verwandt wird, fließen damit auch bestimmte Legitimitätsprinzipien in die Klassifikation oder Typologie mit ein. Dies können beispielsweise bestimmte Werte, wie Freiheit, Gleichheit oder Gemeinwohl sein. Darüber hinaus fließen auch normativ begründete Vorstellungen über die Notwendigkeit bestimmter Verfahren mit ein, wie Mehrheitsentscheidung, gesetzliche Bindung staatlichen Handelns oder Gewaltenteilung. Das heißt allgemeiner: wenn Legitimität (oder ähnliche Merkmale) in die Klassifikationen oder Typologien der Verfassungssystematik eingeht, handelt es sich nicht mehr um bloß formal-deskriptive Klassifikationen oder Typologien. Es handelt sich vielmehr um Klassifikationen und Typologien, die auf einem bestimmten normativen Staats- und Gesellschaftsverständnis basieren.

Methodische Probleme

Gegen eine normative Komponente der Verfassungssystematik ist nichts einzuwenden, wenn diese Komponente explizit wird und nachvollziehbar ist. Häufig werden jedoch normative Kriterien nicht als solche deklariert, sondern erscheinen als neutrale, bloß formal-deskriptive Kriterien. Merkmale, die bestimmte Normen repräsentieren oder auf Grund bestimmter normativer Positionen relevant sind, werden als empirisch selbstverständliche, quasi-natürliche Merkmale dargestellt. Damit wird die normative Basis von Klassifikationen und Typologien verschleiert, obwohl gerade in Bezug auf Staats- und Regierungsformen, d.h. auf Verfassungssysteme, normative Überlegungen auch real von großer Bedeutung sind.

Politische Verfassungen und gesellschaftliche Ordnungen

Verfassungen definieren normativ eine bestimmte gesellschaftliche Ordnung. Eine gesellschaftliche Ordnung besteht im Wesentlichen aus einer Menge von gesellschaftlichen Einrichtungen und Beziehungen, die rechtlich geregelt und durch staatliche Zwangsgewalt gewährleistet sind. Eine gesellschaftliche Ordnung umfasst also alle sozialen, ökonomischen und politischen Institutionen und Beziehungen, die normativ interpretiert, rechtlich definiert und staatlich abgesichert sind. Verfassungen sind damit normative Regelungssysteme, durch die erst eine gesellschaftliche Ordnung definiert ist.

Verfassungen regeln in unterschiedlichem Ausmaß ein breites Spektrum gesellschaftlicher Aktivitäten, Institutionen und Strukturen. Geregelt werden insbesondere individuelle Rechte und Pflichten (z.B. Eigentumsrechte), ökonomische Transaktionsweisen, gesellschaftliche Organisationsformen und politische Herrschaftsstrukturen. Dabei sind häufig einfache Verfassungsnormen die Grundlage komplexer gesellschaftlicher Strukturen und Prozesse. Die marktwirtschaftliche Ordnung der westlichen Volkswirtschaften basiert beispielsweise auf der verfassungsrechtlichen Institutionalisierung des Privateigentums. Letzteres ist eine notwendige Voraussetzung für ökonomische Tauschprozesse und eine Koordination dieser Prozesse durch den Marktmechanismus. Eine verfassungsrechtlich postulierte Sozialbindung von Eigentum und die Definition bestimmter übergeordneter Wohlfahrtsziele ermöglichen eine Einschränkung von Privateigentum (z.B. Mitbestimmung) und staatliche Eingriffe in den Marktmechanismus. Diese Beispiele machen deutlich, dass Verfassungen die gesellschaftliche Ordnung weit über den expliziten Wortlaut der enthaltenen Normen hinaus regeln und bestimmen. Wir können die Gesamtheit der in einer Verfassung postulierten Normen und ihre realisierte Implikation deshalb als ein Verfassungssystem bezeichnen.

Es liegt auf der Hand, dass eine systematische Klassifizierung oder Typologisierung von Staats- und Regierungsformen ohne Berücksichtigung ihrer normativen Grundlagen zumeist wenig sinnvoll ist. Damit würde der zentrale Aspekt jeder gesellschaftlichen und politischen Ordnung, nämlich die normative Regulierung von gesellschaftlichem Zusammenleben und politischen Entscheidungen, vernachlässigt.

Normative Institutionenlehre

In manchen Arbeiten zur Verfassungssystematik wird die normative Komponente der Verfassungssystematik zu einer systematischen normativen Institutionenlehre entwickelt. Die Klassifikation oder Typologisierung von Staats- und Regierungsformen wird dann gestützt auf eine Theorie über den Sinn und Zweck sowie die Zuverlässigkeit oder Legitimität von Institutionen und Verfahren. Das erlaubt eine systematische Verbindung der institutionellen und der normativen Aspekte unterschiedlicher Staats- und Regierungsformen.

Begründungsproblem

Durch eine Verbindung von formal-deskriptiver Regierungsformenlehre und normativer Institutionenlehre erhält man eine theoretisch begründete Verfassungssystematik. Im Rahmen einer rein formal-deskriptiven Regierungsformenlehre – die in der Vergleichenden Regierungslehre immer noch stark vertreten ist – ergeben sich die Kriterien für die Bildung von Klassifikationen oder Typologien aus subjektiven Einschätzungen oder Plausibilitätsüberlegungen. Damit wird die Annahme oder Ablehnung von Klassifikations- oder Typologisierungskriterien beliebig. Sie begünstigen darüber hinaus eine Vergleichende Regierungslehre, die am jeweils eigenen nationalen Regierungssystem und dessen normativen (bzw. ideologischen) Grundlagen als Vergleichsmodell orientiert ist und deshalb die spezifischen Grundlagen, Rahmenbedingungen und Gestaltungsformen anderer Staats- und Regierungsformen nicht angemessen berücksichtigt.

Dieses Begründungsproblem der Verfassungssystematik kann nur durch eine explizite theoretische Begründung der Kriterien, die der Bildung von Klassifikationen oder Typologien zugrunde liegen, gelöst werden. Die theoretische Begründung kann dabei durchaus auf der Basis einer normativen Theorie erfolgen. Eine auf der Grundlage einer normativen Theorie begründete Verfassungssystematik verbindet die formal-deskriptive Regierungsformenlehre und eine normative Institutionenlehre zu einer systematischen Klassifikation oder Typologie unterschiedlicher Staats- und Regierungsformen.

Vielfalt von Verfassungen

Die Verfassungen und Verfassungssysteme der westlichen Demokratien basieren zwar auf gemeinsamen normativen Grundprinzipien, unterscheiden sich aber in Bezug auf ihre konkrete Struktur erheblich voneinander. Es gibt, mit anderen Worten, keinen allgemeinen Typus demokratischer Verfassung, sondern eine Vielzahl unterschiedlicher Verfassungen, die jeweils unterschiedliche Institutionen, Verfahren und Regeln festschreiben. Diese Verfassungen sind in noch vielfältigerer Weise umgesetzt in reale Verfassungssysteme.

Vielfalt als Ergebnis historischer Entwicklungen

Institutionelle Strukturen repräsentieren nicht nur unterschiedliche historische Entwicklungen, sondern auch unterschiedliche gesellschaftliche und politische Reaktionen auf ähnliche historische Bedingungen. Das lässt sich am Beispiel der Demokratie in England, Frankreich und Deutschland aufzeigen. Die Entstehung der modernen Demokratie ist durch zwei unterschiedliche ideengeschichtliche Entwicklungen – die englische und die französische – geprägt. Beide Entwicklungen stehen zwar im Kontext der Auseindersetzung mit dem Absolutismus, beruhen aber auf unterschiedlichen gesellschaftlichen Bedingungen und politischen Voraussetzungen. Auch ihre ideologischen Grundlagen unterscheiden sich voneinander.

England – „King in Parliament"

In England bildete sich die parlamentarische Demokratie in einem langen historischen Prozess der Konstitutionalisierung der Monarchie und der Etablierung der Parlaments-souveränität heraus. Dieser Prozess erreichte im 17. Jahrhundert mit der „Glorreichen Revolution" von 1688 einen Höhepunkt. Mit der Vertreibung Jacobs II. und der Übertragung der Krone an Wilhelm von Oranien wurde die konstitutionelle Monarchie endgültig durchgesetzt. Wilhelm von Oranien unterzeichneten neben der „Bill of Rights" weitere Dekrete, durch die sich der König u.a. verpflichtete, das Parlament mindestens alle drei Jahre einzuberufen und die ritterliche Unabhängigkeit zu respektieren. Die „Bill of Rights" und der „Act of Settlement" banden die königliche Herrschaft an die Akte (Gesetze) des Parlaments, ließen ihm aber eine Reihe von Prärogativen. Damit wurde das System von „King in Parliament" etabliert.

– „Cabinet Government"

Nach der „Glorreichen Revolution" begann sich das Prinzip des „Cabinet Government" herauszubilden. Das königliche Kabinett, das eine wichtige Beratungsfunktion hatte, wurde an das Vertrauen des Parlaments gebunden, aber nach wie vor vom König ernannt. Im 18. und 19. Jahrhundert löste sich das Kabinett immer stärker vom königlichen Einfluss und entwickelte immer stärkere Bindungen an parlamentarische Gruppen. Dadurch erlangte das Parlament im Gegenzug auch mehr Mitbestimmung bei der Ernennung des Kabinetts. Besonders wichtig waren in diesem Zusammenhang die Reformakte von 1832 und insbesondere von 1867, durch die das Wahlrecht erweitert und die Wahlkreiseinteilung repräsentativer gestaltet wurden. Das führte zu einer stärkeren Position des Parlaments, was sich auch auf die Ernennung des Kabinetts und seine politischen Kompetenzen auswirkte. Juristisch blieb zwar die Ernennung des Kabinetts und des in dieser Zeit an Einfluss und Macht gewinnenden Premierministers (bis heute) eine königliche Prärogative, faktisch jedoch musste das Kabinett nach den parlamentarischen Mehrheitsbedingungen ausgewählt werden. Auf diese Weise verringerte sich der Einfluss des Königs auf die Regierungspolitik so stark, dass bereits 1867 Walter BAGEHOT (der kritische Verfassungskommentator dieser Zeit) von einer faktischen Parlamentsregierung sprechen konnte. Der König bzw. die Königin wurde von ihm als „würdiger Teil" (dignified part) der Verfassung eingeschätzt. Übrig geblieben war „the right to be consulted, the right to encourage, the right to warn", während die eigentliche Regierungspolitik durch das vom Vertrauen des Parlaments abhängige Kabinett bestimmt wurde. Damit wurde die Grundlage für das System der parlamentarischen Mehrheitsbildung gelegt, das sich ohne formale Gesetzesänderung evolutionär entwickelte.

– Erweiterungen des Wahlrechts

Im 19. Jahrhundert erfolgte durch die Reformen 1832, 1867, 1872 und 1884 eine fortschreitende Erweiterung des Wahlrechts, die durch die „Representation of People Act" von 1918, 1928 und 1948 im Wesentlichen zu einem allgemeinen und gleichen Wahlrecht führte. 1867 wurden durch die Beseitigung der Besitzqualifikation die städtischen Handwerker und Arbeiter, 1884 auch die Landarbeiter, in das Wahlrecht einbezogen. 1872 wurde die geheime Wahl eingeführt,

1918 erhielten die Frauen ein zunächst beschränktes, dann 1928 ein volles Wahlrecht. 1918 wurde das besondere Wahlrecht für Inhaber von Geschäften und Universitätsdiplomen gestrichen.

– Parteiensystem und „Party Government"

Parallel zu dieser Entwicklung bildete sich das Parteiensystem heraus. Schon in der zweiten Hälfte des 17. Jahrhunderts verstärkte sich die Bildung von Parteien unter dem Einfluss der mit der Entwicklung des Kapitalismus verbundenen politischen Auseinandersetzungen von Liberalen (Bürgertum) und Konservativen (Adel). Nach den Wahlrechtsreformen von 1832 und 1867 bildeten Tories (Konservative) und Whigs (Liberale) zunächst politische Clubs und dann (1867 die Tories, 1877 die Whigs) nationale Parteienorganisationen. Diese Parteien wurden in der Folge zu den parlamentarischen Trägern der Regierung – das Kabinett wurde immer stärker durch die parlamentarische Mehrheit gebildet. Gegen Ende des 19. Jahrhunderts wurde auch die Position des „Prime Minister" endgültig etabliert, der anstelle des Königs die politische Führung des Kabinetts und der Regierungsgeschäfte übernahm. Die Entwicklung des „Party Government" war damit im Wesentlichen abgeschlossen. Die Parteien waren zu festen Organisationen unter der Führung des „Party Leader" und im Falle der Mehrheitspartei des „Prime Minister" geworden.

– Parlamentarischer Dualismus

Die Entwicklung des britischen Parlamentarismus war verbunden mit einer wachsenden Dominanz des Unterhauses („House of Commons") im Parlament. Bereits im 14. Jahrhundert wurde das Unterhaus als Vertretung der Städte und Grafschaften vom Oberhaus (Vertretung des Hochadels) getrennt. Zunächst waren beide Häuser gleichberechtigt; im 17. und 18. Jahrhundert entwickelte sich allmählich eine Führungsstellung des Unterhauses, das in erster Linie den Kampf gegen den Absolutismus ausfocht. Im 18. Jahrhundert bildete sich die schwerpunktmäßige Ansiedelung des Budgetrechts beim Unterhaus heraus. Im 19. Jahrhundert baute vor allem im Gefolge des „Reform Act" das Unterhaus seine Position weiter aus. Die parlamentarische Verantwortlichkeit der Regierung wurde auf das Unterhaus bezogen und die Mitwirkung des Oberhauses in Budgetfragen 1911 ganz abgeschafft und ansonsten auf ein suspensives Veto beschränkt (1948). Heute ist das Unterhaus die dominierende legislative Institution, während das Oberhaus kaum mehr als eine beratende Funktion ausübt.

– Zusammenfassung

Das Resultat dieser historischen Entwicklung ist ein parlamentarisches Regierungssystem im Rahmen einer konstitutionellen Monarchie. Dieses Regierungssystem beruht nicht auf einer geschriebenen Verfassung, sondern auf historisch gewachsenen Konventionen, die zusammen eine ungeschriebene, dabei dennoch weitgehend unumstrittene Verfassung festlegen. Die zentralen Elemente dieser Verfassung sind:

- die Parlamentssouveränität,
- die exekutive Regierungsgewalt des vom Premierminister geleiteten Kabinetts,
- die parlamentarische Verantwortlichkeit des Kabinetts,
- eine alternierende Parteienherrschaft auf der Grundlage eines effektiven Zweiparteiensystems,
- ein mehrheitsbildendes Wahlrecht in der Form des relativen Mehrheitswahlrechts in Einerwahlkreisen (pro Wahlkreis wird ein Abgeordneter gewählt).

Frankreich – Revolution von 1789

Im Gegensatz zum englischen hat sich der französische Parlamentarismus nicht evolutionär entwickelt, sondern ist das Produkt eines revolutionären Prozesses der Ablösung der Monarchie durch die Republik. Diese Entwicklung wurde durch die französische Revolution (1789-1799) eingeleitet, die nach langen Auseinandersetzungen zwischen dem König und dem Parlament der Monarchie zunächst und vorläufig ein Ende bereitete. 1792 proklamierte der Nationalkonvent die „eine und unteilbare Republik", deren direktdemokratische Verfassung allerdings nie zum Tragen kam. Von 1792 bis 1799 regierte der Nationalkonvent selbst, der allerdings bis zum Sturz von Robespierre (1794) von den Jabobinern beherrscht wurde. Nach seinem Sturz gewannen die gemäßigten Republikaner im Konvent wieder die Oberhand. Daraufhin wurde 1795 die Direktorialverfassung eingeführt. Diese Verfassung sah ein zweigeteiltes und funktional differenziertes Parlament sowie ein Direktorium als Exekutive vor. Die beiden Kammern des Parlaments („Conseil des Anciens" und „Conseil des Cinq-Cents") wurden über Wahlmänner vom Volk gewählt. Der Conseil des Anciens hatte über die vom Conseil des Cinq-Cents vorgeschlagenen Gesetze zu beschließen und auf Vorschlag des Conseil des Cinq-Cents das Direktorium zu wählen. Diese Verfassung erwies sich in der Praxis als sehr schwerfällig und kaum durchsetzbar, vor allem weil es immer wieder zu Konflikten zwischen dem Direktorium und den beiden Versammlungen kam. 1799 beseitigte Napoleon die Direktorialverfassung und führte zunächst eine Konsulatsverfassung ein, die faktisch bereits eine Abwendung von der Konzeption einer parlamentarischen Demokratie bedeutete. Durch die Erhebung Napoleons I. zum Kaiser endete die erste französische Republik endgültig.

Nach der militärischen Niederlage Napoleons und der durch den Wiener Kongress eingeleiteten Restauration der Monarchie erließ Ludwig XVII. eine „Carte Constitutionelle", die eine konstitutionelle Monarchie mit parlamentarischer Basis nach englischem Vorbild vorsah. Die Gesetzesinitiative sollte dem König allein zustehen, die Gesetze durch eine gewählte Abgeordnetenkammer und eine ernannte Adelskammer beschlossen werden. Diese Verfassung leitete eine Entwicklung zur parlamentarischen Regierungsweise ein, die sich jedoch wegen zunehmender innerer Spannungen nicht stabilisieren konnte. Karl X., Nachfolger Ludwigs des XVIII., versuchte, den andauernden Verfassungkonflikt zwischen bürgerlichen Liberalen und Royalisten zugunsten letzterer zu entscheiden und eine Stärkung der königlichen Macht durchzusetzen. Dieser Versuch scheiterte in der Julirevolution von 1830, die die Abdankung Karls X. zur Folge hatte. Sein Nachfolger, Louis-Philippe I. (der so genannte Bürgerkönig), revidierte die Charta von 1814 und erweiterte die Wahlrechte und die Rechte des Parlaments. Durch diese Verfassung wurde die Monarchie zwar mit dem Bürgertum ausgesöhnt, konnte aber die sich verschärfende soziale Frage nicht lösen. Die überwiegend radikal-demokratische und sozialistische Opposition gegen die Herrschaft des Königs und des mit ihm verbundenen Großbürgertums verschärfte sich immer mehr und führte in der Febuarrevolution von 1848 zum Sturz des Königs, zur erneuten Abschaffung der Monarchie und zur Errichtung der Zweiten Republik.

– Zweite Republik

Die Zweite Republik wird oft als ein präsidentielles Regierungssystem interpretiert. Diese Interpretation ist jedoch wenig angemessen – die Zweite Republik war ein dualistisches System, das Elemente parlamentarischer und präsidentieller Regierung in einer sehr widersprüchlichen Weise zu einem dualistischen System vereinigte. Die Verfassung sah eine aus einer einzigen Kammer bestehende Nationalversammlung und einen direkt vom Volk gewählten Präsidenten vor. Der Präsident sollte die Minister ernennen und entlassen; beide – Präsident und Minister – sollten dem Parlament verantwortlich sein. Der Präsident konnte das Parlament nicht auflösen. Darüber hinaus musste er sich seine Gesetzesinitiativen durch einen Minister gegenzeichnen lassen. Dieses komplizierte System führte zu vielschichtigen Konflikten zwischen Präsident, Ministern und Nationalversammlung, an denen die Zweite Republik sehr schnell zerbrach – 1852 rief Präsident Louis Napoleon zuerst die Konsulatsverfassung aus und ließ sich wenige Monate später zum Kaiser ernennen. Während des Zweiten Kaiserreichs gab es zwar Tendenzen zur Parlamentarisierung des Systems, doch blieben diese Tendenzen in ihren Anfängen stecken. Eine durch die Verfassungsrevision von 1869 intendierte Parlamentarisierung kam wegen des Zusammenbruchs des Zweiten Kaiserreichs im Gefolge des deutsch-französischen Krieges von 1870/71 nicht mehr zum Tragen.

– Dritte Republik

Nach einer Übergangsperiode und langen Auseinandersetzungen über das zukünftige Verfassungssystem wurde 1875 die Dritte Republik etabliert. Die Verfassung von 1875, auf der die Dritte Republik basierte, setzte sich aus mehreren Gesetzen zusammen, die insgesamt einen Kompromiss zwischen verschiedenen republikanischen, radikaldemokratischen, präsidentiellen und monarchistischen Strömungen darstellten. Gemäß dieser Verfassung bestand das politische System der Dritten Republik aus einer Nationalversammlung mit zwei Kammern (der Abgeordnetenkammer und dem Senat) und einem von der Nationalversammlung gewählten Präsidenten. Letzterer ernannte zwar den Premierminister und die anderen Kabinettsmitglieder, doch waren diese der Nationalversammlung verantwortlich und konnten von ihr gestürzt werden. Insgesamt war die Position des Präsidenten schwach, die des Parlaments stark, so dass das Parlament einen ungleich stärkeren Einfluss auf die Regierungspolitik hatte als der Präsident. Das führte jedoch nicht zu einer kontinuierlichen Steuerung der Regierungspolitik durch das Parlament, sondern zu Instabilität, weil das Parlament die Regierung oft bei geringfügigen Konflikten stürzte und die Präsidenten keinen Gebrauch von ihren Rechten machten, das Parlament auszulösen. Hinter dieser Instabilität stand ein stark fraktioniertes Parteiensystem und Parlament. Alle Regierungen der Dritten Republik waren Mehr-Parteien-Koalitionen, die zumeist sehr schnell an internen Auseinandersetzungen zerbrachen. Es fehlte der Dritten Republik, ebenso wie der Weimarer Republik, an Integration. Allerdings hielt sich die Dritte Republik von 1875 bis zur Besetzung Frankreichs durch das nationalsozialistische Deutschland und der erzwungenen Etablierung der Kollaborationsregierung von Marschall Petain.

– Vierte Republik

Nach der Befreiung Frankreichs wurde das politische System der Dritten Republik durch die Verfassung von 1946 im Wesentlichen wiederhergestellt. Auch das Parlament der Vierten Republik bestand aus zwei Kammern – der direkt gewählten Nationalversammlung und dem indirekt von der Nationalversammlung und den Gebietskörperschaften gewählten Rat der Republik. Letzterer hatte bei der Gesetzgebung lediglich ein Vetorecht, das die Nationalversammlung mit der absoluten Mehrheit ihrer Mitglieder überstimmen konnte. Beide Kammern wählten zusammen den Präsidenten der Republik, dessen Stellung der des Präsidenten der Dritten Republik entsprach. Die Vierte Republik, die übrigens auch in Frankreich das Frauenwahlrecht einführte, unterschied sich in ihrer institutionellen Struktur nicht wesentlich von der Dritten. Sie wies vor allem eine eher noch geringere Stabilität der Regierung auf und konnte mit den inneren und äußeren Problemen Frankreichs kaum fertig werden. Sie zerbrach schließlich 1958 am Algerienkrieg und wurde durch das auch heute noch bestehende präsidentielle System ersetzt. Auf dieses System werden wir später eingehen (Kap.II.2).

Vergleich: England-Frankreich

Die französische Entwicklung zur modernen Demokratie verlief im Gegensatz zur englischen weder evolutionär noch kontinuierlich. Während sich in Großbritannien über Jahrhunderte die parlamentarische Demokratie in ihrer gegenwärtigen Form allmählich entwickelte, wechselten sich in Frankreich unterschiedliche Staats- und Verfassungsformen ab. In England wurde im Wesentlichen eine bestehende institutionelle Struktur funktional neu definiert und erweitert; in Frankreich dagegen mussten nach der revolutionären Beseitigung des absolutistischen Staates die Institutionen neu geschaffen und funktional definiert werden. Schließlich begann in England die Ablösung vom Absolutismus sehr viel früher als in Frankreich, wo sich der Absolutismus der Monarchie so zugespitzt hatte, dass er nur noch gewaltsam beseitigt werden konnte. Beim Versuch, durch eine neue Verfassung ein neues politisches System zu begründen, führten unterschiedliche politische Interessenlagen zu vielschichtigen Konflikten, die einen Verfassungskonsens verhinderten.

Der fortwährende Verfassungkonflikt führte immer wieder zu veränderten politischen Koalitionen und damit auch zu Verfassungsänderungen. Eine stabile und allgemein anerkannte Verfassung konnte sich deshalb nicht herausbilden. Erst in der Dritten Republik entstand eine dauerhafte Verfassung, die jedoch in ihren Strukturprinzipien einen Kompromiss zwischen sehr unterschiedlichen Vorstellungen und Konzeptionen darstellte. Das politische System der Dritten Republik konnte insbesondere keine stabilen Regierungen hervorbringen. In diesem Zusammenhang ist das Parteiensystem von besonderer Bedeutung. In England bildete sich, vor allem wegen des einfachen relativen Mehrheitswahlrechts, sehr bald ein faktisches Zweiparteiensystem heraus (weitere Parteien spielten bei der parlamentarischen Mehrheitsbildung mit wenigen Ausnahmen keine Rolle). In diesem System konnten jeweils nur die zentralen gesellschaftlich-politischen Konfliktdimensionen in Form von starken Parteien repräsentiert werden. Zunächst drückte sich der mit der Entwicklung des Kapitalismus verbundene Konflikt von Bürgertum und feudaler Herrschaft in einer Konfrontation von Liberalen und Konservativen aus. Später wurde, im Rahmen des Konfliktes zwischen der immer stärker werdenden Macht der Industriearbeiter und einer bürgerlichen Herrschaft, die politische Auseinandersetzung durch die Konfrontation von Labour und Konservativen bestimmt. Letztere hatten vor allem nach dem 1.Weltkrieg das Wählerpotential des konservativen Bürgertums von den Liberalen übernommen, wodurch diese ihre Mehrheitsfähigkeit in vielen Wahlkreisen und damit im Parlament verloren hatten.

In Frankreich dagegen entstand und verfestigte sich ein viel stärker fraktionalisiertes Parteiensystem, in dem gesellschaftlich-politische Konfliktdimensionen differenziert repräsentiert und organisiert wurden. Die Bildung von Mehrheiten erforderte in einem derartigen System die Bildung von Koalitionen, die bei auftretenden Konflikten sehr schnell zerbrachen. Die Bildung immer wieder neuer Koalitionen mit immer wieder veränderten Konfliktmustern verhinderte in Frankreich weitgehend politische Kontinuität. Kontinuität wurde deshalb in die französische Politik nie durch die Parteien und die von ihnen gebildeten Regierungskoalitionen, sondern immer nur durch die seit Ludwig XIV. gut organisierte Bürokratie gebracht. Die Diskontinuität der Regierungskoalitionen, die damit zusammenhängende defizitäre Interessenvermittlung durch die Parteien und die Widersprüchlichkeit der von ihnen verfolgten Politik verhinderten die Bildung eines stabilen Verfassungskonsenses. Die Verfassung konnte sich deshalb vor dem Hintergrund der zahlreichen Konflikte und Instabilitäten nicht durchsetzen, sondern war im Gegenteil immer Instrument und Objekt des politischen Konfliktes selbst.

Deutschland

Ähnlich wie in Frankreich ist auch in Deutschland die Entwicklung der parlamentarischen Demokratie nicht kontinuierlich verlaufen. Im Unterschied zu Frankreich und England, wo bereits im 17. und 18. Jahrhundert demokratische Institutionen entstanden, setzte in Deutschland der Demokratisierungsprozess erst im 19. Jahrhundert ein. Zu Beginn des 19. Jahrhunderts begann in den deutschen Einzelstaaten zunächst langsam ein Prozess der Konstitutionalisierung der Monarchie. Nach 1814 wurden in mehreren deutschen Staaten Verfassungen entweder von Landesherren oktroyiert oder mit Zustimmung einer Ständeversammlung erlassen. Diese Verfassungen brachten kaum Ansätze für eine demokratische Kontrolle landesherrlicher Macht. Die französische Julirevolution von 1830 führte auch in Deutschland zu verstärkten Demokratiebestrebungen, die allerdings nicht mehr erreichten als eine weitere bescheidene Konstitutionalisierung der kleineren deutschen Staaten. Die beiden Führungsmächte, Preußen und Österreich, bewahrten indessen auch nach 1830 noch ein absolutistisches Regime.

– Frankfurter Nationalversammlung

Erst die französische Februarrevolution (1848) erzeugte in Deutschland eine revolutionäre Bewegung, deren Stärke dem Konstitutionalismus auch in Deutschland endgültig zum Durchbruch verhalf. 1848 wurde mittels des allgemeinen Wahlrechts für Männer die Frankfurter Nationalversammlung, die in der Paulskirche tagte, gewählt. Ihr Ziel war die Ausarbeitung einer Verfassung für ein geeintes Deutsches Reich. Diese Reichsverfassung scheiterte jedoch am Widerstand der meisten deutschen Fürsten, insbesondere aber an der Ablehnung durch beide Führungsmächte (Österreich und Preußen). Die daraufhin erneut ausbrechenden Unruhen wurden von den Fürsten gewaltsam unterdrückt und es setzte eine reaktionäre Gegenbewegung ein, die die konstitutionelle Regierungsweise jedoch nicht beseitigte. Die in allen deutschen Staaten bestehenden Parlamente konnten sich indessen gegen die Fürsten und die von ihnen berufenen Regierungen kaum durchsetzen. Es gelang ihnen nicht, sich eine effektive Kontrolle der Regierungen zu erkämpfen.

– Parlamentarisierung und Parteiensystem

Nach der Gründung des Deutschen Reiches und der Verabschiedung der Reichsverfassung (1871) konnte der Reichstag als gewähltes Parlament seinen Einfluss allmählich verstärken. Nach der Jahrhundertwende zeichnete sich eine zunehmende Parlamentarisierung des Kaiserreiches ab, die jedoch nach dem Ersten Weltkrieg die Monarchie nicht mehr retten konnte. Im November 1918 wurde die Weimarer Republik ausgerufen. Trotz der beschränkten Kompetenzen und Einflussmöglichkeiten des Reichstages und der Länderparlamente entwickelte sich schon im Kaiserreich ein differenziertes Parteiensystem. Es gab nach 1875 neben zwei liberalen Parteien sowie dem Zentrum und den Konservativen eine nach der Jahrhundertwende immer stärker werdende sozialdemokratische Partei und verschiedene kleinere Parteien. Dieses Parteiensystem blieb im Kern auch in der Weimarer Republik erhalten. Es wurde in dieser Periode durch die wachsende Stärke von Kommunisten und Nationalsozialisten nur noch stärker polarisiert. Die Folge dieses stark fraktionalisierten Parteiensystems war, dass es in der Weimarer Republik nur selten zu einer stabilen Regierung kam. Dies führte unter anderem zu ihrem Zusammenbruch und zur nationalsozialistischen Machtergreifung.

– Weimarer Republik

Die 1919 verabschiedete Weimarer Verfassung führte in Deutschland ein Mischsystem zwischen Parlamentarismus und präsidentiellem System ein. Das damit geschaffene System war insofern parlamentarisch, als der Reichstag nicht nur die gesetzgeberische Funktion ausübte, sondern auch über den Fortbestand der Regierung entscheiden konnte. Die vom Reichspräsidenten berufene Reichsregierung war dem Parlament verantwortlich und konnte durch ein parlamentarisches Misstrauensvotum gestürzt werden. Die Macht des Reichstages wurde jedoch durch die starke Stellung des direkt gewählten Reichspräsidenten erheblich beschränkt. Der Reichspräsident konnte insbesondere über das Instrument der Notverordnung die Regierungsgewalt an sich ziehen und mit der Reichsregierung zusammen am Reichstag vorbei regieren. Der Reichstag konnte allerdings Notverordnungen außer Kraft setzen, doch setzte dies zuerst die Bildung einer dafür notwendigen Mehrheit voraus. So wurde denn in der Weimarer Republik die Parteienherrschaft in dem Maße durch die Präsidentenherrschaft ersetzt, in dem der Reichstag mehrheitsunfähig war. Da sich das Parteiensystem nach 1920 immer stärker zersplitterte und es immer weniger gelang, stabile Mehrheiten zu bilden, geriet die Weimarer Republik zunehmend in eine Staatskrise, die durch einen häufigen Regierungswechsel und ein zunehmendes Notverordnungsregime des Reichspräsidenten charakterisiert war. Die faktisch geschaffene „Präsidentenrepublik" konnte jedoch den Zusammenbruch des Systems nicht verhindern bzw. wurde selbst zum Problem – am 30. Januar 1933 wurde mit der Ernennung Hitlers zum Reichskanzler die politische Episode der Weimarer Republik faktisch beendet.

Da die Weimarer Republik kein rein parlamentarisches, sondern ein dualistisches Regierungssystem war, wurde erst mit der Gründung der Bundesrepublik 1949 in Deutschland ein parlamentarisches Regierungssystem etabliert. Im Grundgesetz wurde – zum Teil unter alliiertem Einfluss, vor allem aber auf der Basis einer Auseinandersetzung mit den Erfahrungen der Weimarer Republik – die Regierung an die parlamentarische Mehrheit gebunden und der Bundespräsident im Wesentlichen auf eine Repräsentationsfunktion beschränkt.

– Zusammenfassung

Betrachtet man die politische Entwicklung Deutschlands, kann man feststellen, dass es bis 1949 nicht gelang, ein stabiles demokratisches Regierungssystem zu errichten. Die Bundesrepublik kann nach über 50 Jahren Existenz als erste funktionsfähige Demokratie in Deutschland bezeichnet werden. Der entscheidende Grund dafür ist insbesondere in der mangelnden Konsensfähigkeit der demokratischen Kräfte und der schwachen Integrationsfähigkeit der Parteien zu suchen. Im Kaiserreich war das Bürgertum wegen seiner Zersplitterung nicht in der Lage, sich die Demokratie zu erkämpfen; in der Weimarer Republik erwiesen sich die zerstrittenen Parteien als unfähig, die Demokratie zu entwickeln und zu bewahren. Das verweist auf die grundlegende Bedeutung eines Verfassungskonsenses für die Stabilität von Demokratien. Demokratien sind nur insoweit stabil, als es gelingt, einen Verfassungskonsens herzustellen und dadurch Konflikte innerhalb der Verfassung institutionell zu bewältigen.

Die divergierenden Entwicklungsverläufe der Demokratie in England, Frankreich und Deutschland zeigen exemplarisch, dass unterschiedliche historische Bedingungen, aber auch unterschiedliche gesellschaftliche und politische Reaktionen auf ähnliche historische Bedingungen zu sehr verschiedenen politisch-institutionellen Resultaten geführt haben. Die westlichen Verfassungssysteme reflektieren darüber hinaus unterschiedliche ideologische und philosophische Deutungen der jeweiligen Realitäten. Schließlich spielten in der Entwicklung der einzelnen Verfassungssysteme einmalige Ereignisse und situative Bedingungen (z.B. in Frankreich die Revolution von 1789, in der Bundesrepublik Deutschland die Erfahrungen der Weimarer Republik und der nationalsozialistischen Diktatur) eine mehr oder weniger wichtige Rolle. Alles zusammen hat zu jener Vielfalt von Verfassungen und Verfassungssystemen geführt, die wir heute in den westlichen Demokratien beobachten können.

Verfassungssystematik als Beschreibung und Interpretation von Regierungssystemen

In der Verfassungssystematik wurde und wird immer wieder der Versuch unternommen, diese Vielfalt umfassend und systematisch zu beschreiben und zu interpretieren. Dabei geht es vor allem darum,

- die normative und empirische Struktur von Verfassungssystemen differenziert zu beschreiben;
- die unterschiedlichen Verfassungen und die ihnen zugrunde liegenden Ordnungsprinzipien und ihren ideengeschichtlichen Kontext zu verdeutlichen;
- die sozialen, kulturellen, ökonomischen und politischen Entwicklungsbedingungen von Verfassungsstrukturen herauszuarbeiten; und
- die mit unterschiedlichen Verfassungsstrukturen verbundenen Probleme zu klären.

Diese Vorgehensweise führt die Vergleichende Regierungslehre weg von einer formal-abstrakten Regierungsformenlehre zu einer synoptischen Beschreibung und Interpretation konkreter Regierungssysteme. Politische Systeme werden nicht mehr nur nach bestimmten formalen Merkmalen klassifiziert, sondern umfassender in Bezug auf ihre institutionellen Strukturen, ihre sozialen, kulturellen und ökonomischen Bedingungen, ihre normativen Grundlagen und ihr Verhalten beschrieben und verglichen.

Diese Version von Vergleichender Regierungslehre erzeugt zwar vieles an normativer Diskusssion und an deskriptiver Information, aber dennoch relativ wenig an Systematik. Es fehlt eine allgemeine theoretische Basis für die Beschreibung und Interpretation von unterschiedlichen Regierungssystemen. Diesem Mangel versucht der systemtheoretische Ansatz, der im nächsten Abschnitt vorgestellt wird, abzuhelfen.

2. Vergleichende Regierungslehre als Systemtheorie

Theoretische Defizite der Vergleichenden Regierungslehre

Die theoretischen Defizite eines großen Teiles der Vergleichenden Regierungslehre, vor allem der formal-deskriptiven Regierungsformenlehre und vieler synoptischer Beschreibungen von Regierungssystemen, lassen sich zum großen Teil darauf zurückführen, dass es in der Politikwissenschaft keine breit anerkannte allgemeine Theorie politischer Systeme gibt. Es gibt noch nicht einmal einen allgemein anerkannten Theoriebegriff. Die theoretische Heterogenität der Politikwissenschaft begünstigt eine überwiegend deskriptiv ausgestaltete Vergleichende Regierungslehre auf der Basis eines allgemeinen begrifflichen Bezugsrahmens.

Grundzüge

Eine besonders wichtige Rolle in der Politikwissenschaft spielt deshalb die Systemtheorie. Diese Theorie wurde als Versuch entwickelt, die Politikwissenschaft auf eine allgemeine und allgemein anerkannte theoretische Basis zu stellen. Dabei geht es nicht um normative, sondern um empirisch-analytische Theorie, um eine Theorie also, die die Struktur und das Verhalten politischer Systeme erklären soll.

Regulierung und Steuerung

Die Systemtheorie begreift politische Systeme als selbstregulierende und anpassungsfähige Systeme im Rahmen einer komplexen Umwelt. Das Politische wird definiert als kollektives Entscheidungs- und Verteilungssystem mit Zwangsgewalt. Das wesentliche Merkmal eines politischen Systemes ist also die Regulierung und Steuerung gesellschaftlichen Verhaltens mit den Mitteln von legitimer Macht, Autorität und Zwangsgewalt. Das politische System unterscheidet sich also von anderen Steuerungssystemen, z.B. vom Markt, durch das Monopol auf legitime Zwangsgewalt (Max WEBER). Der Markt dagegen steuert Verhalten über Anreize, die zu freiwilligen Tauschbeziehungen führen.

Funktionaler Bezug

Politische Systeme erfüllen aus der Sicht der Systemtheorie bestimmte Funktionen, die extern oder intern definiert werden, d.h. die entweder von außen an das System herangetragen werden oder innerhalb des Systemes festgelegt werden. Dieser funktionale Bezug ist für die Systemtheorie zentral. Er bezieht sich nicht nur auf das politische System insgesamt, sondern auch auf seine Teilsysteme sowie auf alle seine Institutionen und Verfahren. Aus der Sicht der Systemtheorie lassen sich Systeme als Mengen von Strukturen und Verfahren, die funktional aufeinander bezogen sind, beschreiben. Politische Systeme kann man also als Mengen von Strukturen und Verfahren zur autoritativen Steuerung und Regulierung gesellschaftlichen Verhaltens beschreiben.

„inputs"/„outputs"

Die Systemtheorie bescheibt die funktionalen Bezüge von Strukturen und Verfahren abstrakt im Rahmen eines allgemeinen Systemmodells. Generelle Aufgabe von Systemen ist es, „inputs“ aus ihrer Umwelt aufzunehmen und in „outputs“ umzusetzen, die ihren Funktionen und der Aufrechterhaltung ihrer Funktionsfähigkeit angemessen sind. Politische Systeme werden mit zwei unterschiedlichen Arten von „inputs“ konfrontiert, nämlich mit Forderungen (z.B. Forderungen nach Bereitstellung öffentlicher Güter und Dienstleistungen, nach Partizipationsmöglichkeiten oder nach der Durchsetzung bestimmter Normen) und mit Unterstützungen (z.B. Abgaben, Repektierung politischer Entscheidungen oder Anerkennung von Verfahren zur Regulierung von Konflikten). Systeme setzen diese „inputs“ um in fünf unterschiedliche Arten von „outputs“:

Umsetzung von „inputs“ in „outputs“

- Entnahmen (z.B. Besteuerung, Abrufen von Dienstleistungen (z.B. Militärdienst));
- Umverteilung von Ressourcen (z.B. durch Sozialpolitik);
- Regulation von Verhalten (z.B. durch Gesetze);
- Allokation öffentlicher Güter und Dienstleistungen (z.B. Infrastruktur);
- symbolische Aktivitäten (z.B. Erklärungen von Politikzielen, Zeremonien etc.).

Diese Art und Weise der Umsetzung von „inputs“ in „outputs“ in einem bestimmten politischen System hängt von seinen Fähigkeiten ab,

- Ressourcen zu beschaffen;
- gesellschaftliches Verhalten zu regulieren;
- die Verteilung von Gütern und Dienstleistungen zu beeinflussen.

Sie hängt darüber hinaus von der Responsivität des Systemes ab, d.h. von dem Ausmaß, in dem das System bei der Gestaltung seiner „outputs“ auf Forderungen seiner Mitglieder und seiner Umwelt reagiert.

Systemleistungen bei Umsetzungsprozessen

Die Umsetzung von „inputs“ in „outputs“ (z.B. die Umsetzung von Forderungen nach mehr Umweltschutz in gesetzliche Vorschriften zur Verringerung des Schadstoffausstosses von Automobilen) erfolgt in der Regel im Rahmen von vielschichtigen Umsetzungsprozessen. Die Systemtheorie geht davon aus, dass für solche Umsetzungsprozesse sechs spezifische Systemleistungen wichtig sind:

- die Artikulation von Interessen, d.h. die Formulierung und Vermittlung von Forderungen an das politische System;
- die Aggregation von Interessen, d.h. die Umsetzung von Forderungen in politische Handlungsprogramme;
- die Festlegung von Regeln, d.h. die autoritative Bestimmung der Regeln, nach denen ein Problem zu lösen ist;
- die Anwendung von Regeln;
- die Überprüfung der Einhaltung von Regeln; und
- die Kommunikation innerhalb des Systems und zwischen dem System und seiner Umwelt.

Zudem müssen bestimmte Funktionen zur Aufrechterhaltung des Systems und seiner Funktionsfähigkeit, nämlich die Sozialisation der Mitglieder des Systems und die Rekrutierung von Personal, erfüllt werden.

AGIL-Schema

Diese Notwendigkeiten werden auch in der allgemeinen sozialwissenschaftlichen Systemtheorie ins Zentrum der Überlegungen gestellt. So hat zum Beispiel der amerikanische Soziologe Talcott PARSONS ein Schema entwickelt, das vier Grundfunktionen, die in einer Gesellschaft erfüllt sein müssen, identifiziert. Das unter dem Namen AGIL-Schema bekannt gewordene Konstrukt besagt, dass ein soziales System sich durch Bildung geeigneter Strukturen und Mechanismen an veränderte interne und externe Bedingungen anpassen können muss (im amerikanischen A für „Adaptation"), dass ein System bestimmte kollektive Ziele setzen und erreichen muß (G für „Goal attainment"), dass die Funktion der Integration und Koordination über gemeinsame und sanktionierbare Verhaltensnormen gegeben sein muss (I für „Integration") und dass schließlich die Gesellschaft die Aufrechterhaltung von kollektiven Wertvorstellungen und Strukturen über die Zeit durch funktionierende Sozialisationsmechanismen sicherstellen muss (L für „Latent pattern maintenance"). Diesen Grundfunktionen lassen sich nun gesellschaftliche Strukturen und Subsysteme zuordnen. Dabei obliegt zum Beispiel dem politischen System vor allem die Funktion der Zielerreichung („Goal attainment"). Wichtig ist jedoch, dass innerhalb der Subsysteme – also auch innerhalb des politischen Systems – diese vier Grundfunktionen wiederum erfüllt bzw. garantiert sein müssen. Nur so können sie als Subsysteme fortbestehen. Diese Notwendigkeit wiederholt sich auf der Ebene weiterer Subsysteme (z.B. des öffentlichen Verwaltungssystems).

Funktion des politischen Systems

David EASTON, ein bekannter amerikanischer Politikwissenschaftler, sieht folglich auch die autoritative Allokation von Werten („authoritative allocation of values") als die spezifische Funktion des politischen Systems. Dadurch werden kollektiv bindende Entscheidungen möglich und die Gesellschaft kann sich zielgerichtet entwickeln. Diese Idee geht auf Max WEBER zurück, der die differentia specifica des Staates in der Legitimation zur Durchsetzung allgemein gültiger Regeln sieht. Dazu besitzt er als einziges gesellschaftliches System das Monopol für die Anwendung physischer Zwangsgewalt.

Rückkopplungsprozesse und Lernfähigkeit

Entscheidend für das Verhältnis von politischem System und den anderen gesellschaftlichen Subsystemen ist aus der Perspektive der Systemtheorie die Art und Weise, wie die gesellschaftlichen Auswirkungen von kollektiv bindenden Entscheidungen in das politische System rückgekoppelt werden. Dabei wird ein vor allem aus der Steuerungs- und Regeltechnik bekanntes Konzept auf das Verhältnis von politischem System und Bürgern übertragen. Das politische System erhält damit die Fähigkeit zur Steuerung aufgrund von Inputinformationen und durch Produktion geeigneter Outputs, wobei erstere in dynamischer Perspektive unter anderem die Rückwirkungen der Letzteren darstellen. Es muss jedoch nicht von einem störungsfreien Ablauf dieses Prozesses ausgegangen werden. Der amerikanische Politikwissenschaftler Karl DEUTSCH baut zwar auf dem Sachverhalt positiver und negativer Rückkoppelungen seine These von der Lernfähigkeit politischer Systeme auf, weist aber gleichzeitig auf die „Fehleranfälligkeit" dieses Mechanismus aufgrund pathologischer Entwicklungen hin. So leidet unter anderem andauernde, wenig kontrollierte Machtausübung von Elitegruppen unter einem strukturellen Mangel an negativem „feed-back". Dies führt zu einer eingeschränkten Lernfähigkeit und einer Zunahme ausschließlich interner Kommunikation. Erscheinungen dieser Art konnten in den staatssozialistischen Systemen Zentral- und Osteuropas vor ihrem Zusammenbruch beobachtet werden. Die Art und Weise der Organisation des Kommunikationsflusses innerhalb des politischen Systems und mit seiner Umwelt wird in der Systemtheorie von Karl DEUTSCH damit zur zentralen Größe bei der Analyse seiner Handlungs- und damit Überlebensfähigkeit. Das politische System ist dabei nur erfolgreich, wenn es seine Lernfähigkeit erhalten kann.

Methodologische Probleme der Systemtheorie

Die Systemtheorie postuliert also eine Menge von Eigenschaften von politischen Systemen und von notwendigen Funktionen, die innerhalb von Systemen erfüllt werden müssen. Sie definiert abstrakt notwendige Fähigkeiten und Leistungen. Sie sagt jedoch nichts darüber aus, wie die Funktionen, Fähigkeiten und Leistungen politischer Systeme konkret erbracht werden oder wie sie real beschaffen sein sollen. Sie lässt die realen Institutionen und Verfahren offen, durch die Funktionen, Fähigkeiten und Leistungen erbracht werden. Mehr noch: sie lässt die kausalen Beziehungen und Zusammenhänge zwischen Institutionen und Verfahren einerseits, Funktionen, Fähigkeiten und Leistungen andererseits, unspezifiziert. Die Systemtheorie bleibt also überwiegend einer abstrakten Terminologie verhaftet und hat deshalb nur einen geringen empirischen Erklärungswert. Sie ist damit, trotz ihres Anspruches, noch keine empirisch-analytische Theorie, sondern eher ein konzeptioneller Bezugsrahmen.

Begriffe: Empirisch-analytische Theorien Konzeptioneller Bezugsrahmen

Empirisch-analytische Theorien sind Mengen von logisch miteinander verbundenen Aussagen und Hypothesen, die empirisch prüfbar sind.

Ein konzeptioneller Bezugsrahmen dagegen ist ein Begriffssystem, das zwar Realitätsbezug aufweisen soll, aber keine Erklärungen (Aussagen) über die Zusammenhänge zwischen den mit den Begriffen beschriebenen empirischen Tatbeständen enthält.

Die Systemtheorie ist als allgemeine Theorie formal-abstrakt. Sie bedarf für die einzelnen Anwendungsfelder einer empirischen Interpretation. Die politikwissenschaftliche Systemtheorie hat diese empirische Interpretation bisher nur insofern geleistet, als sie ein auf politische Systeme bezogenes Begriffssystem entwickelt hat. Die Zusammenhänge zwischen den mit diesen Begriffen beschriebenen Tatbeständen werden dagegen nicht durch empirisch gehaltvolle Hypothesen spezifiziert. Deshalb ist ihre Erklärungskraft gering.

Anwendung der Systemtheorie

Die methodologischen Schwächen der Systemtheorie zeigen sich auch in der auf sie aufbauenden Regierungslehre. Die Systemtheorie stellt für die Vergleichende Regierungslehre ein generelles Begriffssystem dar, das sich jedoch auf abstrakte Funktionen, Merkmale und Prozesse von politischen Systemen bezieht. Das Begriffssystem legt also abstrakt fest, welche Aspekte realer politischer Systeme zu untersuchen sind, nämlich Systemfähigkeiten, Umsetzungsfunktionen und Funktionen zur Aufrechterhaltung des Systems. Die Systemtheorie beschreibt diese Fähigkeiten und Funktionen allgemein, ordnet sie aber nicht systematisch bestimmten realen Strukturen, Verfahren und Prozessen zu. Diese Zuordnung muss also empirisch erfolgen. Vergleichende Regierungslehre mit einem systemtheoretischen Ansatz besteht also vor allem darin, abstrakten Konzepten von Funktionen und anderen Merkmalen reale Funktionen, Strukturen und Verfahren zuzuordnen. Sie soll empirisch feststellen, welche Funktionen in realen politischen Systemen von welchen Institutionen und Verfahren (Strukturen) erfüllt werden, und wie die damit verbundenen Fähigkeiten ausgestaltet sind.

Vergleichende Regierungslehre in einem systemtheoretischen Ansatz geht also zunächst von theoretischen Annahmen über die Relevanz bestimmter Funktionen sowie bestimmter, lediglich abstrakt definierter erforderlicher Fähigkeiten und Leistungen aus. Auf der Basis dieser Annahmen untersucht sie die realen Strukturen und Prozesse politischer Systeme und versucht festzustellen, welche Funktionen durch welche Institutionen und Verfahren erfüllt werden bzw. welche Beiträge die Institutionen und Verfahren zur Erfüllung der einzelnen Funktionen leisten. Zudem wird versucht, die von diesen Institutionen und Verfahren erbringbaren Fähigkeiten und Leistungen zu ermitteln. Insgesamt geht es also um eine Entdeckung der Zusammenhänge zwischen abstrakt postulierten Funktionen, Fähigkeiten und Leistungen einerseits und konkreten Institutionen und Verfahren andererseits. Praktisch läuft das darauf hinaus, dass politische Systeme auf der Basis des konzeptionellen Bezugsrahmens und der entsprechenden Terminologie beschrieben und funktional interpretiert werden. Durch vergleichende Analysen ähnlicher und unterschiedlicher Regierungssysteme werden dann generalisierende Aussagen über die Zuordnung von Funktionen, Fähigkeiten und Leistungen einerseits und konkrete Institutionen und Verfahren andererseits gewonnen.

Wissenschaftstheoretische Kritik

Dieses Verfahren ist unter wissenschaftstheoretischen Gesichtspunkten problematisch, weil

- es im Wesentlichen auf theoretischen Annahmen beruht, die empirisch nicht überprüfbar sind;
- diese Annahmen umgesetzt werden in konkrete Aussagen über die Erfüllung von Funktionen in einzelnen Systemen, ohne dass diese Aussagen empirisch überprüft werden;
- aus diesen (ungeprüften) Aussagen generalisierende Schlussfolgerungen gezogen werden, die ebenfalls nicht überprüft werden.

Was häufig als theoretisch begründete und empirisch gesicherte Regierungslehre dargestellt wird, besteht bestenfalls aus ungeprüften Hypothesen. Mehr noch: diese Hypothesen sind nicht nur empirisch ungeprüft, sondern zum Teil auch theoretisch nicht ausreichend begründet. Das liegt daran, dass die Systemtheorie

- die kausalen Zusammenhänge zwischen Institutionen und Verfahren einerseits und den Funktionen und funktionalen Fähigkeiten von politischen Systemen andererseits offen und unspezifiziert lässt und
- die generellen Zusammenhänge zwischen der Erfüllung der als notwendig postulierten Funktionen einerseits und der Leistungsfähigkeit von politischen Systemen andererseits nicht spezifiziert.

Deshalb kann auch die Systemtheorie die angesprochenen theoretischen Defizite der Vergleichenden Regierungslehre nicht beheben – auch sie liefert keine ausreichende theoretische Basis für die systematische Beschreibung und Interpretation von unterschiedlichen Regierungssystemen.

Systemtheorie als heuristische Perspektive

Dennoch führt die Systemtheorie die Vergleichende Regierungslehre weiter, weil sie sie mit einem substantiellen Erkenntnisinteresse und einer theoretischen Fragestellung verbindet. Die Verfassungssystematik dagegen ist an einem formalen Erkenntnisinteresse (der Ordnung von Staats- und Regierungsformen) ohne Verbindung zu einer theoretischen Fragestellung orientiert. Die Systemtheorie verbindet die Vergleichende Regierungslehre mit einer zentralen Fragestellung der Politikwissenschaft, nämlich mit der Frage nach den Zusammenhängen zwischen den Aufgaben und Funktionen von Politik und den institutionellen Strukturen und Verfahren, innerhalb derer Politik formuliert und durchgeführt wird. Sie verweist darüber hinaus auf prinzipielle Strategien zur Erklärung dieser Zusammenhänge und liefert dazu auch einen konzeptuellen Bezugsrahmen. Die Systemtheorie liefert also heuristische Perspektiven, d.h. ein Erkenntnisprogramm für die Vergleichende Regierungslehre – ein Programm allerdings, das nur dann eingelöst werden kann, wenn es gelingt, abstrakt definierte Funktionen operational, d.h. empirisch überprüfbar, zu bestimmen. Das stößt wegen der Komplexität der Tätigkeit des modernen Staates und der vielschichtigen Determinanten der Staatstätigkeit auf erhebliche Schwierigkeiten.

Problematik der funktionalistischen Basisannahmen

Aus der Sicht der Systemtheorie wird diese institutionelle Komplexität moderner demokratischer Regierungssysteme durch funktionale Bezüge zwischen den einzelnen Elementen und Teilsystemen reduziert. Die einzelnen Elemente, d.h. einzelne Institutionen und Verfahren des Regierungssystems, sind also einander im Hinblick auf die Erfüllung der Funktionen des Gesamtsystems so zugeordnet, dass sie jeweils aufeinander abgestimmte Beiträge liefern und Teilfunktionen erfüllen. Das ist die funktionalistische Basisannahme der Systemtheorie.

Diese Basisannahme ist in der Politikwissenschaft, ebenso wie in der Soziologie, umstritten. Grundsätzliche Kritik an der Systemtheorie richtet sich denn zumeist gegen ihre funktionalistischen Grundlagen. Kritisiert wird insbesondere, dass durch funktionalistische Ansätze eine zweckrationale, zielgerichtete Organisation und Struktur von politischen Systemen unterstellt wird. Damit wird auch die Funktions- und Leistungsfähigkeit politischer Systeme, d.h. die Fähigkeit, ihre Aufgaben und Funktionen auch tatsächlich zu erfüllen, weitgehend vorausgesetzt. Dagegen lässt sich einwenden und durch viele Beispiele belegen, dass politische Systeme häufig nicht in der Lage sind, ihre Funktionen und Aufgaben angemessen zu erfüllen, weil ihre Strukturen ihre Handlungsfähigkeit stark beschränken.

Verzichtet man auf funktionalistische Annahmen, dann kann man nicht mehr von einer systematisch auf ihre Funktionen und Aufgaben bezogenen institutionellen Struktur politischer Systeme ausgehen. Man kann auch nicht mehr davon ausgehen, dass die einzelnen Elemente und Teile eines Regierungssystemes im Hinblick auf die Vermittlung und Umsetzung sozio-ökonomischer Probleme und kollektiver Bedürnisse aufeinander systematisch abgestimmt sind. Man muss vielmehr davon ausgehen, dass

- die funktionalen Zusammenhänge zwischen den unterschiedlichen Elementen und Teilen eines politischen Systemes und die sich daraus ergebende Funktionsweise dieses Systemes sowie
- die Beziehungen zwischen den Strukturen und Funktionen politischer Systeme nicht generell festgelegt, sondern variabel sind. Das heißt konkreter: man kann nicht davon ausgehen, dass die strukturellen Zusammenhänge und die Funktionsweise von politischen Systemen (oder auch nur von demokratischen Systemen) einer allgemeinen Logik unterliegen, die unabhängig von konkreten strukturellen Arrangements und Handlungsbedingungen ist. Die Funktionsfähigkeit politischer Systeme hängt vielmehr von institutionellen Strukturen, äußeren Handlungsbedingungen und konkreten Zielvorstellungen der Akteure ab.

Neuere Entwicklungen der Systemtheorie sind vor allem durch den Soziologen Niklas LUHMANN und seine Schüler vorangetrieben worden, wobei der Einfluss auf die Vergleichende Regierungslehre und Vergleichende Politikwissenschaft eher gering blieb. Der Strukturfunktionalismus der älteren Systemtheorie (d.h. der Zuordnung von Funktionen zu vorhandenen Strukturen) wird ersetzt durch zentrale Funktionen des Systems. Dazu gehört zunächst die Herstellung einer System-Umwelt-Differenz, um überhaupt von einem System oder Subsystem sprechen zu können. Strukturen sind in dieser Sichtweise kontingent, d.h. in ihrer konkreten Ausgestaltung offen, und eindeutig den Funktionen untergeordnet. Dadurch wird – vereinfacht ausgedrückt – in dieser Perspektive das Verhältnis von Struktur und Funktion umgedreht: nicht Strukturen werden Funktionen zugeordnet, sondern Funktionen erzeugen Strukturen. Da die primäre Funktion des Systems die Etablierung einer System-Umwelt-Differenz darstellt, die sich in unterschiedlichen Graden sozialer Komplexität zeigt, neigen Systeme zu einem hohen Grad an Selbstbezug (Selbstreferentialität) und unterscheiden sich durch exklusive Merkmale (binäre Codes). Im politischen System ist dieser Code die Macht, im Wirtschaftssystem das Geld. Sie haben auch die Funktion, die internen Prozesse zu steuern. Systeme sind aufgrund dieser unterschiedlichen, nur innerhalb des Systems wirksamen Mechanismen auch nur sehr begrenzt von außen zu beinflussen. Sie beziehen ihre Handlungslogiken aus sich selbst und sie werden deshalb mit den Begriffen selbstreferentiell und autopoetisch charakterisiert.

Eine derartige Interpretation von Systemen hat erhebliche Auswirkungen auf die Analyse von Politik bzw. die Einschätzung der Handlungsmöglichkeiten des politischen Systems. Allgemein ausgedrückt führt diese Sichtweise zu einem Steuerungspessimismus im Hinblick auf politische Gestaltungsmöglichkeiten. Während die ältere Systemtheorie dem politischen System geradezu die Steuerung der Gesellschaft in Richtung bestimmter Ziele ansinnt, muss diese Funktion angesichts der Selbststeuerung der Subsysteme in der LUHMANN'schen Systemtheorie mit erheblichen Problemen verbunden sein bzw. ganz scheitern. So könnte zum Beispiel die Steuerungsresistenz des Gesundheitssystems gegenüber politischen Beeinflussungsversuchen mit einem solchen Ansatz erklärt werden. Nur wenn sich die Politik auf die Handlungsrationalitäten der jeweiligen Subsysteme einlässt und sich mit der Anwendung ihres eigenen Steuerungsmediums „Macht" zurückhält, hat sie eine Chance der Einwirkung. Ein Beispiel könnte die moderne Struktur- und Regionalpolitik sein, wo inzwischen sehr viel stärker mit Anreizen, statt mit staatlicher Regulation eine Steuerung wirtschaftlicher Entscheidungen durch die Politik betrieben wird.

Insgesamt hat jedoch der Steuerungspessimismus dieser Variante von Systemtheorie zu ihrer verhaltenen Rezeption in der Politikwissenschaft allgemein und der Vergleichenden speziell beigetragen. Dies steht zumindest in einem Gegensatz zu anderen Disziplinen der Sozialwissenschaft (z.B. Soziologie), wo sie erheblich breiter aufgenommen und umgesetzt wurde. Auch in der internationalen Literatur versteht man unter Systemtheorie bis heute in der Vergleichenden Regierungslehre vor allem die auf DEUTSCH, EASTON und andere zurückgehende Tradition.

3. Politisch-ökonomische Theorie in der Vergleichenden Regierungslehre

Individualistische Perpektive

Die politisch-ökonomische Theorie hat in den letzten Jahrzehnten zunehmende Bedeutung auch für die Vergleichende Politikwissenschaft erlangt. Im Gegensatz zur Systemtheorie dient dabei nicht die Funktionsfähigkeit politischer Institutionen und Strukturen als Bezugspunkt der Analyse, sondern die Motive der Handelnden. Diese individualistische Perspektive bedeutet aber nicht, dass umfassendere Einheiten, wie Organisationen, Nationalstaaten oder sogar internationale Allianzen, damit nicht untersucht werden können. Man spricht in diesem Fall dann von kollektiven Akteuren. Hinzu kommt, dass auch individuelle Akteure (z.B. Politiker) bei der Verfolgung von Zielen immer den strukturellen und institutionellen Kontext mitberücksichtigen müssen. Insofern ist der politisch-ökonomische Theorieansatz im Kern zwar individualistisch, aber er muss die Randbedingungen, die durch gesellschaftliche und politische Ordnungen gesetzt werden, in seine Erklärungsversuche einbeziehen.

Politik und Ökonomie

Ursprünglich gab es keine strikte Trennung in Wirtschaftswissenschaft und Politikwissenschaft. So z.B. bei Adam SMITH, für den die politischen und wirtschaftlichen Grundlagen eines Gesellschaftssystems untrennbar miteinander verbunden waren, wobei die politisch-institutionell garantierte Wirtschaftsverfassung die entscheidende Stütze der bürgerlichen Gesellschaft darstellte. Auch für die marxistische Tradition des Denkens gibt es keine Trennung von Politik und Ökonomie. Über längere Zeit verstand man unter politischer Ökonomie häufig die von MARX begründete kapitalismuskritische Tradition der Volkswirtschaftslehre.

Heute wird vor allem die Analyse der Verflechtung von Politik und Ökonomie als Politische Ökonomie bezeichnet. Diese Fragestellung gewinnt deswegen an Bedeutung, weil moderne Industriegesellschaften sich durch einen hohen wechselseitigen Durchdringungsgrad von Politik und Ökonomie und ein häufig daraus resultierendes Spannungsverhältnis auszeichnen.

Ökonomische Theorie der Politik

Auf der theoretischen Ebene versteht man heutzutage Politische Ökonomie im Sinne der Analyse der Politik mit ökonomischen Theorien, also eine ökonomische Theorie der Politik – auch Neue Politische Ökonomie genannt. Deren wichtigste Anwendungsgebiete sind Wahlen und Parteienkonkurrenz, Prozesse der Mehrheitsbildung und Entscheidungs-regeln, die Funktionsweise von Organisationen im Rahmen der Logik kollektiven Handelns, das Verhältnis zwischen demokratisch legitimierten Politikern und den Verwaltungen (Agenturen) sowie die bei Transaktionen optimale Gestaltung der institutionellen Bedingungen.

Rational handelndes Subjekt

Die ökonomische Theorie basiert trotz unterschiedlichster Anwendungsgebiete und verschiedener Strömungen auf der axiomatischen Basis des rational handelnden Subjektes. Letzteres kann ein Individuum, aber auch eine Unternehmung, ein Verband oder eine Bürokratie sein. Sie besagt, dass in einer Situation, in der mehrere Handlungsalternativen zur Verfügung stehen, das handelnde Subjekt diejenige auswählt, die nach Abwägen aller Kosten- und Nutzenfaktoren den größten Gewinn verspricht. Kosten und Nutzen bestimmen sich dabei nach den individuellen Präferenzen, deren Zustandekommen die ökonomische Theorie selbst nicht erklärt. Allerdings bewegt sie sich bei kardinal (z.B. Geldeinheiten) bzw. zumindest ordinal messbaren Größen mit ihren Annahmen über Nutzenfunktionen auf relativ sicherem empirischen Terrain. Nach den bedeutenden Arbeiten von SIMON u.a. geht man heute nicht mehr von einer absoluten Rationalität aus. Einem solchen Verständnis stehen schon die hohen Informationskosten gegenüber, die eine Abwägung aller Alternativen bedeuten würden. Man unterstellt individuellen und kollektiven Akteuren nur eine begrenzte Rationalität (bounded rationality). Sie geben sich mit einer je nach Entscheidungssituation und Informationskosten beschränkten Entscheidungsgrundlage zufrieden. Verursacht wird dies durch kognitive Faktoren wie Wissenstand, aber auch Filter, die durch normative Muster und Weltbilder die Informationssuche beeinflussen. Nur die Informationen werden für eine Entscheidung herangezogen, die als relevant und im Rahmen der jeweiligen kognitiven Möglichkeiten als ausreichend erachtet werden Aber auch ein solches „begrenzt rational" handelndes Subjekt (homo oeconomicus) reicht als Basis für eine erklärungskräftige und gehaltvolle Theorie nicht aus: Ziele können nur durch Interaktionen mit der Umwelt erreicht werden. Dies ist die Idee des sozialen Tauschs von materiellen und immateriellen Gütern. Dadurch kann man auch eine theoretische Brücke zu den sozialen und politischen Strukturen einer Gesellschaft herstellen: letztere sind in dieser Perspektive nichts anderes als verfestigte und auf Dauer angelegte Tauschprozesse. In diesem Zusammenhang muss auf die Prozesse der Institutionalisierung hingewiesen werden (z.B. in der Form des Vertrages oder einer politischen Verfassung), denen hier eine zentrale Bedeutung zukommt. Selbstverständlich liegt keine Einbahnstraße vor: die Strukturen und Institutionen wirken auf Tauschprozesse zurück und können sie dadurch verändern (z.B. durch Widerspruch). M.a.W. Strukturen und Institutionen sind die Folge von Tauschprozessen, aber auch Bedingungen für die Verstetigung und Vereinfachung von Transaktionen.

Sozialer Tausch als Prinzip

Sozialer Tausch impliziert ein Minimum an Verschiedenheit und Arbeitsteilung zwischen den Gesellschaftsmitgliedern. Dies ist zunächst natürlich gegeben durch unterschiedliche Anlagen und Talente. Eine weitere Voraussetzung für das Funktionieren des ökonomischen Erklärungsansatzes ist der Tatbestand der Knappheit. Wäre alles im Überfluss vorhanden, würden die Gründe für soziale Tauschprozesse entfallen. In der Welt der ökonomischen Theorie gehen die Wirtschaftssubjekte Tauschbeziehungen ein, weil sie arbeitsteilig produzieren, verschiedene Konsumbedürfnisse haben und die meisten Güter und Dienstleistungen knapp sind.

Wahlen als Marktgeschehen

Arbeitsteilung, Verschiedenheit und Knappheit bilden auch die Basis für soziale und damit politische Differenzierung, Ungleichheit, Machtverhältnisse und dadurch auch Verteilungskonflikte. Das hat damit zu tun, dass in einer arbeitsteilig produzierenden Gesellschaft aufgrund vorangegangener Tausch- und Akkumulationsprozesse die Verfügung über knappe Güter und Leistungen ungleich verteilt ist und damit zu mehr oder weniger starken Abhängigkeiten und Deprivationszuständen der Nicht-Besitzenden führt.

Im Folgenden werden wir einige theoretische Konzepte der Ökonomischen Theorie der Politik behandeln, mit deren Hilfe eine theoretische Verbindung zwischen rational handelnden Akteuren und institutionellen Strukturen hergestellt werden kann. Da ist zunächst die Idee, dass zentrale politische Prozesse (Wahlverhalten und Parteienwettbewerb) in Analogie zu Marktprozessen verstanden werden können. Diese Idee wurde zuerst von Anthony DOWNS in seinem einflussreichen Buch „Ökonomische Theorie der Demokratie" entwickelt. Für die vergleichende Forschung spielt des Weiteren die Verfassungsökonomik, wie sie vor allem von James BUCHANAN und Gordon TULLOCK konzipiert wurde, eine bedeutende Rolle. Dabei geht es vor allem um die „kostengünstigsten" und stabilsten Entscheidungsregeln bei Abstimmungen. Abstimmungs- bzw. Entscheidungsregeln bestimmen auch die strategische Situation der an der Abstimmung Beteiligten. So ist die Folge der Einstimmigkeitsregel, dass jeder Abstimmende ein so genannter Vetospieler sein kann, da er mit seiner Nicht-Zustimmung eine Entscheidung verhindern kann. Das Konzept des Vetospielers kann man auf die institutionelle Konfiguration politischer Systeme übertragen und danach fragen, wie viele Institutionen es gibt, die politische Entscheidungen blockieren können. Solche potentiellen Vetospieler findet man im System der Gewaltenteilung zwischen Exekutive, Legislative und Judikative, aber auch bei Koalitionsregierungen in Mehr-Parteien-Systemen. Die vergleichende Politikwissenschaft wurde in den letzten Jahren auch von den Überlegungen Mancur OLSONs zur Logik kollektiven Handelns stark beeinflusst. OLSON erhebt den Anspruch, auf der Basis seiner Theorie die unterschiedlichen Entwicklungen der westlichen Demokratien vor allem in wirtschaftlicher Hinsicht erklären und vorhersagen zu können.

Institutionelle Ökonomie

In neuerer Zeit gingen signifikante theoretische Impulse von der institutionellen Ökonomie aus. Die Kernaussage dieses auf COASE und WILLIAMSON zurückgehenden theoretischen Ansatzes behauptet, dass die Kosten von Transaktionen zwischen Akteuren von Eigenschaften der Tauschgüter und der dafür optimalen institutionellen Form abhängen. Konkret: hochspezifische Güter, die darüber hinaus selten getauscht werden, erzeugen erhebliche Transaktionskosten (vor und nach der Transaktion). Diese Transaktionsprozesse werden deshalb aufgrund des Koordinationsaufwandes am kostengünstigsten in hierarchischen Organisationskontexten abgewickelt. Standardisierte Güter werden dagegen am kostengünstigsten in marktförmigen Institutionen transaktioniert. Allerdings sind nicht nur in der Politik die meisten Güter weder hoch spezifisch noch komplett standardisiert, sondern liegen irgendwo zwischen diesen Extremeigenschaften. Die Folge davon ist, dass so genannte hybride Institutionen, wie z.B. bi- oder multilaterale Verträge zwischen Akteuren oder netzwerkartige Strukturen, die optimale Form für Transaktionen darstellen. Ein prominentes Anwendungsgebiet dieser Überlegungen ist das Verhältnis von Politik und Verwaltung und damit die Umsetzung von Beschlüssen legitimierter politischer Institutionen durch nachgeordnete Administrationen (Agenturen).

Wahlverhalten

Die Analyse von A. DOWNS stellt eine Weiterentwicklung des polit-ökonomischen Klassikers von J. SCHUMPETER: „Kapitalismus, Sozialismus und Demokratie“ dar. In beiden geht es um die Entwicklung einer positiven Theorie der Demokratie (im Gegensatz zu einer normativen !). Das Ordnungsprinzip, das dieser Theorie zugrunde liegt, ist die Rationalität des individuellen Verhaltens. Letztere bezieht sich immer auf die eingesetzten Mittel, gegebene Ziele (Präferenzen) zu erreichen und niemals auf die Auswahl der Ziele selbst.

Nach DOWNS ist der Zweck von Wahlen in einer Demokratie die Auswahl einer Regierung unter mindestens zwei Alternativen. Wahlen werden dabei als sozialer Tausch zwischen Parteien und Wählern verstanden (Stimmen gegen Leistungen der zukünftigen Regierung). Dazu entwickeln Parteien Wahlprogramme, um die Zahl der Wählerstimmen zu maximieren und dadurch die Wahl zu gewinnen. Die rationalen Wähler versuchen dagegen, ihren politischen Nutzen (d.h. Nutzen, der aus der Regierungstätigkeit erwächst) ebenfalls zu maximieren. Daraus folgt, dass Wähler und Parteien Stimmen gegen Regierungsleistungen tauschen. Ziel der Parteien ist nicht die Verwirklichung von Programmen. Sie sind nur Mittel zum Zweck. Genauso wenig orientiert sich der Wähler an Gemeinwohlvorstellungen. Gemeinwohl und soziale Wohlfahrt sind damit Nebenprodukte eines politischen Marktgeschehens. Gemeinwohl oder kollektive Wohlfahrt kann aber trotzdem entstehen, da sich die Parteien an den Präferenzen von Mehrheiten, die in der Regel in der Mitte eines politischen Spektrums zwischen Links und Rechts zu finden sind, orientieren müssen. M.a.W. Parteien bzw. Regierungen können ihren Nutzen nur dann maximieren, wenn sie auch die Wohlfahrt der Wähler maximieren.

Parteiendifferential

Der Wähler bildet zum Zwecke der Wahlentscheidung ein Parteiendifferential, welches sich aus der Differenz zwischen erhaltenem Nutzen von der gegenwärtigen Regierung und erwartetem Nutzen einer zukünftigen Regierung auf anderer Parteibasis ergibt. Die Partei, die überwiegt, wird er wählen. Dabei ist er natürlich auf Informationen über die Leistung der Opposition in der gegenwärtigen Legislaturperiode angewiesen. Die Theorie von DOWNS wird erheblich komplexer, wenn man die Komplikationen im Mehrparteiensystem und bei Koalitionen berücksichtigt. In Mehrparteiensystemen muss der Wähler auch die Erfolgschancen der weiteren Parteien in Relation zur präferierten Partei berücksichtigen. Bei den in solchen Parteisystemen meist auftretenden Koalitionsbildungen muss der Wähler eigentlich auch noch den Ausgang von Koalitionsverhandlungen nach der Wahl einschätzen, damit er sein Nutzeneinkommen durch die Wahl der von ihm präferierten Partei ermitteln kann. Da wir hier die Theorie ohnehin nur verkürzt und skizzenhaft darstellen können, verzichten wir auf eine genauere Beschreibung des sich daraus ergebenden Nutzenkalküls.

Informationskosten

DOWNS beschäftigt sich in fast zwei Dritteln seine Analyse mit dem Problem der Informationskosten, da die Annahme der perfekten Informationslage unrealistisch ist. Ferner ist der Wahlakt selbst (also nicht nur die Entscheidungsfindung) mit Kosten verbunden, die angesichts eines kleinen Nutzens des Wählens (Gewichtung der eigenen Stimme) ins Gewicht fallen. Kosten treten aber vor allem dadurch auf, dass der Wähler zur Ermittlung seines Nutzens via Parteiendifferential Informationen braucht. Bei deren Beschaffung fallen Zeit-, Opportunitäts- und andere Kosten an. Diese sind zum erwarteten Nutzen in Beziehung zu setzen. Da der Nutzen eher gering sein dürfte, müssen ihm entsprechend niedrige Kosten gegenüberstehen. Es ist in modernen Gesellschaften die Funktion der

Massenmedien, als Ersatz für teure individuelle Informationsbeschaffung zu dienen. Zusätzlich sind diese Kosten in Relation zum Nutzen zusätzlicher Information für die Wahlentscheidung zu sehen. Nur wenn Information zu einer Änderung der Entscheidung führt, hat sie einen Nutzen. Die Folge ist, dass sich die meisten Wähler im Zustand der rationalen Ignoranz befinden, da zusätzliche Informationen wenig Einfluss auf die Wahlentscheidung haben.

Parteien und Stimmenmaximierung

In der DOWNSschen Perspektive sind Parteien stimmenmaximierende Organisationen, die zwar interne Fraktionen haben können, aber vor den Wähler mit einer geschlossenen Programmatik treten. Parteien sind quasi-individuelle Nutzenmaximierer mit dem Ziel, die Regierungsmacht zu erlangen. Ihre inhaltlichen politischen Aussagen sind nur Mittel zum Zweck, d.h. wie Güter und Dienstleistungen werden sie nicht ihrer selbst wegen produziert, sondern um Erlöse – hier möglichst viele Stimmen – zu erzielen. Dass dabei politische Inhalte und Interessen verfolgt und im Falle der Regierungsausübung auch umgesetzt werden, steht dazu nicht im Widerspruch.

„Median Voter"

Die Strategie der Stimmenmaximierung hängt von der Verteilung der Wählerpräferenzen ab. Bei einer so genannten eingipfligen Verteilung (Normalverteilung) kann in einem Zwei-Parteien-System eine Mehrheit nur dann erreicht werden, wenn die Wähler in der Mitte des politischen Spektrums („median voter") gewonnen werden. Die Folgen sind eine Tendenz zur Angleichung der Parteiprogramme und ein dadurch bedingtes geringer werdendes Parteiendifferential, d.h. ceteris paribus eine Abnahme des politischen Interesses, was sich z.B. in geringerer Wahlbeteiligung ausdrücken kann. Bei einer zweigipfligen, polarisierten Verteilung der Wählerpräferenzen ist ein Bemühen um die Wähler in der Mitte nur sinnvoll, wenn keine neuen Parteien hinzukommen können. Dies ist z.B. im britischen Regierungssystem der Fall, wo das überkommene Parteiensystem und das geltende Wahlrecht die Chance der Entstehung parlamentarisch signifikanter Parteien weitgehend verhindern. Gibt es weitere Parteien im jeweiligen Lager, ist es bei dieser Verteilung der Wählerpräferenzen rational, sich um den am häufigsten anzutreffenden „durchschnittlichen" Wähler im entsprechenden Lager zu bemühen.

Logik des Parteienwettbewerbs

Da jede Regierung die Unterstützung bei den Wählern zu maximieren versucht, wird sie Ausgaben tätigen, die ihr die meisten Stimmen einbringen und sie mit steuerlichen Maßnahmen finanzieren, die am wenigsten Stimmen kosten. Dieser Umstand führt dazu, dass sich sowohl Regierung wie Wähler nur für marginale Veränderungsoperationen interessieren. M.a.W. die Logik des Parteienwettbewerbs sorgt einerseits für politische Kontinuität. Andererseits lässt sich damit auch begründen, warum Politiker als eine Art Unternehmer bestrebt sind, ihre Einfluss- und Machtsphäre auszudehnen. Nur dadurch verfügen sie über die notwendigen Ressourcen, die Interessen der großen Gruppen in der Gesellschaft zufriedenzustellen, auf deren Stimmen sie bei der Wahl angewiesen sind. Diese Perspektive kann auch eine Erklärung für die Tatsache liefern, dass der Staat in modernen Gesellschaften kontinuierlich wächst, d.h. mehr und mehr Anteile des Sozialprodukts im staatlichen Bereich erzeugt werden. Dabei ist natürlich in vergleichender Sicht von besonderem Interesse, welche sozialen Schichten (Klassen) die Hauptklientel der Regierungspartei(en) darstellen. So werden untere soziale Schichten in besonderem Maße auf einen höheren Anteil bei der Verteilung des erwirtschafteten Vermögens drängen. Daraus ergibt sich eine plausible Begründung für die Entwicklung des modernen Wohlfahrtsstaates, wie er insbesondere unter lang andauernder sozialdemokratischer Herrschaft in Schweden entstanden ist.

Deduktives Hypothesengerüst

Die Bedeutung der DOWNSschen Theorie des Wählerverhaltens und des Parteienwettbewerbs für die Vergleichende Regierungslehre liegt in dem Umstand, dass damit im Gegensatz zur Systemtheorie ein streng deduktives Hypothesengerüst entstanden ist, das eine Erklärung des Parteienwettbewerbs in Ländern mit unterschiedlichen institutionellen Bedingungen unter Verwendung eines einheitlichen theoretischen Instrumentariums gestattet. Da es sich dabei um eine „sparsame" Theorie handelt, d.h. aus wenigen Annahmen (Axiomen) werden Schlussfolgerungen (Deduktionen) für ein breites Spektrum empirischer Phänomene gezogen, ensteht in einer vergleichenden Perspektive die Frage, wie entscheidend die institutionellen Randbedingungen (z.B. das Wahlrecht oder die Regierungsform) für das zu beobachtende Wahlverhalten bzw. die Art des Parteienwettbewerbs sind. Hier besteht die Gefahr, dass die von der Theorie beanspruchte allgemeine Gültigkeit eine unmittelbar gegebene Uniformität der Anwendungsbedingungen unterstellt.

Verfassungsökonomie und Entscheidungsregeln

Im Rahmen der so genannten Verfassungsökonomie geht es in erster Linie um die Frage, wie die Ordnungs- und Entscheidungsregeln für ein bestimmtes soziales Kollektiv (Aufsichtsrat, Partei, Verein, Nationalstaat) gestaltet sind bzw. zur Erzielung eines möglichst verfälschungsfreien Ergebnisses und damit zur Vermeidung hoher Kosten sein sollten. Aus der Sicht des Einzelnen ist ein Abstimmungsergebnis dann optimal, wenn die Entscheidung seinen/ihren Interessen entspricht. Folglich ist eine einstimmige Entscheidung aus der Sicht der Interessen aller einem Kollektiv angehörenden das beste Ergebnis. Niemand wird überstimmt und keine Interessenlage diskriminiert. Leider lässt sich ein solches Ergebnis in vielen Kollektiven aus praktischen, aber auch aus prinzipiellen Gründen nicht erreichen. Je größer das Abstimmungsgremium und je divergierender die Interessenlagen, desto schwieriger wird es, einen umfassenden Konsens zu erzielen. Die Kosten (Informations-, Zeit- und Opportunitätskosten), ein einstimmiges Ergebnis zu erzielen, wachsen enorm an. Gilt für ein großes und heterogenes Kollektiv die Einstimmigkeitsregel, ist es vermutlich aus diesen Gründen entscheidungsunfähig. Es ist dann unter Umständen sinnvoll, wie in vielen politischen Verfassungen zur Mehrheitsregel überzugehen. Einstimmigkeitsregeln bzw. Zwei-Drittel-Mehrheitsgebote sind dann angebracht, wenn über für die Beteiligten zentrale und wichtige Probleme entschieden wird und/oder wenn es signifikante Minderheiten gibt, die bei Geltung der einfachen Mehrheitsregel strukturell und permanent in die Minderheitenposition geraten. Dies trifft zum Beispiel auf Verfassungsfragen bzw. auf politische Systeme mit großer kultureller Heterogenität wie die Schweiz zu. BUCHANAN und TULLOCK stellen die Frage der optimalen Abstimmungsregeln als ein interdependentes Problem dar: je höher einerseits der für eine positive Entscheidung notwendige Prozentsatz an zustimmenden Mitgliedern eines Kollektivs ist, desto größer sind ceteris paribus die so genannten Entscheidungskosten. Je geringer andererseits der für eine Entscheidung notwendige Anteil an Zustimmenden, desto mehr steigen die Kosten für diejenigen, die bei der Abstimmung unterlegen sind. Solche Kosten werden in der Ökonomie externe Kosten genannt, die dadurch entstehen, dass jemand von einer Entscheidung betroffen ist, ohne dass er daran zustimmend mitgewirkt hat. Betrachtet man Entscheidungs- und externe Kosten gleichzeitig, so kann nicht überraschen, dass die einfache Mehrheit in vielen Fällen die optimale Entscheidungsregel darstellt (vgl. Schaubild 3). Dennoch bleibt die Attraktivität der Einstimmigkeitsregel, da nur sie die Berücksichtigung aller Präferenzen der Mitglieder eines Kollektivs garantiert. Geht man von der Statik dieser Modellüberlegungen ab, dann stellt man fest, dass in der Praxis - zum Beispiel in einem Parlament – im Zeitverlauf sehr häufig über unterschiedliche Dinge abgestimmt wird. Hinzu kommt, dass nicht alle zur Abstimmung stehenden Fragen für alle Beteiligten gleich wichtig sind. Daraus entsteht die Möglichkeit des Stimmentauschs und damit die Chance, umfassendere Mehrheiten zu erzielen. Ein Interessenausgleich wird zwar dann nicht bei einer einzelnen Abstimmung erreicht, aber bis zu einem gewissen Grade über längere Abstimmungssequenzen hinweg. Ein solches Abstimmungsverhalten wird zum Beispiel häufig im amerikanischen Parlament praktiziert und heißt dort „logrolling".

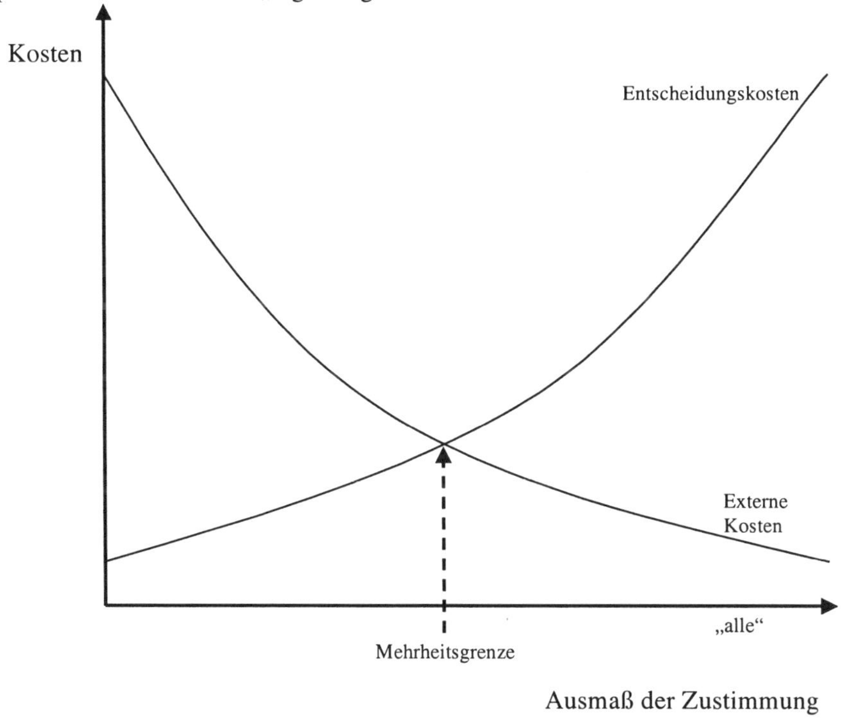

Schaubild 3: Kosten, in Abhängigkeit von der gewählten Entscheidungsregel (nach Buchanan/Tullock 1965)

Veto-Spieler

Mit diesen hier nur knapp skizzierten verfassungsökonomischen Überlegungen lassen sich Aussagen über adäquate Abstimmungsregeln bei gegebenen Randbedingungen auch auf der Ebene von Kollektiven wie Nationalstaaten machen. So lassen sich zum Beispiel Fragen der Angemessenheit von Wahlsystemen unter dem Aspekt der Repräsentation gesellschaftlicher Gruppen diskutieren oder Überlegungen darüber anstellen, unter welchen Bedingungen eine Große Koalition oder gar die Bildung einer All-Parteien-Regierung angebracht erscheint. Ein Problem ergibt sich jedoch dadurch, dass eine Messung der Kosten durch geeignete Indikatoren insbesondere unter dem Aspekt der internationalen Vergleichbarkeit massive Schwierigkeiten bereiten dürfte. Eine Analyse mit diesem Ansatz wird deshalb selten mehr als qualitative Urteile über die optimalen Eigenschaften bestimmter Entscheidungsregeln unter bestimmten Randbedingungen liefern.

Insbesondere durch TSEBELIS ist Mitte der neunziger Jahre die Idee popularisiert worden, politische Systeme nach der Zahl ihrer so genannten Vetospieler zu charakterisieren. Darunter sind einerseits Verfassungsinstitutionen und andererseits Parteien zu verstehen, die in der strukturellen Lage sind, politische Entscheidungen wirksam zu blockieren. Diese Möglichkeit nimmt zu, wenn die Schnittmenge gemeinsamer Positionen kleiner wird, oder anders ausgedrückt, die politische Heterogenität zunimmt. Solche Konstellationen bedeuten, dass der Status quo häufig erhalten bleibt, weil die Chance, dass sich alle Vetospieler auf eine gemeinsame Politik einigen, geringer wird. Derartige Überlegungen können zum Beispiel auf das präsidentielle Regierungssystem der USA bezogen werden, bei dem aufgrund der Gewaltenteilung und eines Systems von „checks and balances“ zwischen Exekutive, Legislative und Judikative solche Blockaden häufiger auftreten. In Deutschland kann der Bundesrat trotz einer Zustimmung im Bundestag politische Vorhaben der Regierung blockieren. M.a.W., diese zweite Kammer ist ein klassischer Vetospieler. Aber auch Parteien in Koalitionsregierungen, die für eine parlamentarische Mehrheit erforderlich sind, können in die Lage des Vetospielers geraten (z.B. in Deutschland die FDP oder Die Grünen). Direktdemokratische Möglichkeiten in Form von Gesetzesreferenden, die politische Beschlüsse der repräsentativen Institutionen (Regierung, Parlament) rückgängig machen können (z.B. in der Schweiz), sind ein weiteres Beispiel für institutionelle Vetospieler. Am Rande sei vermerkt, dass supranationale Systeme wie das der Europäischen Union durch Entstehung einer weiteren politischen Ebene in bestimmten Politikbereichen die Zahl der Vetospieler erhöht (z.B. auf dem Gebiet der Wettbewerbspolitik). Die geringste Zahl von Vetospieler kennt unter den westlichen Regierungssystemen das britische System. Nur das Unterhaus kann die Absichten der Regierung effektiv verhindern. Das Oberhaus als zweite Parlamentskammer hat nur noch die Möglichkeit eines aufschiebenden Vetos.

Mit diesem Konzept ist es nicht nur möglich, Regierungssysteme systematisch nach der Zahl der Vetospieler einzuteilen, sondern auch Aussagen über zu erwartende Politikprozesse und Politikergebnisse zu treffen. Wenn sich die legitimierten politischen Institutionen nicht auf eine Veränderung des Status quo einigen können, sich also politisch gegenseitig blockieren, dann beeinflusst dies auch den Charakter, die Rolle und die Möglichkeiten der Verwaltungen und Agenturen (agencies). Es kann vermutet werden, dass ihr Einfluss und ihre politischen Gestaltungsmöglichkeiten steigen.

Agentur-Theorie

Der Beziehung zwischen einem Auftraggeber und einem Auftragnehmer widmet sich in besonderem Maße innerhalb der institutionalistischen ökonomischen Theorie die so genannte Principal-Agent- oder Agenturtheorie. Aufgrund der zwischen Auftragsnehmer (Agent, z.B. Verwaltung) und Auftraggeber (Principal, z.B. Politiker) vorhandenen Informationsasymetrie muss Letzterer durch geeignete Maßnahmen sicherstellen, dass der Auftrag auch in seinem Sinne ausgeführt wird. Bei einem eigennützig handelnden Agenten muss prinzipiell von der Möglichkeit ausgegangen werden, dass der Agent seinen Informationsvorsprung (Sachkenntnis, Fachwissen) zu seinem eigenen Vorteil ausnutzt. Verwaltungen besitzen zum Beispiel durch ihre größere Nähe zu gesellschaftlichen Problemlagen mehr Informationen über die zu regelnden Tatbestände. Der Prinzipal – in unserem Falle in erster Linie der politisch verantwortliche Auftraggeber – muss deshalb den Agenten (die Verwaltung) kontrollieren, damit der Auftrag in seinem Sinne ausgeführt wird. Dadurch entstehen Kosten, so genannte Agenturkosten. Der Prinzipal kann verschiedene Strategien einschlagen, diese Kontrollkosten zu begrenzen. Entweder er handelt vor Beginn der Auftragserteilung einen sehr expliziten und detaillierten Vertrag aus oder er kontrolliert fortlaufend den Prozess der Auftragsbearbeitung oder er bewertet nach Auftragserfüllung das Ergebnis und verlangt gegebenenfalls Nachbesserung bzw. verhängt Sanktionen im Falle von festgestellten Mängeln. Selbstverständlich sind in der Realität auch Kombinationen dieser drei Möglichkeiten zu erwarten. Übertragen auf Regierungssysteme finden wir die Kombination aus Festlegung von Regeln vor Auftragserteilung und der Überwachung des Prozesses der Aufgabenerfüllung in der klassischen Verwaltung, die trotz Reformen auf der kommunalen Ebene bis heute in vielen westeuropäischen Regierungssystemen dominiert. Insbesondere parlamentarische Systeme mit einer starken Stellung der Exekutive versuchen, auf diesem Wege die Umsetzung ihrer politischen Ziele zu erreichen. Transaktionskostentheoretisch ausgedrückt wählen sie die Institution der Hierarchie, um ein „aus dem Ruder Laufen" der Verwaltungen (Agenten) zu verhindern. Angesichts der Tatsache, dass es sich bei den Tätigkeiten der öffentlichen Verwaltungen nicht nur um hoch spezifische und selten auftretende Prozesse handelt, kann bezweifelt werden, ob dies das effizienteste institutionelle Arrangement darstellt. Häufig wird das Argument, dass es sich dabei um hoheitliche Aufgaben handele, deren Erfüllung unmittelbar öffentlich kontrolliert werden müsse, als Rechtfertigung für einen großen Verwaltungsapparat angeführt. Man kann jedoch auch davon ausgehen, dass Politiker sich die unmittelbare Kontrolle über Verwaltungsprozesse nicht gerne aus der Hand nehmen lassen, weil sie glauben, dadurch Einflussmöglichkeiten und Macht zu verlieren. Das präsidentielle Regierungssystem der USA kennt seit langem unabhängige Agenturen (independent agencies), die vom Präsidenten bzw. Kongress aus einer Mischung von ex-ante-Regulation und ex-post-Überwachung kontrolliert werden und die die Regulierung bestimmter politischer Bereiche zur Aufgabe haben. Auch in Europa entstehen im Zuge der Liberalisierung von Märkten mit ehemals staatlich-monopolistischen Anbietern (z.B. Telekommunikation, Post, Eisenbahnen) solche semi-unabhängigen Regulierungsbehörden. Auf kommunaler Ebene versucht man mit neuen Steuerungsmodellen und der Auslagerung (Privatisierung) von Funktionen, Verwaltungen effizienter und effektiver zu gestalten, ohne dadurch die politische Kontrolle der Ergebnisse zu verlieren. Theoretischer Hintergrund solcher Maßnahmen und Strategien ist u.a. die Transaktionstheorie und ihre spezifische Variante der Agenturtheorie.

Aufstieg und Niedergang von Nationen und die Logik kollektiven Handelns

Erhebliche Aufmerksamkeit in der Vergleichenden Politikwissenschaft haben Thesen von Mancur OLSON erfahren, die er zu Beginn der achtziger Jahre in seinem Buch „Aufstieg und Niedergang von Nationen" formuliert hat. Sie basieren auf einem früheren Werk des Autors über die Logik kollektiven Handelns. Letzteres enthält grundlegende Überlegungen zur Problematik der Beschaffung von Kollektivgütern. Für rational und eigennützig handelnde Akteure besteht kein Grund, sich an der Beschaffung solcher Güter zu beteiligen, da sie unabhängig vom geleisteten Beitrag definitionsgemäß nicht vom Genuss des Kollektivgutes im Falle einer erfolgreichen Beschaffung ausgeschlossen werden können. Dieses als „Trittbrettfahren" bekannt gewordene Verhalten vieler individueller und kollektiver Akteure führt zu einer Suboptimalität in der Beschaffung kollektiver Güter, insbesondere solcher, die im Interesse großer, latenter Gruppen liegen (Umweltschutz, Frauen, Konsumenten). In dieser Hinsicht besteht nach OLSON ein fundamentaler Unterschied zwischen großen und kleinen Gruppen. In kleinen Gruppen besteht eine direkte Sichtbarkeit des eigenen Beitrages zur Beschaffung des gewünschten Gutes. Letztlich ist es in bestimmten Situationen für einen Akteur rational, das Gut alleine zu beschaffen, da der dadurch erzielbare individuelle Vorteil die aufzuwendenden Kosten übersteigt. Ferner ist die Anreizstruktur in kleinen Gruppen differenzierter. Insbesondere zweckbestimmte und soziale Anreize können eingesetzt werden, um die Mitglieder zu Beiträgen für die Beschaffung eines Kollektivgutes zu motivieren. Große latente Gruppen haben diese Vorteile nicht. Sie scheitern entweder an dieser Aufgabe oder es gelingt ihnen, individuell zu Buche schlagende materielle, so genannte selektive Anreize für die Unterstützung des kollektiven Ziels einzusetzen. Die Entwicklung solcher Anreize bindet erhebliche Ressourcen und die ursprünglichen Ziele der Gruppe (Organisation) laufen Gefahr, in den Hintergrund gedrängt zu werden.

Empirische Anwendung

Diese allgemeinen Überlegungen zur Logik des kollektiven Handelns wendet OLSON im oben genannten Buch auf die soziale und wirtschaftliche Entwicklung von politischen Systemen über die Zeit an. Dabei stellt er fest, dass die ununterbrochene Existenz eines demokratischen politischen Systems über längere Zeitperioden zu einem schwächeren wirtschaftlichen Wachstum führt. Dieser Sachverhalt wird mit der Aktivität von Interessengruppen begründet, die sich über die Zeit in den betreffenden Ländern gebildet haben. Insbesondere kleineren Gruppen mit speziellen Interessen ist es gelungen, sich zu organisieren und mit anderen Gruppen Koalitionen – so genannte Verteilungskoalitionen – zu bilden. Ihr Ziel ist es zum Beispiel, durch Lobbyismus und Absprachen Vorteile zu erlangen, die von der Allgemeinheit aufgebracht werden müssen. Im Gegensatz zu großen Gruppen ist bei kleineren der mögliche Gewinn einer derartigen Umverteilung größer als die Kosten, die sie als Teil der Allgemeinheit tragen müssen. Als Beispiele dafür können kleinere berufsständische Gewerkschaften, Standesorganisationen und spezifische Unternehmerverbände angeführt werden. Ökonomisch gesehen gelingt es ihnen, durch politische Maßnahmen und Staatsinterventionen einen über dem Marktwert liegenden Preis zu erzielen und damit Preisverzerrungen insgesamt hervorzurufen. Diese durch überhöhte Preise für Waren und Dienstleistungen verursachte Ineffizienz ist nach Olson die Hauptursache dafür, warum die eher organisationsfähigen Gruppen mit Spezialinteressen die Wachstumsdynamik von Volkswirtschaften bremsen. Dass dies in „jungen" Demokratien weniger der Fall ist, liegt vor allem an der Zerstörung des Netzes von Interessengruppen durch eine vorangegangene Revolution, einen Regimewechsel oder durch eine militärische Niederlage nach einem Krieg. So zum Beispiel in Deutschland durch das Ende des 2. Weltkrieges.

Interventionismus und Erhöhung der Staatsquote

In der Sicht von OLSON verursachen bzw. veranlassen die organisationsfähigen Interessen den Staat bzw. die Politik zu einer zunehmenden Intervention in die wirtschaftlichen Abläufe. Der Lobbyismus und die Forderungen der Verbände werden verstärkt durch die Neigung der Politiker, mächtigen und einflussreichen Organisationen entgegenzukommen, um dadurch ihre Wiederwahlchancen zu erhöhen. Damit ergibt sich eine Erklärung dafür, warum in modernen westlichen Demokratien eine Tendenz zur Erhöhung der Staatsquote am erwirtschafteten Bruttosozialprodukt besteht.

4. Neuere theoretische Entwicklungen in der Vergleichenden Regierungslehre

Kritik am Institutionalismus und an „rational choice“

In den letzten Jahren entstand eine ganze Reihe von theoretischen Ansätzen, die vor allem auf der Kritik am Institutionalismus einerseits und dem so genannten „rational choice“-Paradigma andererseits basieren. Gemeinsam ist diesen Ansätzen die Betonung der Rolle von individuellen und kollektiven Akteuren bei der Formulierung, Fixierung und Implementierung von Politik. Dabei gehen sie im Gegensatz zum „rational choice“-Ansatz von einem komplexeren Verhaltensmodell aus, das dem Informationsstand, den Handlungsorientierungen, den Fähigkeiten, aber auch den Wertüberzeugungen und darauf aufbauenden so genannten Weltbildern eine zentrale Bedeutung zumisst. Konträr zum Institutionalismus relativieren sie die prägende Kraft von Institutionen für politisches Handeln. Politisch-institutionalistische Ansätze unterstellen, dass das Verhalten politischer Akteure wenn nicht ausschließlich, doch sehr weitgehend von der institutionellen Konfiguration bestimmt ist.

Akteurszentrierter Institutionalismus

Eine Variante der Kritik an der reinen institutionalistischen Erklärung von Politikergebnissen stellt der von Renate MAYNTZ und Fritz SCHARPF entwickelte so genannte akteurszentrierte Institutionalismus dar. Wie der Name schon ausdrückt, spielen neben dem nicht geleugneten Einfluss von Institutionen die Einstellungen der Akteure und in besonderem Maße ihre Interaktionsformen eine zentrale Rolle für das Zustandekommen einer bestimmten Politik. So sagt zum Beispiel der institutionelle Sachverhalt, ob eine Zentralbank politisch unabhängig oder abhängig ist, relativ wenig darüber aus, ob sie eine keynesianische oder monetaristische Finanzpolitik betreibt. Letztere lässt sich nur durch Einbeziehung wichtiger Akteure, spezifischer Akteurskonstellationen und ihre Interaktionsbeziehungen (z.B. in Verhandlungssituationen, aber auch in hierarchischen Systemen) erklären. Beziehungen innerhalb bestimmter Akteurskonstellationen lassen sich dabei u.a. durch spieltheoretische Ansätze modellieren (z.B. das am bekanntesten gewordene Gefangenendilemma). Allerdings beschränkt sich die Logik der Spiele nicht auf nicht-kooperative Formen, bei denen die Spieler (Akteure) ihre Strategien unabhängig voneinander wählen, sondern schließt kooperative Spiele ein. Letztere sind für die Überwindung von Politikblockaden von zentraler Bedeutung. Durch die Untersuchung der in einem bestimmtem Politikfeld vorhandenen Akteure mit ihren Fähigkeiten und Strategien und die Analyse ihrer Interaktionsformen sollen Politikergebnisse (policies) erklärt werden. Allerdings spielt dabei der institutionelle Kontext, da er die „Spielregeln“ bestimmt, nach wie vor eine zentrale Rolle. So variieren zum Beispiel bei Tarifverhandlungen die Ergebnisse in Abhängigkeit davon, ob die Institution eines „Flächentarifvertrags“ existiert. MAYNTZ/SCHARPF haben den Ansatz des akteurszentrierten Institutionalismus in folgendem Schaubild zusammengefasst:

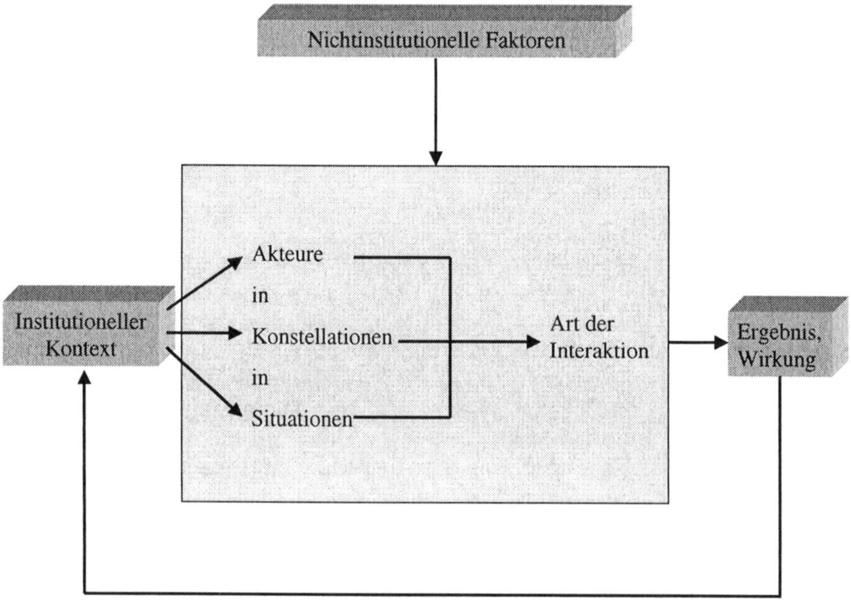

Schaubild 4: Der akteurszentrierte Institutionalismus nach Mayntz/Scharpf (1995)

Konstruktivismus

Eine der Grundlagen dieser neueren theoretischen Konzepte sind die von Herbert SIMON in dem Begriff „bounded rationality“ zusammengefassten Überlegungen. Danach handeln Akteure nicht auf der Grundlage aller potentiell verfügbaren Informationen, sondern sie handeln in einer gegebenen Situation nur begrenzt rational. Sie geben sich also meist mit Handlungen im Sinne ihrer kognitiven Muster und Fahigkeiten und den daraus folgenden Interessen zufrieden. Allerdings geht dieses Modell immer noch von einer Ziel-Mitte-Strategie bei gegebenen Präferenzen aus, was die Vertreter verschiedener neuerer Ansätze nicht zufrieden stellt. Normative Aspekte sowohl bei der Entstehung von Präferenzen als auch bei der Entwicklung von Handlungsstrategien müssen aus ihrer Sicht als zentrale Elemente berücksichtigt werden. Nur so lässt sich eine empirisch gehaltvolle Theorie politischen Verhaltens entwickeln. Informationen (Wissen über die Realität) einerseits und Normen bzw. Werthaltungen andererseits, die über soziale Prozesse internalisiert werden, schaffen eine sozial konstruierte Realität, die sich von einer „objektiven“ Realität im Sinne des Entscheidungskalküls der Theorie rationaler Wahl unterscheidet. Deshalb spricht man auch von konstruktivistischen Ansätzen. Auf der Basis von Wissen (kognitives Element) und Erwartungen (normatives Element) entstehen Weltbilder, die – ergänzt durch eine symbolische Komponente – mit anderen Individuen geteilt werden. Nach Ansicht der

Vertreterinnen und Vertreter dieses konstruktivistischen Theoriekonzepts kann damit erklärt bzw. verstanden werden, warum individuelle und kollektive Akteure bestimmte Ideen entwickeln (konstruieren), um sie dann als ihre Interessen zu verfolgen.

Lernprozesse

Im Rahmen dieser theoretischen Ansätze kommt den Veränderungen solcher Weltbilder, also Lernprozessen, eine zentrale Bedeutung zu. Hier ergibt sich auch eine Verbindung zur Systemtheorie – insbesondere zur Analyse der Bedeutung des Lernens für politische Systeme bei Karl DEUTSCH.

Verbindung zur Systemtheorie

Im Rahmen der von DEUTSCH u.a. betriebenen politischen Kybernetik ist die Interaktion von Systemen mit ihrer Umwelt durch Information und die Kapazitäten zu ihrer Verarbeitung bestimmt. Dabei geht es nicht nur um eine Anpassung an Umwelterfordernisse (z.B. des Nationalstaats an den Globalisierungsprozess), sondern um eine aktive Lernfähigkeit über Rückkoppelungen zum Zweck der Erhöhung der Problemlösungsfähigkeit im Inneren – also um eine zielgerichtete Weiterentwicklung des Systems. Für die konstruktivistischen Ansätze sind dabei insbesondere komplexe Lernprozesse von Bedeutung. Sie unterscheiden sich von einfachen Lernprozessen, bei denen es vornehmlich um die Aufnahme neuen Wissens in bestehende Deutungsmuster (Weltbilder) geht, dadurch, dass auch die normativen Grundlagen und damit die Ziele von Individuen und Organisationen verändert werden. Dabei muss noch zwischen individuellen und kollektiven (organisatorischen) Lernprozessen unterschieden werden. Nur durch komplexe Lernprozesse ändern sich Weltbilder und Überzeugungssysteme. Damit komplexe Lernprozesse stattfinden, bedarf es einer Fähigkeit des Systems, über sich selbst nachzudenken, d.h. einer Reflexivität, die in der Literatur auch als „Lernen zweiter Ordnung" beschrieben wird. Dafür können zum Beispiel in Organisationen eigene Einheiten gebildet werden, die einen solchen Lernprozess initiieren und betreuen sollen. Mit dem Konzept des komplexen Lernens lässt sich erklären, warum in bestimmten Politikfeldern zumindest ab und zu neue Wege durch die beteiligten individuellen und kollektiven Akteure gesucht und beschritten werden. Dies setzt nämlich voraus, dass nicht nur die kognitiven Elemente von Handlungsorientierungen geändert werden, sondern auch deren normative Grundlagen.

Verbindung zur Policyforschung und Internationalen Politik

Kennzeichnend für die neueren Entwicklungen, die hier nur beispielhaft und knapp dargestellt werden können, ist einerseits die Transformation der Vergleichenden Regierungslehre in eine vergleichende Policyforschung, wobei aber der in der frühen Policyforschung verbreitete „institutionelle Determinismus" durch Einbeziehung von Akteuren mit ihren kognitiven Orientierungen und Interaktionsformen zur Erklärung von Politikergebnissen überwunden wird. Andererseits verschwindet auch zunehmend die Grenzziehung zwischen der traditionellen vergleichenden Politikwissenschaft im Sinne einer Lehre nationaler Institutionen zugunsten einer Öffnung hin zur Internationalen Politik unter den Vorzeichen einer breiteren theoretischen Perspektive. Ansätze der institutionellen Ökonomie (z.B. Agenturtheorie), Konzepte des Entstehens von Überzeugungssystemen und Weltbildern oder das Veto-Spieler-Theorem finden sowohl im nationalen wie trans- bzw. internationalen Kontext fruchtbare Anwendungsgebiete. Dies hat auch damit zu tun, dass die Policyforschung – also die Erforschung des Prozesses, der zu bestimmten Politikergebnissen (policy outcomes) führt – auch stärker in der Internationalen Politik Verwendung findet. Umweltschutz auf transnationaler oder globaler Ebene ist ein Beispiel. Vereinfacht ausgedrückt bedeutet dies, dass Internationale Politik nicht mehr in erster Linie klassische Außenpolitik darstellt.

Transnationalisierung von Politik

Selbstverständlich wird diese Tendenz durch die reale politische Entwicklung forciert. Neu entstandene und weiterentwickelte internationale Institutionen bzw. Organisationen, die entweder in Form von zwischenstaatlichen Verträgen oder als supranationale Gebilde mit eigenen politischen Kompetenzen auftreten, haben Politik jenseits der Grenzen von Nationalstaaten ins Zentrum der Analyse rücken lassen. Die Europäische Gemeinschaft (EG) bzw. die Europäische Union (EU) ist ein Beispiel für eine Institution, die in einigen Politikbereichen mit supranationalen Kompetenzen ausgestattet ist, während zum Beispiel die World Trade Organization (WTO) eine zwischenstaatliche (intergouvernementale) Institution darstellt. Wir werden im abschließenden (III.) Teil des Bandes, wenn wir die Perspektiven der Vergleichenden Regierungslehre diskutieren, auf diese Entwicklungen noch einmal eingehen.

5. Vergleichende Regierungslehre als Politikfeldforschung

Die Systemtheorie verbindet, wie wir gesehen haben, die Vergleichende Regierungslehre mit einem spezifischen theoretischen Erkenntnisinteresse, nämlich mit der Frage nach den Funktionen und der Funktionsweise institutioneller Strukturen. Die Systemtheorie stellt diese Frage in einer funktionalistischen Weise. Mit anderen Worten, sie fragt nach der Zuordnung von Institutionen zu bestimmten, abstrakt definierten Funktionen, die von politischen Systemen erfüllt werden müssen.

Bezug zur Systemtheorie

Die Frage nach den Funktionen und der Funktionsweise institutioneller Strukturen ist jedoch auch unabhängig von der Systemtheorie und ihrem funktionalistischen Ansatz von zentraler Bedeutung für die Politikwissenschaft. Sie ist deshalb von zentraler Bedeutung, weil institutionelle Strukturen neben den Interessen der individuellen und kollektiven Akteure und den vorhandenen Informationen und Ideen wichtige Determinanten politischer Prozesse und staatlichen Handelns sind. Sie bilden damit wichtige Rahmenbedingungen für

Bedeutung institutioneller Strukturen

- die politische Vermittlung und Durchsetzung gesellschaftlicher Interessen;
- die Austragung und Verarbeitung von Konflikten im politischen System;
- die Information und Kommunikation im politischen System;
- die Wahrnehmung und Definition von politischen Problemen;
- die Umsetzung von Problemen in politische Entscheidungen;
- die wirtschaftliche und gesellschaftliche Durchsetzbarkeit politischer Entscheidungen.

Aus den Aussagen der ökonomischen Theorie der Politik lässt sich ableiten, dass die Institutionen der repräsentativen Demokratie aufgrund der immanenten Logik der Mehrheitsbeschaffung zu einer Ausdehnung der Staatstätigkeit tendieren. Die modernen Demokratien haben deshalb im Laufe der Zeit ein breites Spektrum unterschiedlicher Funktionen und Aufgaben an sich gezogen. Das zeigt sich in den demokratischen Industriegesellschaften zum Beispiel in einem hohen Anteil der Staatsaufgaben am Bruttosozialprodukt. In den zwanziger Jahren betrug der Anteil des staatlichen Bereiches am Sozialprodukt in den meisten westeuropäischen Ländern etwa 20%, in den Vereinigten Staaten waren es sogar weniger als 10%. Heute liegt dieser Anteil in den meisten Ländern über 40%, teilweise sogar über 50%. Diese Zahlen verweisen auf die vielfältige und umfangreiche Tätigkeit, die der Staat in den modernen kapitalistischen Gesellschaften, trotz ihres

Bezug zur ökonomischen Theorie der Politik

Staatstätigkeit in marktwirtschaftlichen Systemen

grundsätzlich marktwirtschaftlichen Systems, ausübt. Seine Tätigkeitsfelder umfassen eine Vielzahl staatlicher Infrastruktur-, Sozial-, Steuerungs- und Ordnungsleistungen. Der Staat hat sich zu einer Art Wohlfahrts- und Interventionsstaat entwickelt. Seine Funktionen erstrecken sich über eine Vielzahl unterschiedlicher Bereiche, deren Spektrum von innerer, äußerer und sozialer Sicherheit über Infrastrukturen, Bildung, Kultur, Gesundheit, Familie und Umwelt bis hin zu sektoraler und regionaler Wirtschaftsförderung und Forschung und Technologie reicht. Es gibt kaum einen bedeutenden Bereich menschlicher Existenz, in dem der Staat heute nicht finanziell und regulativ tätig ist.

Erklärung der Funktions- und Aufgabenbreite

Diese große Funktions- und Aufgabenbreite des Staates hat ihre Wurzeln in den ökonomischen und sozialen Bedingungen moderner Gesellschaften und der sich daraus ergebenden politischen Dynamik. Ökonomisch basiert die weitreichende Staatstätigkeit auf dem Versuch, einen technologisch bedingten Wandlungsprozess zu steuern, der durch die zunehmende Verbreitung immer komplexerer Technologien, eine sich verstärkende wirtschaftliche Interdependenz und eine sich weiter differenzierende Organisation sozio-ökonomischer Interessen und zunehmende Dichte gesellschaftlicher Tauschprozesse charakterisiert ist. Sozial ist das Wachstum der Staatsaufgaben durch eine im Gegensatz zum normativen Postulat politischer Gleichheit stehende ungleiche Einkommens- und Besitzverteilung, die prekäre soziale Akzeptanz von Marktallokationen und die daraus resultierenden Forderungen nach Umverteilung begründet. Politisch schließlich ist es das Resultat der Dynamik gesellschaftlicher Mehrheitsbildung und der Absicht, die externen Effekte der privaten Verfügbarkeit über Produktionsmittel abzufedern. Diese Zusammenhänge macht u.a. der amerikanische Nationalökonom österreichischer Herkunft Joseph A. SCHUMPETER deutlich.

Ansatz von SCHUMPETER

In der Sicht SCHUMPETERs wird die Entwicklung des Kapitalismus geprägt durch einen ihm eigenen technisch-ökonomischen Fortschritt. Im Gegensatz zu Karl MARX nimmt SCHUMPETER an, dass der Kapitalismus nicht an seinem Misserfolg – an fallenden Profiten, Verelendung und einer Hemmung des technologischen Fortschritts – scheitert, sondern vielmehr an seinem Erfolg – an der Beschleunigung des technologischen Fortschritts, der Entwicklung der Produktion und der Schaffung von immer mehr Wohlstand. Die kapitalistische Wirklichkeit besteht nach SCHUMPETER nicht in einem stationären Gleichgewicht vollkommener Konkurrenz, sondern in einem dynamischen, ungleichgewichtigen Prozess monopolistischer Konkurrenz über Innovationen. Neue Waren, Technologien, Materialien, Rohstoffquellen und Organisationsformen sind der Motor der kapitalistischen Konkurrenz.

Da die Leistungsfähigkeit und die Profitchancen der kapitalistischen Unternehmung auf technologischem Fortschritt und der Entwicklung der Produktivkräfte beruhen, muss sie um ihrer Profite willen immer neue Innovationen erzeugen und die Innovationen ihrer Konkurrenten überholen. Die Folge ist, wie SCHUMPETER formuliert, ein Prozeß der schöpferischen Zerstörung – durch die Einführung neuer Waren, Techniken, Materialien, Rohstoffe und Organisationsformen wird der ökonomische Wert der alten zerstört oder zumindest vermindert.

Dieser Prozess der schöpferischen Zerstörung ist für die einzelnen Unternehmen mit hohen Kosten und Risiken verbunden, die um so größer sind, je schneller der Prozess der schöpferischen Zerstörung abläuft. Je innovativer eine

Volkswirtschaft ist, desto größer ist in der Regel der Kostendruck auf die einzelnen Unternehmen. Gleichzeitig steigt mit zunehmendem Innovationstempo das unternehmerische Risiko: bei einer national oder international starken Innovationskonkurrenz laufen die einzelnen Unternehmen Gefahr, dass die von ihnen mit großem Aufwand erzeugten Innovationen überholt werden, bevor sie sich ökonomisch bezahlt gemacht haben.

Dieser Sachverhalt veranlasst die Unternehmen zum Versuch, die Konkurrenz zu reduzieren und monopolistische Praktiken durchzusetzen. Sie müssen versuchen, ihre Investitionen durch Patente, Produktionsgeheimnisse, langfristige Verträge und andere Mittel zu schützen, damit die durch Innovationen erzielten Wettbewerbsvorteile möglichst lange gewahrt bleiben. Darüber hinaus müssen sie versuchen, ihre Kosten und Risiken über eine langfristige Preisstrategie abzufangen. Das erfordert entweder eine Kontrolle über die Preise oder aber die Möglichkeit, eine Preispolitik zu betreiben, die eine schnelle Abschreibung von Investitionen erlaubt. Derartige Praktiken begünstigen nicht nur die Bildung großer Unternehmen und oligopolistischer Marktstrukturen, sondern fördern darüber hinaus zunehmende staatliche Investitionen. Letzteres wird zudem dadurch verstärkt, dass Unternehmen versuchen, einen Teil ihrer Kosten und Risiken auf den Staat abzuwälzen.

Diese Entwicklung führt SCHUMPETER zufolge langfristig über eine Bürokratisierung der Unternehmerfunktion und Verlagerung von Steuerungsfunktionen vom Markt zum Staat zu einer Zerstörung des Kapitalismus und zu einer Ablösung durch ein sozialistisches System. Indem er den technisch-ökonomischen Fortschritt und die Organisation von Tauschbeziehungen immer weitertreibt, zerstört der Kapitalismus seine ökonomischen und sozialen Fundamente und habt sich dadurch selber auf.

In der Perspektive von SCHUMPETER ist die in allen kapitalistischen Gesellschaften empirisch zu beobachtende Zunahme der Staatstätigkeit eine zwangsläufige Folge der Entwicklungsdynamik des Kapitalismus. Mit dieser Auffassung nimmt er in der „bürgerlichen“ Nationalökonomie eine Minderheitsposition ein. Der überwiegende Teil der neoklassischen Ökonomie akzeptiert zwar seit KEYNES grundsätzlich die Notwendigkeit staatlicher Interventionen in den Markt, geht aber nach wie vor davon aus, dass staatliche Interventionen im Rahmen einer generell funktionsfähigen Marktwirtschaft nur zur Kompensation von partiellem Marktversagen erfolgen sollen.

Ansatz von FRIEDMAN

Geht man von der neoklassischen Staatskonzeption aus, dann stellen staatliche Eingriffe lediglich eine Ergänzung des Marktes dar – die Funktion des Staates besteht in erster Linie in der Gewährleistung der Funktionsfähigkeit der Marktwirtschaft und tritt nur dort in Aktion, wo der Markt versagt und wo der Marktmechanismus nicht greifen kann. Mit diesem Ansatz lässt sich jedoch nur ein Teil des gegenwärtigen Umfanges der Staatstätigkeit erklären oder begründen. Ein erheblicher Teil der Staatstätigkeit lässt sich nicht auf Marktversagen im ökonomischen Sinn zurückführen. Im Gegenteil: staatliche Interventionen sind häufig eher die Ursache als die Folge von Marktversagen. Das bedeutet, dass ein erheblicher Teil der Staatstätigkeit unabhängig von der Funktionsfähigkeit des Marktes erfolgt. Folgerichtig fordern denn auch viele Nationalökonomen, insbesondere der Amerikaner Milton FRIEDMAN, eine drastische Reduktion der Staatstätigkeit und eine entsprechende Verstärkung der Marktfunktionen. Diese Position ist im Rahmen der neoklassischen Ökonomie theoretisch begründet, vernachlässigt jedoch sowohl die ökonomischen als auch die sozialen Bedingungen des modernen Kapitalismus.

Ansatz von GALBRAITH

Moderne kapitalistische Volkswirtschaften sind charakterisiert durch ein hohes Maß an Konzentration, eine Dominanz großer Unternehmen und durch oligopolistische Marktstrukturen. Das ist, wie John K. GALBRAITH betont, die unvermeidliche Folge der technisch-ökonomischen Entwicklung des Kapitalismus. Die systematische Erzeugung und Verwertung komplexer Technologien erfordert ein hohes Maß an fachlicher Spezialisierung, organisatorischer Differenzierung und unternehmerischer Planung sowie einen großen finanziellen Aufwand. Diese Anforderungen können zumeist nur im Rahmen von großen Unternehmen erfüllt werden – die großen Unternehmen sind fast zwangsläufig zu dem bestimmten Faktor des Innovations- und Investitionsprozesses im modernen Kapitalismus geworden.

Der durch große Unternehmen bestimmte Kapitalismus lässt sich durch den Markt allein nicht mehr steuern – das moderne Wirtschaftssystem ist untrennbar mit dem Staat und seiner Wirtschaftspolitik verbunden. Es ist von einer Vielzahl staatlicher Infrastruktur-, Sozial-, Förderungs-, Ordnungs- und Steuerungsleistungen abhängig und in Bezug auf

- die Wahrung der Preisstabilität,
- die Regulierung der Gesamtnachfrage,
- die Sicherung der Einkommen,
- die Finanzierung des technologischen Fortschritts,
- die Verringerung unternehmerischer Risiken,
- die Beschaffung qualifizierten Personals,
- die Steuerung sektoraler und regionaler Entwicklungen,
- den Schutz der Umwelt und der natürlichen Ressourcen,
- die Beseitigung oder Verminderung der Folgen industrieller Produktion und
- die Regulierung sozialer Konflikte

auf staatliche Interventionen angewiesen.

Die starke Abhängigkeit von staatlichen Leistungen und Interventionen bedeutet nicht, wie SCHUMPETER annimmt, dass das Wirtschaftssystem immer mehr unter staatliche Kontrolle gerät und allmählich in ein zentral gelenktes („sozialistisches") System umgewandelt wird.

Wechselseitige Abhängigkeiten von Staat und Wirtschaftssystem

Zwischen Wirtschaft und Staat besteht nicht eine einseitige, sondern eine wechselseitige Abhängigkeit. Die großen Unternehmen verfügen über beträchtliche ökonomische und politische Macht, die es ihnen erlaubt, die Staatstätigkeit in ihrem Sinne zu beeinflussen. Sie binden große Kapitalmengen, stellen viele Arbeitsplätze bereit, konzentrieren ein großes technisch-ökonomisches Wissen in sich, kontrollieren einen erheblichen Teil von Produktion und Verteilung und stellen deshalb einen wichtigen Faktor für die staatliche Wirtschaftspolitik dar – der Staat ist wirtschaftspolitisch von den großen Unternehmen abhängig. Staat und Großunternehmen verfolgen zwar nicht identische Interessen, sind aber dennoch wegen ihrer wechselseitigen Abhängigkeit zur Kooperation gezwungen. Deshalb wird in der modernen kapitalistischen Gesellschaft ein beträchtlicher

Teil der wirtschaftlichen Transaktionen und Entwicklungen weder durch den Markt noch durch den Staat, sondern durch ein vielschichtiges politisch-ökonomisches Verhandlungssystem gesteuert. Dabei besteht die Gefahr von Blockaden aufgrund unterschiedlicher Interessen der beteiligten Akteure. Um diese aufzulösen, werden häufig so genannte Paketlösungen geschnürt. Darunter sind Kompensationen für einen Verhandlungspartner zu verstehen, der bereit ist, von seiner ursprünglichen Position abzurücken. Diese Kompensationen erfolgen dann durch Zugeständnisse bei einem anderen Verhandlungsgegenstand. Je komplexer und vielschichtiger die politischen Gemengenlage ist, desto eher bieten sich Chancen für solche Paketlösungen oder Koppelgeschäfte.

Die bisher dargestellten ökonomischen Strukturen und Entwicklungen machen nur einen Teil der Bestimmungsgründe der Tätigkeit des modernen kapitalistischen Staates aus. Ebenso wichtige Ursachen liegen im sozialen Bereich – nämlich in den sozialen Bedingungen von Marktwirtschaften einerseits und in der sozial-strukturellen Entwicklung der kapitalistischen Demokratien andererseits.

Marktmechanismus und gesellschaftliche Bedürfnisverteilung

Der Marktmechanismus steuert Produktion und Verteilung im Wesentlichen über Preise. Dadurch wird die Marktallokation nicht nur an die gesellschaftliche Bedürfnisverteilung, sondern über die Kaufkraft ebenso sehr an die gesellschaftliche Verteilung von Einkommen und Besitz gekoppelt. Das bedeutet, dass Marktallokation nur in dem Maße der gesellschaftlichen Bedürfnisverteilung entspricht, in dem die Verteilung von Einkommen und Besitz der Verteilung der Bedürfnisse entspricht. Diese Koordination von Bedürfnis und Einkommen kann der Markt ebenso wenig gewährleisten wie ein anderes Allokationssystem. Wir müssen deshalb davon ausgehen, dass in der Regel zwischen gesellschaftlicher Bedürfnisverteilung und gesellschaftlicher Einkommensverteilung erhebliche Diskrepanzen bestehen, die zur Folge haben, dass die Marktallokation nicht bedürfnisgerecht erfolgt. Das führt zu einem beträchtlichen Potential an gesellschaftlichen Verteilungskonflikten, deren Regulierung staatliche Interventionen erfordert. Auf diesem Sachverhalt beruht historisch die Entwicklung des Wohlfahrtsstaates – der wurde faktisch gezwungen, die dem Kapitalismus inhärente soziale Frage zu lösen, um den Bestand der kapitalistischen Ordnung zu sichern. Auch heute gehört die Lösung der dem Markt inhärenten sozialen Verteilungsprobleme über die Sozialpolitik zu den wichtigsten Leistungen des Staates für die Sicherung der kapitalistischen Ordnung.

Staatstätigkeit und politische Interessenvermittlung

Wir können also feststellen, dass sowohl aus ökonomischen als auch aus sozialen Gründen ein erhebliches Maß an Staatstätigkeit für die Sicherung des Bestandes und die Funktionsfähigkeit der kapitalistischen Gesellschaft notwendig ist. Indessen ist die Staatstätigkeit nicht nur in dieser Weise funktional begründet, sondern zu einem beträchtlichen Teil das Produkt politischer Interessenvermittlung und der sie bestimmenden Machtstrukturen. In dem Ausmaß, in dem der Staat Wohlfahrts- und Interventionsfunktionen übernommen hat, wurde er zum Adressaten von Forderungen gesellschaftlicher Gruppen. Heute wird staatliches Handeln in kapitalistischen Demokratien bestimmt durch ein vielschichtiges, pluralistisches System organisierter Interessenvermittlung.

Ursachen der Staatstätigkeit

Diese weit gespannte Tätigkeit des Staates lässt sich in Bezug setzen zu bestimmten, in modernen Gesellschaften typischen Wahrnehmungsmustern von gesellschaftlichen Problemen und kollektiven Bedürfnissen. Dieser Bezug ergibt sich jedoch nicht unmittelbar aus der Wahrnehmung dieser Probleme und Bedürfnisse, sondern erst aus deren spezifischer Vermittlung und Verarbeitung durch das politische System. Das wird in einfacher Form im Schaubild 5 dargestellt:

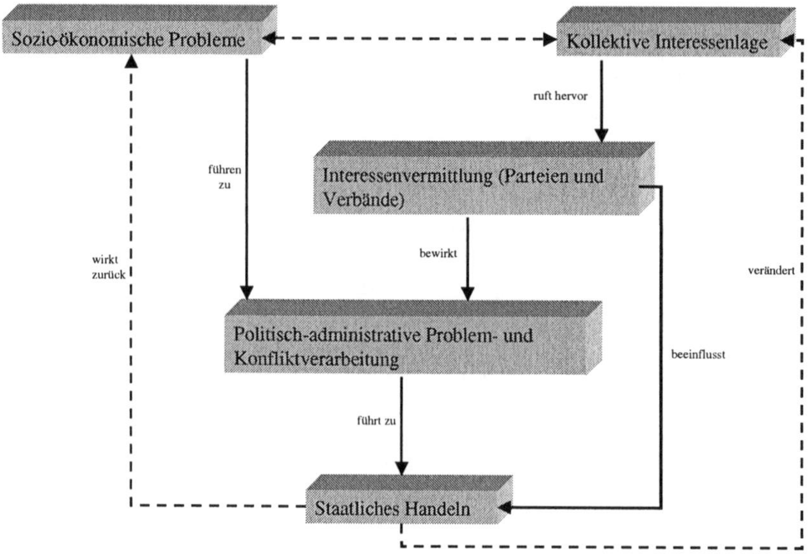

Schaubild 5: Die Umsetzung von Problemen und Bedürfnissen in staatliches Handeln

Schaubild 5 stellt stark vereinfacht einen mehrstufigen Prozess der Umsetzung wahrgenommener gesellschaftlicher Probleme sowie kollektiver Bedürfnisse in staatliches Handeln dar. Im Rahmen dieses Prozesses werden Probleme und Bedürfnisse von unterschiedlichen Akteuren zumeist unterschiedlich wahrgenommen, definiert und mit bestimmten Interessen assoziiert. Das politische System hat also unterschiedliche, teilweise widersprüchliche Wahrnehmungen und Definitionen von Problemen und Bedürfnissen sowie unterschiedliche, teilweise konfliktbehaftete Interessen zu verarbeiten und in Entscheidungen über staatliches Handeln umzusetzen.

Institutionelle Komplexität eines demokratischen Regierungssystems

Die Umsetzung von gesellschaftlichen Problemen und kollektiven Bedürfnissen ist eingebunden in ein komplexes institutionelles System. Dies führt dazu, dass Probleme und Bedürfnisse sowie die entsprechenden Wahrnehmungen, Interessen und Konflikte in modernen Demokratien in vielfältiger und vielschichtiger Weise vermittelt und in politische Entscheidungen und staatliches Handeln umgesetzt werden können. Sie können beispielsweise über Wahl- und Partizipationsmechanismen, angebunden an politisch mobilisierungsfähige Interessen, vermittelt und umgesetzt werden. Sie können aber auch konkurrierend über das technisch-ökonomische System, angebunden an ökonomische Macht oder Expertenwissen, vermittelt und umgesetzt werden. Ihre Vermittlung und Umsetzung kann sowohl über Parteien und Parlament wie auch über die Staatsadministration und die organisierte Interessenvermittlung geleistet werden. Diese unterschiedlichen Möglichkeiten können miteinander verbunden werden und eröffnen damit eine beträchtliche Zahl unterschiedlicher, häufig miteinander konkurrierender Vermittlungs- und Umsetzungskanäle sowie Strategien. Wir haben es also in modernen Demokratien mit einer großen Komplexität der Vermittlung und Umsetzung von Problemen, Bedürfnissen und Interessen zu tun.

Abgrenzung zur Systemtheorie

Im Gegensatz zur Systemtheorie unterstellt die Politikfeldanalyse aber nicht, dass zwischen den Elementen und Teilen politischer Systeme sowie zwischen den Strukturen und Aufgaben von politischen Systemen funktionale Bezüge existieren. Sie lässt diese Bezüge offen und macht sie zum Gegenstand empirischer und theoretischer Analyse. Noch einfacher ausgedrückt: die Politikfeldanalyse unterstellt nicht von vorneherein, dass politische Systeme zweckrational organisiert sind, sondern macht das zu einer empirischen Frage.

Historische Entwicklung als Spannungsfeld zwischen Strukturen und Funktionen

Diese Sichtweise gewinnt auch an Plausibilität, wenn man bedenkt, dass politische Systeme nicht rational durchkonstruierte Systeme, sondern das Produkt bestimmter historischer Entwicklungen sind, die ihrerseits bestimmte gesellschaftliche, ökonomische und politische Bedingungen reflektieren. Diese historischen Entwicklungsbedingungen sind nicht identisch mit den aktuellen Funktions- und Handlungsbedingungen dieser Systeme. Das bedeutet, dass die institutionellen Strukturen nicht notwendigerweise auf ihre aktuellen Funktions- und Handlungsbedingungen abgestimmt sind, sondern dass zwischen Strukturen und Funktionen mehr oder weniger große Spannungen bestehen können.

Neuere Modelle der Politikfeldanalyse

Die Skepsis gegenüber funktionalistischen und rationalistischen Erklärungsansätzen bei der Analyse moderner Politikprozesse kommt auch in neueren Modellen der Politikfeldanalyse zum Ausdruck. Kennzeichnend ist dafür die Kritik am Phasenmodell des in älteren Analysen verbreiteten Politikzyklus (policy cycle), der mit der Aufteilung in die Phasen der Politikformulierung, der Politikimplementation und der Politikevaluation ein zu mechanistisches Bild von politischen Abläufen zeichnet. Neuere Ansätze berücksichtigen sehr viel stärker den Prozesscharakter, die Konflikthaftigkeit von Politik und damit auch die Offenheit von Politikergebnissen. Außerdem wird sehr viel stärker nach Politikfeldern differenziert. Vereinfacht ausgedrückt könnte man von einem Perspektivenwechsel von top-down zu bottom-up sprechen. Die zentralen analytischen Kategorien finden sich deshalb auch nicht mehr im theoretischen Repertoire der Implementationsforschung, sondern sind den akteurstheoretischen Ansätzen entlehnt, ohne dabei die Bedeutung von Institutionen zu leugnen. Koalitionen (advocacy coalitions), die bestimmte Policy-Ziele auf der Grundlage von Überzeugungen verfolgen, werden im Hinblick auf ihre Stabilität und möglichen Wandel untersucht. Politische Aushandlungsprozesse finden innerhalb von Netzwerken mit unterschiedlichen Strukturen (zentral-dezentral, hierarchisch-egalitär etc.) statt. Der Netzwerkbegriff wird zu einer zentralen Kategorie der Politikfeldforschung. Damit eine Chance besteht, den Status quo zu verändern, bedarf es insbesondere bei dominanten individuellen und kollektiven Akteuren der Auslösung von Lernvorgängen (Policy-Lernen). Letztere werden vor allem durch neue Erkenntnisse (Informationen) oder durch exogene Ereignisse verursacht. Die mögliche Folge ist dann ein Politikwechsel. Allerdings ist dies bei hoch vermachteten, durch starke Interessenvertretungen besetzten Politikfeldern eher selten, während in neuen, wenig vermachteten Politikfeldern ein „überraschendes“ Politikergebnis eher möglich ist. In solchen Feldern ergeben sich häufiger derartige Politikfenster (policy windows).

Unterschiedliche Strukturen bei vergleichbaren funktionalen Anforderungen

Allerdings haben wir es in den westlichen Demokratien, trotz ähnlicher funktionaler Anforderungen, mit unterschiedlichen institutionellen Strukturen zu tun. Dabei lassen sich mindestens zwei alternative Modelle demokratischer Regierungssysteme unterscheiden: die plebiszitäre und die repräsentative Demokratie, wobei Letztere aufgrund der Unterscheidung von Gewaltenteilung bzw. Gewaltenverschränkung in eine parlamentarische und präsidentielle Form aufgeteilt wird (vgl. Schaubild 6).

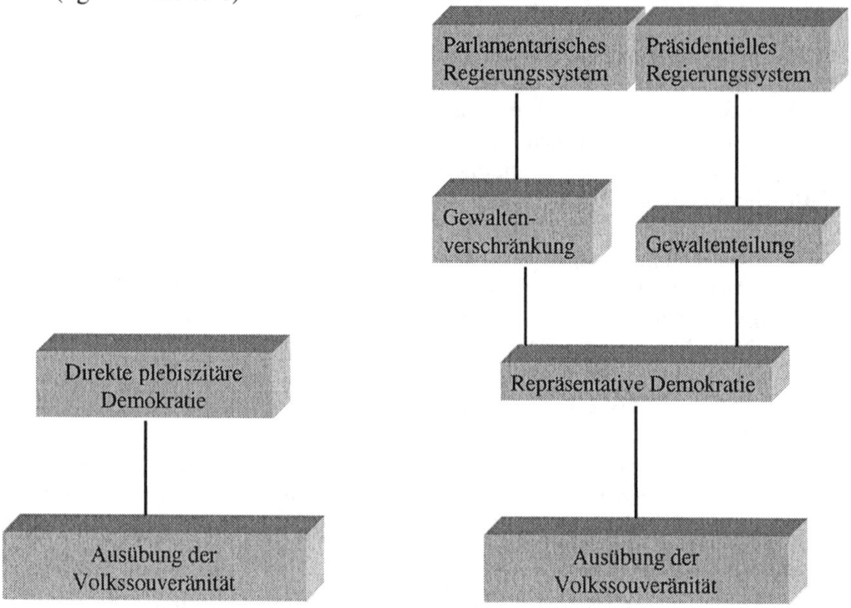

Schaubild 6: Alternative (Ideal-) Modelle demokratischer Regierung

Diskrepanzen zwischen Struktur und Funktion

Die Existenz unterschiedlicher institutioneller Strukturen und alternativer Modelle demokratischer Regierungssysteme bei weitgehend übereinstimmenden Funktionen und Handlungsbedingungen des Staates in modernen westlichen Gesellschaften macht deutlich, dass institutionelle Strukturen nicht bloß das Produkt bestimmter Staatsfunktionen sind. Sie sind funktional nur partiell determiniert. Das bedeutet, dass zwischen den institutionellen Strukturen einerseits und den Funktionen politischer Systeme andererseits mehr oder weniger große Diskrepanzen oder Spannungen bestehen. Derartige Diskrepanzen und Spannungen können zu erheblichen funktionalen Defiziten, aber auch zu unterschiedlichen Anpassungsprozessen zwischen Strukturen und Funktionen führen.

Dennoch gehen wir davon aus, dass Institutionen die Wahrnehmung und Erfüllung der Staatsfunktionen und damit das staatliche Handeln insgesamt mehr oder weniger stark beeinflussen. Das heißt aber nicht, dass staatliches Handeln vollständig oder überwiegend durch institutionelle Strukturen determiniert ist.

Wirtschaftliche und gesellschaftliche Bedingungen konfrontieren staatliches Handeln einerseits mit mehr oder weniger stark wirksamen Zwängen und Restriktionen, andererseits eröffnen sie auch Chancen und Gelegenheiten, politische Probleme auf die Tagesordnung zu setzen und sie zu lösen.

Erkenntnisinteresse vs. Erkenntnisstand der vergleichenden Politikfeldanalyse

Die vergleichende Politikfeldanalyse versteht, trotz der Einsicht in die Bedeutung von kognitiven Fähigkeiten, Weltbildern und Lernprozessen von Akteuren, nach wie vor institutionelle Strukturen und Prozesse als wichtige Determinanten von Politik und staatlichem Handeln. Sie unterscheidet sich von der Systemtheorie durch die Ablehnung ihrer funktionalistischen Basisannahmen. Von den politisch-ökonomischen Ansätzen setzt sie sich dadurch ab, dass sie über keine geschlossene theoretische Basis (Axiomatik) verfügt. Insofern lässt sich die Politikfeldforschung von anderen Ansätzen abgrenzen. Sie lässt sich jedoch nicht als ein einheitliches Forschungsprogramm oder gar Paradigma darstellen, weil es ihr an einheitlichen theoretischen und methodischen Grundlagen fehlt.

6. Vergleichende Regierungslehre als Methode

Substantielles Fachgebiet vs. Methode

Die bisher dargestellten Ansätze definieren die Vergleichende Regierungslehre über inhaltliche und/oder theoretische Ziele (die Konstruktion einer Verfassungssystematik oder die Formulierung einer allgemeinen Theorie politischer Systeme oder die Ableitung von Hypothesen über die Effizienz von Entscheidungsregeln mit Hilfe der ökonomischen Theorie der Politik). In dieser Sicht ist Vergleichende Regierungslehre ein substantielles Gebiet der Politikwissenschaft, wie die Innenpolitik, die Internationale Politik oder die Politische Soziologie. Sie ist also mit einem eigenständigen Erkenntnisinteresse, einem spezifischen Gegenstandsbereich und einer spezifischen Methode ausgestattet und dadurch von anderen Kerngebieten der Politikwissenschaft abgrenzbar.

Im Gegensatz dazu wird Vergleichende Regierungslehre oder Vergleichende Politikwissenschaft häufig als reine Methode definiert. In dieser Sicht hat Vergleichende Regierungslehre weder ein spezifisches Erkenntnisinteresse noch einen eigenen Gegenstandsbereich oder gar eine eigenständige theoretische Basis. Vielmehr lässt sie sich als Methode der Entdeckung und Überprüfung empirischer Zusammenhänge mit unterschiedlichen Theorien, Erkenntnisinteressen und Fragestellungen verbinden.

Vergleich als Methode der empirischen Sozialwissenschaft

So verstanden gehört die Vergleichende Regierungslehre zu den Methoden der empirischen Sozialwissenschaft. Empirische Forschung zeichnet sich allgemein dadurch aus, dass theoretisch begründete Hypothesen durch Konfrontation mit der Realität geprüft und – je nach Ergebnis – verworfen, beibehalten oder weiterentwickelt werden. Hypothesen sind prinzipiell widerlegbare (falsifizierbare) Aussagen über die Realität, die i.d.R. einen Zusammenhang zwischen ursächlichen (unabhängigen) Variablen und zu erklärenden (abhängigen) Variablen postulieren. Zur Hypothesenprüfung werden in einem ersten Schritt die theoretischen Begriffe und Aussagen in empirisch überprüfbare Konstrukte überführt (operationalisiert). Beispielsweise muss vor einer Prüfung der Hypothese „In präsidentiellen Regierungssystemen werden innenpolitische Konflikte seltener entlang parteipolitisch definierter Grenzen ausgetragen als in parlamentarischen Regierungssystemen" u.a. angegeben werden, auf welche Weise eine Zuordnung eines Regierungssystems zur Gruppe der präsidentiellen Regierungssysteme erfolgt. In diesem Beispiel wird die Form des Regierungssystems als unabhängige Variable angenommen, während die Art der Austragung der Konflikte die abhängige Variable darstellt.

International vergleichende Forschung macht es zudem notwendig, die empirische Umsetzung theoretischer Konzepte auf ihre Anwendbarkeit in den verschiedenen nationalen Kontexten hin zu prüfen. Die Begriffe müssen daher nicht nur operationalisiert, sondern auch international vergleichbar sein. So sind z.B. Konzepte zur Erfassung pluralistischer Strukturen, die auf die Situation eines Landes zugeschnitten sind, nicht unbedingt geeignet, analoge Strukturen eines Vergleichslandes entsprechend zu erfassen. Der international vergleichende Forscher steht daher vor dem Problem, generelle Konzepte zu finden, die Vergleiche ermöglichen, ohne die spezifischen und komplexen Strukturen der einzelnen Länder zu stark zu reduzieren.

Weitere Methoden sozialwissenschaftlicher Forschung

Die Prüfung einer Hypothese kann in der empirischen Sozialforschung durch Untersuchung eines Einzelfalls experimentell, statistisch oder unter Zugrundelegung eines Vergleichs erfolgen:

– Einzelfalluntersuchung

- Die Einzelfalluntersuchung beschränkt sich auf die Analyse eines speziellen Falles. Es wird entweder ein Zusammenhang, der in dem untersuchten Beispiel gilt, unter der Annahme von analogen Zusammenhängen bei anderen Fällen zur Generierung neuer Hypothesen verwendet, oder die Einzelfalluntersuchung dient der Falsifizierung universeller (allgemeingültiger) Hypothesen. Einzelfalluntersuchungen sind vor allem in der qualitativen Sozialforschung verbreitet. Da auch Einzelfalluntersuchungen mehr oder weniger explizit auf vergleichbare Kriterien bzw. Maßstäbe zur Einordnung der Ergebnisse angewiesen sind, ist eine Gegenüberstellung der Einzelfallmethodologie und der vergleichenden Methode fragwürdig.

– Experiment

- Die experimentelle Methode basiert auf der Herstellung kontrollierter Untersuchungsbedingungen. Die als erklärend angenommenen Variablen werden so manipuliert, dass sie bestimmte Werte annehmen. Dann wird untersucht, ob die abhängigen Variablen auch tatsächlich die theoretisch vorhergesagten Veränderungen zeigen. Theoretisch postulierte Zusammenhänge werden also nicht in der Realität, sondern in künstlich geschaffenen Laboratoriumssituationen untersucht. Damit wird gewährleistet, dass man die postulierten Zusammenhänge isoliert und systematisch beobachten kann. Die experimentelle Methode ist optimal, um Hypothesen über kausale Beziehungen zwischen Variablen zu prüfen. Sie ist daher z.B. in der empirischen Pädagogik und Psychologie weit verbreitet. Im Bereich der Vergleichenden Regierungslehre ist eine Manipulation von Variablen durch den Forscher kaum möglich. Das Experiment ist daher als Methode in der Vergleichenden Regierungslehre ohne praktische Bedeutung.

– Statistische Methode

- Die statistische Methode wird angewandt, wenn keine kontrollierte Untersuchungssituation hergestellt werden kann und die interessierenden Zusammenhänge durch Informationen über eine ausreichende Zahl realer Fälle untersucht werden können. Da die Zielsetzung empirischer Forschung – Aussagen über die Realität zu gewinnen, die einen möglichst großen Gültigkeitsbereich haben – in der Praxis durch eine vollständige Untersuchung aller räumlich und zeitlich möglichen Fälle, für die eine Aussage gelten soll, in der Regel nicht erreicht werden kann, müssen sich empirische Forscher häufig auf die Untersuchung von (repräsentativen) Stichproben beschränken. Die Anwendung von inferenzstatistischen Methoden erlaubt dann Schlussfolgerungen aus den Ergebnissen von Stichpobenuntersuchungen auf die Grundge-

samtheit. In der Praxis sind die Fälle jedoch häufig nicht durch eine Stichprobe ausgewählt worden, sondern sie bilden eine Teilgesamtheit (z.B. die Staaten, die Mitglied der OECD oder der EU sind). Inferenzstatistische Verfahren sind im strikten Sinne bei solchen Teilgesamtheiten nicht zulässig. Ihre Verwendung hat sich dennoch in der Forschungspraxis eingebürgert. Die am häufigsten verwendeten statistischen Verfahren sind Korrelations- und Regressionsanalysen, mit deren Hilfe sich Grad und Richtung des Zusammenhangs zwischen Variablen überprüfen lassen. Die Ergebnisse lassen sich aber auf keinen Fall als kausale Beziehungen interpretieren. Sie stellen Aussagen über empirische Zusammenhänge im Rahmen bestimmter Wahrscheinlichkeitsgrenzen dar.
Die statistische Methode erfordert umso mehr unterschiedliche Beobachtungen (Fälle), je mehr Variablen in die Untersuchung einbezogen werden. Grundsätzlich gilt für statistische Untersuchungen, dass die Wahrscheinlichkeit der Richtigkeit von Schlussfolgerungen durch Erhöhung des Stichprobenumfangs bzw. der Fallzahl steigt. Die Anwendung statistischer Methoden ist daher nur sinnvoll, wenn eine Vielzahl von Einzelfällen untersucht werden kann. Statistische Methoden sind auf der Basis vieler sozialwissenschaftlicher Fragestellungen sinnvoll. Die Vergleichende Regierungslehre kann dagegen häufig nicht auf genügend Fälle zurückgreifen, um statistische Methoden sinnvoll anwenden zu können. Allerdings lässt sich die begrenzte Zahl vergleichbarer Fälle erhöhen, indem z.B. Länder in mehrere Regionen (z.B. 50 Bundesstaaten der USA) unterteilt werden, die jeweils als eigener Fall betrachtet werden, oder indem Länder zu unterschiedlichen Zeitpunkten in die Untersuchung einbezogen werden (gemischter Längs- und Querschnittsdatensatz). Dieses Vorgehen ist aber nicht bei jeder Fragestellung möglich.

Quasi-experimentelle Methode

- In der empirischen Politikwissenschaft haben wir es folglich häufig mit Situationen zu tun, in denen weder kontollierte Untersuchungsbedingungen herstellbar noch genügend Beobachtungen (Fälle) erhältlich sind. In solchen Situationen erweist sich die so genannte vergleichende Methode als geeignete Strategie. Die vergleichende Methode wird auch – zu Recht – als quasiexperimentelle Methode bezeichnet. Während im Experiment die unabhängigen Variablen vom Forscher aktiv verändert werden, um dann Ausprägungen der abhängigen Variablen bei den verschiedenen Experimentalbedingungen zu vergleichen, kann sich der Forscher in der Vergleichenden Politikwissenschaft einer Annäherung an das Experiment bedienen: Er wählt gezielt die Fälle so aus, dass unterschiedliche Ausprägungen der unabhängigen (erklärenden) Variablen den experimentellen Veränderungen von Fällen quasi entsprechen. Anschließend werden die Fälle im Quasi-Experiment verglichen, wie beim Experiment, wobei aber die Gültigkeit der Ergebnisse als geringer einzustufen ist, da eine Kontrolle aller bekannten Randbedingungen wie beim Experiment, nicht möglich ist.

Die fehlende Möglichkeit, den Untersuchungsgegenstand während des Forschungsprozesses zu beeinflussen, bewirkt also, dass der jedem Vergleich vorgelagerten Auswahl der Fälle ein zentrale Bedeutung zukommt. Jede vergleichende

Forschung erfordert Auswahlentscheidungen, die zur Eingrenzung des Untersuchungsgegenstandes und zur Absicherung der Gültigkeit gewonnener Ergebnisse notwendig sind. Dabei kann nach Arendt LIJPHART prinzipiell zwischen einer Auswahl möglichst ähnlicher Fälle (most similar systems design) zur Kontrolle möglichst vieler Randbedingungen und einem Vergleich sehr unterschiedlicher Fälle (most dissimilar systems design) unterschieden werden.

Prinzipien der quasi-experimentellen Methode

Die quasi-experimentelle vergleichende Methode lässt sich deshalb durch folgende Prinzipien charakterisieren:

– Systematische Fallauswahl

- Die Auswahl der in die Untersuchung einbezogenen Fälle erfolgt möglichst systematisch. Allgemein hängen die Kriterien für die Auswahl der Fälle von der Fragestellung bzw. dem Erkenntnisinteresse und der Theorie ab. Das gebotene Auswahlkriterium ist deshalb eine möglichst große Unterschiedlichkeit der Fälle in Bezug auf die unabhängigen Variablen. Wenn man beispielsweise die Auswirkungen unterschiedlicher Wahlsysteme auf die Regierungsstabilität untersuchen will, wählt man die Fälle so aus, dass sie möglichst unterschiedliche Wahlverfahren abdecken.

– Vergleichbarkeit der Fälle

- Die ausgewählten Fälle sollen aber auch möglichst gut vergleichbar sein. Das heißt konkret, dass sie im Hinblick auf Eigenschaften, die nicht in die Untersuchung einbezogen werden, möglichst ähnlich sein sollten. Im Falle des Beispiels der Auswirkungen von Wahlverfahren auf die Regierungsstabilität ist es deshalb sinnvoll, wenn die einbezogenen Fälle möglichst ähnliche soziale und ökonomische Strukturen aufweisen, also zum Beispiel alle zu den westlichen Industrienationen gehören. Es geht bei dieser Methode sowohl um die Erzeugung von Varianz bei den untersuchten Variablen als auch um die Herstellung von Konstanz bei den nicht-untersuchten Sachverhalten.

– Viele Fälle und wenige Variablen

- Die Zahl der ausgewählten Fälle sollte so groß wie möglich sein, die Zahl der einbezogenen Variablen dagegen eher gering gehalten werden. Beides zusammen bietet bessere Chancen für möglichst systematische Analysen.

– Differenziertes Untersuchungsverfahren

- Die ausgewählten Fälle werden möglichst differenziert auf eine Übereinstimmung zwischen theoretisch postulierten und real beobachtbaren Zusammenhängen hin untersucht. So lässt sich etwa auf Basis einer entsprechend vorher formulierten Hypothese untersuchen, ob Länder mit Wahlverfahren, die eine starke Konzentration der Sitze auf wenige Parteien begünstigen, tatsächlich eine größere Regierungsstabilität aufweisen als Länder mit weniger auf Konzentration zielenden Wahlverfahren.

– Prüfung von Hypothesen

- Das Ergebnis der Untersuchung dient der Beurteilung der eingangs aufgestellten Hypothese. Stehen die empirischen Befunde im Einklang mit den auf der Basis von Theorie und Hypothese zu erwartenden Ergebnissen, so kann die Hypothese zunächst beibehalten werden. Ein solches Forschungsergebnis schließt aber nicht aus, dass im Anschluß an andere Untersuchungen die Hypothese dennoch verworfen oder eingeschränkt werden muss. Widerspricht das Forschungsergebnis den angenommenen Ergebnissen, so wird die Hypothese verworfen oder weiterentwickelt. Der Forscher muss aber auch dabei die eingeschränkte Aussagekraft der eigenen Ergebnisse berücksichtigen.

– Generierung neuer Hypothesen

- Neben der Beurteilung von bestehenden Theorien und Hypothesen kann der Vergleich auch zur Entwicklung neuer Hypothesen dienen. Dabei werden i.d.R. die Zusammenhänge, die für die untersuchten Fälle gefunden wurden, zunächst als gültig für weitere Fälle angenommen. Stellt es sich heraus, dass dies nicht zutrifft, muss die bestehende Theorie bzw. Hypothese modifiziert und/oder erweitert werden.

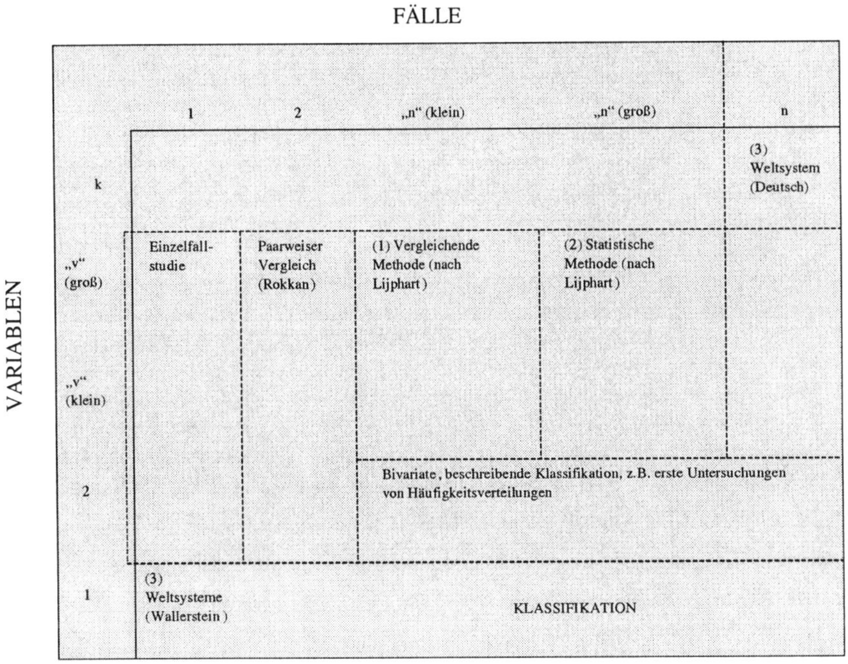

Schaubild 7: Typen vergleichender Analyse (aus: Berg-Schlosser u.a. 1987)

Möglichkeiten und Grenzen der vergleichenden Methode

Gegenüber Untersuchungen, die sich nur auf ein Land beziehen, bieten internationale Vergleiche folgende Vorteile:

- Vergleiche dienen der Überwindung von Ethnozentrismus;
- Vergleiche ermöglichen es, Maßstäbe zu finden, um Besonderheiten nationaler Systeme erkennen zu können;
- Vergleiche zeigen Alternativen und ihre Auswirkungen auf;
- Vergleiche ermöglichen es, Aussagen, die durch nationale Untersuchungen gewonnen wurden, zu generalisieren bzw. durch die Entdeckung der Wirksamkeit von Randbedingungen einzuschränken.

Prüfung allgemein gültiger Hypothesen

Ein vergleichendes Vorgehen ist trivialerweise dann notwendig, wenn es um die Untersuchung von Zusammenhängen oder die Überprüfung von Hypothesen geht, die sich nicht auf ein bestimmtes Land oder politisches System beschränken. Wenn man also beispielsweise Aussagen über Mehrparteiensysteme, Parlamentarismus und politisches Verhalten in modernen Wohlfahrtsstaaten systematisch überprüfen will, dann muss man mehrere Länder einbeziehen. Aus der Tatsache, dass eine allgemeine Aussage (z.B. „Je höher das Bildungsniveau von Bürgern ist, desto eher sind sie bereit, sich aktiv politisch zu betätigen") für die Bundesrepublik Deutschland zutrifft, folgt nicht, dass sie allgemein gilt. Die Allgemeingültigkeit dieser Aussage kann erst unterstellt werden, wenn sie für möglichst viele und möglichst unterschiedlich strukturierte Regierungssysteme zutrifft.

Probleme der vergleichenden Methode

Gleichzeitig bringen internationale Vergleiche folgenden Probleme mit sich:

- Die Daten aus verschiedenen Ländern sind nicht immer vergleichbar. So müssen z.B. nationale Statistiken zur Arbeitslosenquote nicht immer vergleichbar sein;
- die Randbedingungen sind nicht kontrollierbar. Unterschiede in den Ausprägungen der abhängigen Variablen können auf Variablen zurückgehen, die im zugrunde liegenden theoretischen Ansatz vernachlässigt wurden;
- Vergleiche beinhalten die Gefahr von Artefakten durch unangemessene Auswahl der Fälle und Gegenstände;
- die Auswahl ähnlicher Länder kann zur Überinterpretation der wenigen bestehenden Unterschiede führen;
- bestimmte Ergebnisse sind als Folge spezifischer nationaler Situationen nicht in andere Länder übertragbar. So ist z.B. zu bezweifeln, dass der Erfolg der unabhängigen Notenbank in Deutschland in Italien ebenfalls eingetreten wäre;
- die Inter- oder Transnationalisierung theoretischer Konzepte bringt die Gefahr einer Verringerung des Informationsgehalts mit sich, wenn Begriffe, die für mehrere Länder anwendbar sein müssen, weiter gefasst werden müssen.

Theorieabhängigkeit der vergleichenden Methode

Die Vergleichende Regierungslehre ist deshalb noch stärker als andere Bereiche der empirischen Sozialforschung auf fundierte Theorien angewiesen. Die Unterschiedlichkeit real existierender politischer Systeme macht es notwendig, zu Beginn jeder vergleichenden Forschung begründete Auswahlkriterien dafür anzugeben, welche Aspekte der jeweiligen Systeme gegenübergestellt werden sollen. Das typische Design einer vergleichenden Studie – wenige Fälle bei vielen interessierenden Variablen – bringt die Gefahr mit sich, dass die Anzahl der denkbaren Merkmalskombinationen die Zahl der untersuchten Fälle übersteigt. Eindeutige Aussagen über einzelne Variablen sind dann nicht mehr möglich. Da die Möglichkeiten einer Erhöhung der Fälle in der Vergleichenden Regierungslehre begrenzt sind, kommt der Theorie die Aufgabe zu, eine Vorauswahl der als zentral anzunehmenden Variablen zu rechtfertigen. Nur eine begründete Auswahl der zu vergleichenden Aspekte unterschiedlicher Länder macht es möglich, aus Vergleichen systematische Schlüsse zu ziehen. Daher steht die Theorie - oder zumindest eine plausibel begründete allgemeine Fragestellung – am Beginn jeder vergleichenden Forschung.

Der Forschungsprozess basiert nicht nur auf einer solchen theoretischen Grundlage, sondern sinnvolle Forschung erfordert immer auch den Versuch einer Einordnung der Ergebnisse in einen bestehenden theoretischen Rahmen. Nur dieser Rückbezug ermöglicht es, aus Untersuchungen über begrenzte Gegenstandsbereiche und Variablenkombinationen Schlussfolgerungen zu ziehen, die über die untersuchten Fälle hinaus anwendbar sind. Gleichzeitig ermöglicht die empirische Prüfung der theoretisch gewonnenen Hypothesen eine Bewertung der Gültigkeit und Reichweite der Theorien. Der empirische Forschungsprozess basiert daher einerseits auf theoretischen Grundlagen und dient gleichzeitig der Weiterentwicklung des Theoriebestandes. Dieses idealerweise anzustrebende Wechselspiel zwischen Theorie und Empirie leidet in der Praxis an einem Mangel an geeigneten Theorien mittlerer Reichweite. Weder abstrakte Theoriegebäude, die den Anspruch haben, für jeden denkbaren Fall der Realität anwendbar zu sein, noch Theorien, deren Reichweite sich auf den Einzelfall beschränkt, sind in der empirischen Forschungspraxis sinnvoll nutzbar. Während allgemeine Theorien meist zu abstrakt sind, um einer Bildung von prüfbaren Hypothesen zugrunde liegen zu können, sind zu spezielle Theorien nicht geeignet, vergleichende Aussagen zu formulieren.

Kritik an der Definition der Vergleichenden Regierungslehre über die Methode

Der Vergleich als Methode ist nicht nur in der Vergleichenden Regierungslehre, sondern auch in anderen Feldern der Politikwissenschaft – etwa der Politikfeldanalyse oder der internationalen Politik – eine wichtige Forschungsmethode. Gleichzeitig sind in der Vergleichenden Regierungslehre auch andere Methoden, wie z.B. historische Zugänge, als ergänzende Ansätze verwendbar. Daher lässt sich die Vergleichende Regierungslehre nicht trennscharf nur über die Methode des Vergleichs definieren. Trotz dieser Einschränkung ist die vergleichende Methode ein grundlegendes Element der Vergleichenden Regierungslehre.

In der empirischen Politikforschung werden heute viele Untersuchungen komparativ angelegt, um Kontextbedingungen zu variieren und um damit die Allgemeinheit von Aussagen zu überprüfen. In dieser Perspektive ist eine vergleichende Vorgehensweise ein generell notwendiges Element einer systematischen Überprüfung allgemeiner Zusammenhänge. Soweit Politikwissenschaft auf die Formulierung und Überprüfung allgemeiner Aussagen abzielt, muss sie auch vergleichend vorgehen. Insofern handelt es sich bei vergleichender Analyse nicht um eine besondere Methode und nicht um einen besonderen, von anderen abgrenzbaren methodischen Ansatz in der Vergleichenden Politikwissenschaft.

Wenn von der vergleichenden Methode als einer besonderen Methode gesprochen wird, bezieht sich das in der Regel nicht auf vergleichende Verfahren im Allgemeinen, sondern auf eine spezifische Variante vergleichender Analyse. Früher bezog sich der Begriff „vergleichende Methode" vor allem auf die Analyse von Übereinstimmungen und Differenzen zur interpretativen Herausarbeitung allgemeiner Sachverhalte; heute wird damit überwiegend die ausführlich beschriebene quasi-experimentelle Methode bezeichnet.

In dieser Sicht ist die vergleichende Methode, neben der Fallstudie, der statistischen Methode und der experimentellen Methode, eine der grundlegenden wissenschaftlichen Methoden. Sie soll vor allem genutzt werden, wenn wegen der mangelnden Verwendungsfähigkeit kontrollierter Versuchsbedingungen die experimentelle und wegen zu geringer Fallzahl die statistische Methode nicht anwendbar sind.

Gegenseitige Abhängigkeit von Theorie und Empirie

Die vergleichende Methode ist vor allem eine Methode zur empirischen Überprüfung von theoretischen Aussagen. Sie ist nur dann nutzbar, wenn sich Zusammenhänge theoretisch zumindest soweit festlegen lassen, dass eine systematische Auswahl und Anlayse von Fällen möglich ist. Die vergleichende Methode ist zwar mit unterschiedlichen Theorien verknüpfbar, aber sie ist ohne Theorie nicht sinnvoll nutzbar.

7. Literaturhinweise zu Teil I

In der Politikwissenschaft wird die Vergleichende Regierungslehre zunächst mit Verfassungssystematik gleichgesetzt. Beispiele sind die folgenden Arbeiten:

Fraenkel, E. (1991): Deutschland und die westlichen Demokratien. Frankfurt a.M.

Schmidt. M.G. (2000): Demokratietheorien – Eine Einführung. 3. Auflage. Opladen.

Stammen, T. (1972): Regierungssysteme der Gegenwart, 7. Auflage. Stuttgart.

Stammen. T./Riescher, G./Hofmann. W. (Hg.) (1997): Hauptwerke der politischen Theorie. Stuttgart.

Steffani, W. (1979): Parlamentarische und präsidentielle Demokratie. Opladen.

Als grundlegende Arbeiten zur systemtheoretischen Vergleichenden Regierungslehre gelten:

Almond, G.A./Powell, G.B. (1966): Comparative Politics: A Developmental Approach. Boston.

Easton, D. (1965): The Political System. An Inquiry into the State of Political Science. New York.

Easton, D. (1965): A System Analysis of Political Life. New York.

Von besonderer Bedeutung für die systemtheoretische Regierungslehre ist die kybernetische Theorie von Karl W. Deutsch und ihre Umsetzung in vergleichende Analysen. Siehe dazu:

Deutsch, K.W. (1969): Politische Kybernetik. Freiburg.

Deutsch, K.W. (1976): Staat, Regierung, Politik. Freiburg.

Deutsch, K.W./Dominguez, J.I./Heclo, H. (1981): Comparative Government. Boston.

Literatur zur Neuen Politischen Ökonomie:

Buchanan, J.M./Tullock, B. (1965): The Calculus of Consent. Logical Foundations of Constitutional Democracy. Ann Arbor.

Downs, A. (1968): Ökonomische Theorie der Demokratie. Tübingen.

Friedman, M. (1962): Capitalism and Freedom. Chicago.

Galbraith, J.K. (1967): The New Industrial State. Boston.

Kieser, A. (Hg.) (2001): Organisationstheorien. Opladen.

Lehner, F. (1981): Einführung in die Neue Politische Ökonomie. Königstein/Ts.

Olson, M. (1968): Die Logik kollektiven Handelns. Kollektivgüter und die Theorie der Gruppen. Tübingen.

Olson, M. (1985): Aufstieg und Niedergang von Nationen. Ökonomisches Wachstum, Stagflation und soziale Starrheit. Tübingen.

Schumpeter, J.A. (1987): Kapitalismus, Sozialismus und Demokratie (1. Auflage 1942). Tübingen.

Weede, E. (1990): Wirtschaft, Staat und Gesellschaft. Tübingen.

Williamson. O.E. (1990): Die ökonomischen Institutionen des Kapitalismus: Unternehmen, Märkte, Kooperationen. Tübingen.

Literatur zu neueren theoretischen Entwicklungen:

Bandelow, N.C. (1998): Lernende Politik – Advocacy-Koalitionen und politischer Wandel am Beispiel der Gentechnologiepolitik. Bochum/Berlin.

Maier, M.L./Nullmeier, F./Pritzlaff, T./Wiesner, A. (Hg.) (2002): Politik als Lernprozess? – wissensorientierte Analysen der Politik. Opladen.

Scharpf, F.W./Mayntz, R. (Hg.) (1995): Gesellschaftliche Selbstregelung und politische Steuerung. Frankfurt a.M.

Scharpf, F.W. (2000): Interaktionsformen akteurzentrierten Institutionalismus in der Politikforschung. Opladen.

Zum Verständnis von vergleichender Politikwissenschaft als Methode siehe:

Berg-Schlosser, D./Müller-Rommel, F. (Hg.) (1991): Vergleichende Politikwissenschaft. 2. Auflage. Opladen.
Dogan, M./Pelassy, D. (1991): How to Compare Nations. Strategies in Comparative Politics. New Jersey.
Immerfall, S. (1994): Einführung in den europäischen Gesellschaftsvergleich. Ansätze, Problemstellungen, Befunde. Passau.
Kromrey, H. (1991): Empirische Sozialforschung. 5. Auflage. Opladen.
Lijphart, A. (1971): Comparative Politics and the Comparative Method, in: American Political Science Review.

Ein interessantes Beispiel für die Anwendung der vergleichenden Methode bietet:

Barnes, S.H./Kaase, M. u.a. (1979): Political Action. Beverly Hills/London.

Literatur zur empirisch-analytischen Regierungslehre:

Héritier, A. (Hg.) (1993): Policy-Analyse. Kritik und Neuorientierung. Opladen.
Lehner, F. (1979): Grenzen des Regierens. Königstein/Ts.
Schmidt, M.G. (1982): Wohlfahrtsstaatliche Politik unter bürgerlichen und sozialdemokratischen Regierungen. Ein internationaler Vergleich. Frankfurt a.M./New York.

Teil II:
Strukturen und Strukturprobleme westlicher Demokratien

1. Institutionelle Gewaltenverschränkung: Parlamentarismus in Großbritannien, Italien, Deutschland und Japan

Prinzip des Parlamentarismus

Der moderne Parlamentarismus ist das Produkt vielschichtiger und unterschiedlicher historischer Entwicklungen. Deshalb weisen die parlamentarischen Regierungssysteme in den westlichen Demokratien unterschiedliche Verfassungen und Verfassungssysteme auf. Gemeinsam sind ihnen jedoch drei Prinzipien:

- die Repräsentation der Volkssouveränität durch das Parlament,
- die teilweise Verflechtung von Exekutive und Legislative,
- die Gewährleistung der Kontrolle von Herrschaft durch den Mechanismus der Parteienkonkurrenz.

Diese drei Prinzipien sind die wichtigsten Definitionsmerkmale, durch die sich der Parlamentarismus von den anderen demokratischen Verfassungsformen unterscheidet.

Prinzip der Volkssouveränität

Demokratie beruht immer auf dem Prinzip der Volkssouveränität, das heißt, politische Herrschaft ist sowohl allgemein als auch hinsichtlich ihrer konkreten Akte an die Zustimmung des Volkes gebunden. Dieses Prinzip kann in unterschiedlicher Weise institutionell umgesetzt werden. In direkten Demokratien wird die Volkssouveränität durch das Volk (bzw. durch das Elektorat) unmittelbar ausgeübt, in repräsentativen Demokratien dagegen wird die Volkssouveränität mittelbar wahrgenommen. Eine Mischform von repräsentativer und direkter Demokratie stellen Rätesysteme dar, in denen die Volkssouveränität teilweise mittelbar durch Basisorganisationen ausgeübt wird, teilweise an übergeordnete Repräsentationsinstanzen delegiert wird. In repräsentativen Demokratien kann die Volkssouveränität in zwei prinzipiell unterschiedlichen Weisen ausgeübt werden: Sie kann, wie das in den präsidentiellen Regierungssystemen der Fall ist, funktionsteilig durch mehrere Verfassungsorgane (Präsident und Parlament) oder aber ausschließlich durch das Parlament repräsentiert werden. Nur wenn das Parlament allein Repräsentant der Volkssouveränität ist, können wir in einem strengen Sinne von einem parlamentarischen Regierungssystem sprechen.

Eingeschränke Parlamentssouveränität

In diesem strengen Sinn würde zwar Großbritannien, nicht aber die Bundesrepublik Deutschland ein parlamentarisches Regierungssystem darstellen. In der Bundesrepublik Deutschland unterliegen die vom Parlament beschlossenen Gesetze einer möglichen Kontrolle durch das Bundesverfassungsgericht, während es in Großbritannien keine externe Kontrolle parlamentarischer Entscheidungen gibt. Das britische Parlament ist im Prinzip in seiner Souveränität unbeschränkt, während die des Parlamentes in der Bundesrepublik Deutschland eingeschränkt ist – nicht nur durch das Bundesverfassungsgericht, sondern z.B. auch durch die föderalen Elemente. Insofern könnte man, vom britischen Modell des Parlamentarismus ausgehend, argumentieren, dass die Bundesrepublik Deutschland kein reines parlamentarisches Regierungssystem darstellt.

Ein so rigide definierter Begriff des parlamentarischen Regierungssystems wäre jedoch nur auf Großbritannien anwendbar. Das wäre wenig sinnvoll. Wir fassen deshalb den Parlamentarismus-Begriff etwas weniger streng, ohne allerdings das Prinzip der ungeteilten Repräsentation der Volkssouveränität durch das Parlament als Definitionsmerkmal des Parlamentarismus aufzugeben. Aus einer formalen Perspektive gesehen, trifft dieses Merkmal selbst für Großbritannien nicht zu. Allerdings aus einem anderen Grund. Zwar ist in Großbrtannien das Parlament souverän, aber nicht das Volk. Letzteres besteht bis heute aus Untertanen der britischen Krone. Die Ursache dieses merkwürdig anmutenden Umstandes liegt im Fehlen einer Revolution von unten, durch die sich das Volk mit Verabschiedung eines Verfassungsdokuments als Souverän hätte konstituieren können. So hat sich zwar das Parlament seine Souveränität gegenüber der Krone erkämpft, aber nicht das Volk. Allerdings spielt dieser Umstand bei der heutigen Praxis der parlamentarischen Demokratie in Großbritannien keine Rolle. Es handelt sich jedoch um ein interessantes Erbe einer evolutionären Entwicklung hin zum parlamentarischen System, ohne dass revolutionäre Umstürze frühere Herrschaftsverhältnisse de jure beseitigt hätten. Sie sind nur faktisch angepasst worden.

Gewaltenverschränkung

Die ungeteilte Repräsentation der Volkssouveränität durch das Parlament schließt eine Gewaltenteilung zumindest zwischen Exekutive und Legislative aus. Wenn das Parlament allein die Volkssouveränität repräsentiert, muss im Prinzip alle Staatsgewalt aus dem Parlament hervorgehen und an das Parlament gebunden sein. Im Parlamentarismus ist denn auch die Exekutive (konkret das Kabinett) streng genommen nichts anderes als ein „Ausschuss" des Parlaments bzw. korrekter der Parlamentsmehrheit, wenn wir von einer politischen Spaltung des Parlaments in ein Mehrheits- und Minderheits- (Oppositions-) Lager ausgehen. Allerdings ist das Kabinett in den meisten parlamentarischen Demokratien der Macht des Parlaments nicht völlig unterworfen, sondern verfügt teilweise über eine nicht unbeträchtliche Gegenmacht, zum Beispiel in Form eines Rechtes zur Parlamentsauflösung. Dennoch besteht zwischen Parlament und Kabinett, d.h. zwischen Legislative und Exekutive, politisch keine Gewalten-, sondern eher Arbeitsteilung.

Das parlamentarische Regierungssystem Großbritanniens

Das britische Regierungssystem als „Modellfall"

Als Paradebeispiel eines parlamentarischen Regierungssystemes gilt im Allgemeinen Großbritannien. Das liegt daran, dass sich dieses System historisch zuerst in Großbritannien ausgebildet hat und das Prinzip der ungeteilten Repräsentation der Volkssouveränität durch das Parlament hier am stärksten ausgeprägt ist. Man spricht nach dem Sitz des Parlaments auch vom „Westminster Modell". Charakteristisch für dieses Modell ist die hohe Chance des Machtwechsels zwischen Regierung und Opposition auf der Basis eines Zweiparteiensystems.

Die offizielle Bezeichnung für Großbritannien als Staat ist „United Kingdom of Great Britain and Ireland". Das Vereinigte Königreich besteht aus England, Schottland, Wales und Nordirland, die zusammen Großbritannien im engeren Sinne darstellen. Die Kanalinseln haben innerhalb des Regierungssystemes einen Sonderstatus, auf den wir hier nicht näher eingehen. Schottland, Wales und Nordirland sind historisch bedingte Landesteile, die schon in der Vergangenheit über jeweils eigene Strukturen verfügten und die in jüngster Zeit durch den sogenannten Devolutionsprozess unterschiedliche Grade von Autonomie gegenüber der Zentralregierung in Westminster erlangt haben. Eine Sonderrolle nimmt dabei Nordirland ein. Es handelt sich dabei um den Teil Irlands, der nach dem Unabhängigkeitskrieg der Iren von 19919-1921 aufgrund der protestantischen Bevölkerungsmehrheit beim britischen Königreich verblieb und bis heute aufgrund der religiös-sozialen Spaltung zwischen Katholiken und Protestanten einen Problemfall britischer (und irischer) Politik darstellt. Die Situation der Landesteile heute soll später noch kurz dargestellt werden.

Landesteile

Charakteristisch für Großbritannien ist das Fehlen einer geschriebenen Verfassung, so dass es auch keine kodifizierten Grundrechte gibt. Durch die erst 1998 erfolgte Übernahme der Europäischen Menschenrechtskonvention in britisches Recht ist dieser Mangel bis zu einem gewissen Grade behoben. An die Stelle fehlender Grundrechte treten zum Teil als bindend betrachtete Konventionen und an Einzelfällen orientierte Gerichtsentscheidungen. Auch verfassungsändernde Gesetze können mit einfacher Parlamentsmehrheit beschlossen werden, eine verfassungsmäßig verankerte Überprüfungsmöglichkeit von Gesetzen durch Gerichte existiert nicht.

Das britische Regierungssystem hat sich im Rahmen eines langen historischen Prozesses, der im ersten Teil schon ausführlicher dargestellt wurde, allmählich zu seiner heutigen Form entwickelt. Der Motor dieser Entwicklung war die politische Verarbeitung von sozio-ökonomischen Konflikten, die zumeist in Form von polarisierten Religions- und Klassenkonflikten auftraten. Das hat die Struktur des britischen Regierungssystems bis heute nachhaltig geprägt. Die Regulierung dieser Konflikte erfolgt heute im Wesentlichen über die Parteienkonkurrenz und die Übertragung der Regierungsmacht an die sich aus Wahlen mit Mehrheitswahlrecht ergebende parlamentarische Mehrheit bzw. an die von dieser Mehrheit gestützte Regierung.

Dies zeigt sich deutlich in drei konstitutiven Prinzipien des britischen Regierungssystems:

Konstitutive Prinzipien

- Das Parlament, genauer das Unterhaus, ist ausschließlich Träger der Regierungsmacht, keiner Kontrolle durch ein anderes Verfassungsorgan unterworfen und kaum durch verfassungsrechtliche Regelungen eingeschränkt. Dies führt zu einer Dominanz der Regierung (sozusagen als Ausschuß der Parlamentsmehrheit), da das Parlament nur über beschränkte politische Gestaltungsmöglichkeiten verfügt und eine Vielzahl (ca. ein Drittel) der Mitglieder der Mehrheitsfraktion in die Regierung eingebunden ist.

– Parlamentssouveränität

- Die exekutive Regierungsgewalt wird übertragen auf ein Kabinett, an dessen Spitze der Premierminister steht und dessen Mitglieder auf Vorschlag des Premiers von der Königin ernannt werden. Das Prinzip der parlamentari-

– Kabinettsregierung

schen Verantwortlichkeit des Kabinetts sichert die permanente Anbindung der Exekutive an die parlamentarische Mehrheit. Solange diese Mehrheit gesichert ist, verfügt die britische Regierung über weitreichende Handlungsmöglichkeiten.

- Kontrolle und Legitimation durch Parteienkonkurrenz

– Da das Parlament souverän ist, werden die Handlungsmöglichkeiten von Regierung bzw. Kabinett im Wesentlichen von der politischen Durchsetzbarkeit von parlamentarischen Mehrheitsentscheidungen und exekutiver Politik im Rahmen der Parteienkonkurrenz bestimmt. Durch dieses Prinzip der Legitimation demokratischer Herrschaft über die Parteienkonkurrenz bedeutet staatliches Handeln ein Mandat auf Zeit für die Durchsetzung der politischen Vorstellungen des jeweiligen Mehrheitslagers.

Das britische Regierungssystem repräsentiert also die Konzeption des Parlamentarismus nahezu idealtypisch: die Regierungsmacht wird anders als in gewaltenteiligen Systemen nicht institutionell beschränkt, sondern über die Parteienkonkurrenz demokratisch kontrolliert und legitimiert. Hinzu kommt, dass Elemente direkter Demokratie nicht existieren. Ausnahmen bilden die Volksabstimmung über den Beitritt Großbritanniens zur EG im Jahre 1975 sowie die Abstimmungen über die Annahme der Statuten der Landesteile im Rahmen des Devolutionsprozesses. Alle Volksabstimmungen sind dabei von der Exekutive bzw. der Legislative initiiert und gehen nicht vom Volk aus.

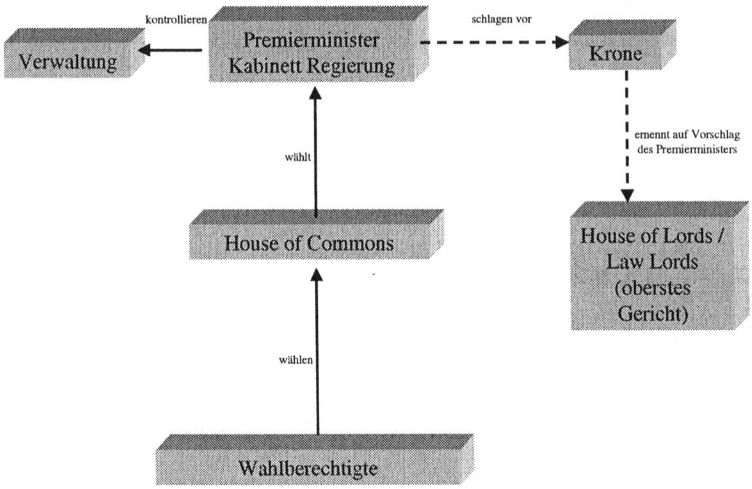

Schaubild 8: Grundstruktur des britischen Regierungssystems

Schaubild 8 stellt die institutionelle Grundstruktur des britischen Regierungssystemes dar und verdeutlicht die institutionelle Umsetzung der oben beschriebenen konstitutiven Prinzipien. Die Parlamentssouveränität liegt allein bei dem vom Volk gewählten Unterhaus (House of Commons mit seit 1997 659 Mitgliedern). Die Regierung ist ausschließlich dem Unterhaus verantwortlich. Die andere Kammer des Parlaments, das Oberhaus (House of Lords mit bis 1999 über 1000 Mitgliedern, danach mit Ausnahme von ca. 80 um die erblichen Lords verkleinert), besitzt in der Gesetzgebung lediglich ein aufschiebendes Veto. Es ist jedoch am Gesetzgebungsprozess beteiligt. Dies gilt jedoch nicht für Finanzgesetze, die etwa ein Viertel der Gesetzgebung ausmachen.

Grundstruktur des britischen Regierungssystems

Wie Schaubild 9 zeigt, durchläuft der Gesetzgebungsprozess in Großbritannien, wie in anderen demokratischen Regierungssystemen auch, ein mehrstufiges Verfahren im Plenum und in den Ausschüsen beider Häuser. Letztere spielen allerdings eine geringere Rolle als etwa in der Bundesrepublik und zeichnen sich darüber hinaus durch eine eigentümliche Zweigleisigkeit aus. Die übliche Beratung von Gesetzen findet in den ständigen Ausschüssen (Standing Committees) statt, allerdings erst nach der zweiten Lesung im Plenum. Sie sind im Gegensatz zu den Ausschüssen des deutschen Bundestages nicht nach funktionalen Kriterien organisiert, sondern erhalten Gesetzesvorhaben ohne Berücksichtigung ihres Inhaltes nach einem Geschäftsverteilungsplan zugewiesen. Expertenbefragungen – sogenannte Hearings – finden in diesen Ausschüssen zum Beispiel nicht statt. Daneben stehen die den wichtigsten Ministerien zugeordneten Select Committees, deren Ausweitung und feste parlamentarische Verankerung eine Mehrheit von Hinterbänklern 1979 durchsetzte. Hier können zwar Experten befragt und Akten eingesehen, nicht aber Gesetzesvorlagen beraten werden. Aufgrund der Majorisierung durch die Abgeordneten der Regierungspartei und der Abhängigkeit dieser Fachausschüsse von Informationen aus den Ministerien ist die Möglichkeit einer effektiven politischen Kontrolle durch die Opposition gering. Ohnehin ist die Mitwirkung der Opposition bei der Gesetzgebungstätigkeit im britischen Parlamentarismus zum Beispiel im Vergleich zu Deutschland gering. Die Opposition hat die Aufgabe, sich als die alternative Regierungspartei zu profilieren. Die Möglichkeit für die ständigen Ausschüsse, an drei Tagen als Special Standing Committees auch Anhörungen durchzuführen, wird aus denselben Gründen kaum genutzt. Als britische Besonderheit tagt das Unterhaus zudem bei der Beratung wichtiger Angelegenheiten als „Committee of the Whole House" – nicht zuletzt deswegen, um den strengen parlamentarischen Ritualen des Plenums zu entgehen.

Gesetzgebungsprozess

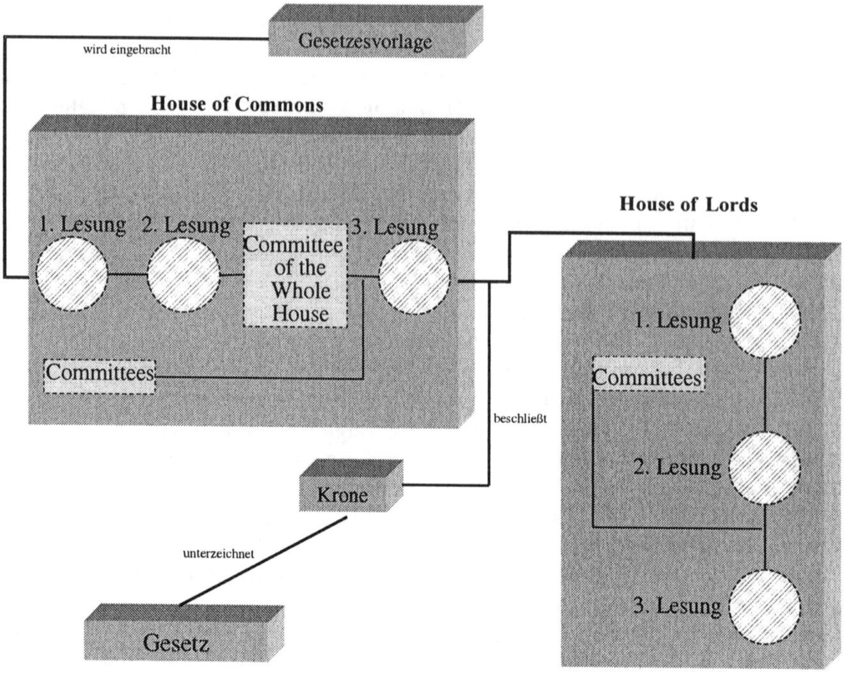

Schaubild 9: Der Gesetzgebungsprozess in Großbritannien

Faktisches Zweiparteiensystem

Das Unterhaus operiert faktisch auf der Basis eines Zwei-Parteien-Systems, obwohl auch die Liberale Partei sowie nationale Parteien der Landesteile durch Abgeordnete vertreten sind. Das britische Mehrheitswahlrecht in Einpersonenwahlkreisen, bei dem pro Wahlkreis nur der Kandidat mit den meisten Stimmen gewählt wird (relative Mehrheitswahl), führt zu einer starken Konzentration der Sitze im Unterhaus auf zwei große Parteien und verwandelt fast immer für eine Partei eine relative Mehrheit der Stimmen in eine absolute Mehrheit der Sitze. Ausnahmen gab es nach dem zweiten Weltkrieg nur bei der ersten Wahl 1974 und 1976-79 (aufgrund von Nachwahlen bei nur 3 Sitzen Mehrheit von Labour bei der zweiten Wahl im Jahre 1974), als die Labour-Partei zweimal eine Minderheitsregierung stellte. Im Extremfall führt dieses System sogar zu einer Umkehrung der Stimmenverhältnisse: So erhielt 1951 die Labour-Partei mit 48,8% zwar mehr Stimmen als die Konservativen mit 48%, an Sitzen ergab sich jedoch eine Mehrheit der Konservativen. Der Versuch einer Allianz aus Sozialdemokraten (ehemaligen Labourabgeordneten) und Liberalen, Ende der 70er Anfang der 80er Jahre das Zweiparteiensystem aufzubrechen, muss als gescheitert gelten: Zwar errang das Parteienbündnis 1983 und 1987 rund ein Viertel der Stimmen, aber nur 23 bzw. 22 der 650 Sitze.

Rolle der Opposition

Die unterlegene andere große Partei bildet die Opposition, die im Unterhaus über gewisse Rechte und einen besonderen Status verfügt. Die Traditionen und Geschäftsordnungsregeln des britischen Unterhauses begünstigen die Gegenüberstellung einer regierungsfähigen Mehrheit und einer artikulationsfähigen Opposition. Deren offizielle Anerkennung äußert sich unter anderem in der Bezahlung des Führers und des Fraktionsgeschäftsführers mit einem staatlichen (Minister-) Gehalt. Begrenzungen bei Antrags-, Mitwirkungs- und Kontrollrechten beschränken aber die Rolle der Opposition im Wesentlichen auf das Aufzeigen von Alternativen zu den Regierungsvorlagen. So wird die Tagesordnung des Parlaments (mit Ausnahme von wenigen „Opposition Days") von der Regierungsmehrheit aufgestellt und der Vorsitz für die Opposition in den Ausschüssen allenfalls informell gewährt. Auch die Betrachtung der tatsächlich verabschiedeten Gesetzentwürfe zeigt die Dominanz der Regierung: So werden ca. 90% der von der Regierung eingebrachten Gesetzentwürfe auch verabschiedet, von den aus dem Parlament kommenden dagegen nur ca. 10%.

Oberhaus

Das Oberhaus hat durch die Parlamentsreformen von 1911 und nach Ende des 2. Weltkrieges (1948) fast alle legislative Macht an das Unterhaus abgeben müssen. Trotz seiner begrenzten legislativen Macht ist es jedoch nicht ganz ohne politische Bedeutung. Es genießt beträchtliches öffentliches Ansehen und seine Stellungnahmen zu Gesetzen können durchaus eine breite Öffentlichkeitswirkung haben. Zudem werden Änderungsvorschläge des Oberhauses oft vom Unterhaus übernommen. Im Konfliktfall kann das Oberhaus die Umsetzung von Beschlüssen des Unterhauses um maximal ein Jahr verzögern.

Oberhaus heute

Das House of Lords wird nicht gewählt, sondern setzte sich bis 1999 aus den Erzbischöfen und Bischöfen der anglikanischen Kirche, einigen hundert Peers (Adel) mit zumeist vererbbarem Adelstitel sowie den auf Lebenszeit ernannten Law Lords (Hohe Richter) zusammen. So genannte Life Peers werden auf Lebenszeit von der Königin auf Vorschlag des Premierministers ernannt. Ihre Zahl ist nicht beschränkt. Vorsitzender des Oberhauses ist der Lord Chancellor, der auch (!) Kabinettsmitglied ist. Zudem sitzen im Oberhaus weitere Kabinettsmitglieder. Die Law Lords bilden als „Judicial House of Lords" das oberste Appellationsgericht für England und Wales sowie mit Einschränkungen auch für Schottland und Nordirland. Das Oberhaus bietet für den Premierminister die Möglichkeit, eine begrenzte Zahl von Ministern ohne parlamentarische Erfahrung und Sitz im Unterhaus zu ernennen. Da der Premier das Vorschlagsrecht für Peers gegenüber der Königin besitzt, kann er mit Vorschlägen bis zu einem gewissen Grade die Mehrheitsverhältnisse verändern oder unliebsame Konkurrenten durch „Beförderung" in das Oberhaus aus der aktiven Parteipolitik entfernen. Da ehemalige Premierminister für ihre Verdienste in der Regel geadelt werden, finden sie sich meist im Oberhaus wieder und können sich als „elder states-man/women" zur mehr oder weniger großen Freude des Premiers in die aktive Politik einmischen. So geschehen im Falle der langjährigen Premierministerin Margret Thatcher. Die Regierung Blair hat 1999 die im Wahlkampf angekündigte Reform des Oberhauses begonnen. Dabei verloren zunächst die so genannten erblichen Peers (hereditary peers) ihre Sitze. Der Widerstand war erstaunlich gering. Zum einen war dieser Schritt in der öffentlichen Meinung überfällig, andererseits schwächte ein Kompromiss, der 92 erblichen Peers gestattete, zunächst im Oberhaus zu verbleiben, die Ablehnungsfront der Adeligen. Mit diesem Reformakt wurde zwar das Oberhaus verkleinert, aber weder die demokratische Legitimation dieses Parlaments wurde dadurch wesentlich erhöht noch seine Funktionszuweisung im britischen Regierungssystem gelöst. Nach wie vor besteht diese Kammer überwiegend aus von der Regierung bzw. Vorgängerregierungen ernannten so genannten Life Peers, die auf Lebenszeit einen Sitz erhielten, und ihre Rolle im parlamentarischen Prozess bleibt marginal. Ob das Oberhaus in Zukunft in eine Kammer zur Vertretung der Interessen der Landesteile, wie das in anderen demokratischen Regierungssystemen häufig üblich ist, umgestaltet wird, bleibt zunächst eine offene Frage. Es ist allerdings zu vermuten, dass die Parteien – besser gesagt, die jeweilige Regierungspartei – sich nicht freiwillig die alleinige Kontrolle über die Gesetzgebung aus der Hand nehmen lassen bzw. lässt.

Regierung und Kabinett

Die britische Regierung weist eine komplexe Organisationsstruktur auf. So stellt das Kabinett mit seiner kollektiven politischen Verantwortlichkeit das Führungsgremium der Regierung dar, dem nicht alle, sondern nur die wichtigsten Minister angehören. Dazu zählen neben den Leitern der wichtigsten Ministerien auch Minister, deren Bedeutung weniger in dem von ihnen geleiteten Ministerium als vielmehr in ihrer politischen (Haus-)Macht innerhalb der Partei liegt. Mit der Berufung von Ministern ins Kabinett, die diesem in traditioneller Weise nicht angehören, kann der Premier auch eine politische Programmatik zum Ausdruck bringen. Zudem gehören zum Kabinett eine Reihe von Ministern ohne eigenen Geschäftsbereich, die traditionelle Amtsbezeichnungen wie Lord Chancellor und Lord Privy Seal (Lordsiegelbewahrer) führen und häufig mit wichtigen Koordinations- und Vermittlungsfunktionen betraut sind. Nicht Teil des Kabinetts sind die große Zahl von Staatsministern, die eigene Ministerien oder Departments leiten, sowie die parlamentarischen Staatssekretäre (vgl. zur Organisation der Regierung Schaubild 10).

Regierungsorganisation Deregulierung und Devolution

Insgesamt umfasst die britische Regierung über 200 Ministerien und Departments mit unterschiedlicher Bedeutung und Aufgabenbreite sowie teilweise unterschiedlicher territorialer Zuständigkeit. Es gibt Ministerien mit breiter Zuständigkeit und großer politischer Bedeutung, wie die Secretaries of State for Home Affairs (Innenministerium) und Foreign Affairs (Außenministerium), das Treasury (Finanzministerium) mit dem Chancellor of the Exchequer an der Spitze oder den Minister of Labour (Arbeitsminister). Eine wichtige Rolle spielt trotz inzwischen stark beschränkter territorialer Zuständigkeit der Secretary of State of Scotland, der inzwischen in erster Linie für die Koordination der Beziehungen mit dem teilautonomen Schottland verantwortlich ist. Ihm zugeordnet sind die Ministerien bzw. Departments for Scottish Development, Scottish Economic Planning, Scottish Education und Scottish Home and Health. Ähnliche Ministerien gibt es als koordinierende Agenturen auch für Nordirland und Wales. Daneben existiert eine große Zahl von Ministerien oder Departments mit engen Kompetenzbereichen und relativ geringer politischer Bedeutung, die zum Teil den großen Ministerien zugeordnet sind.

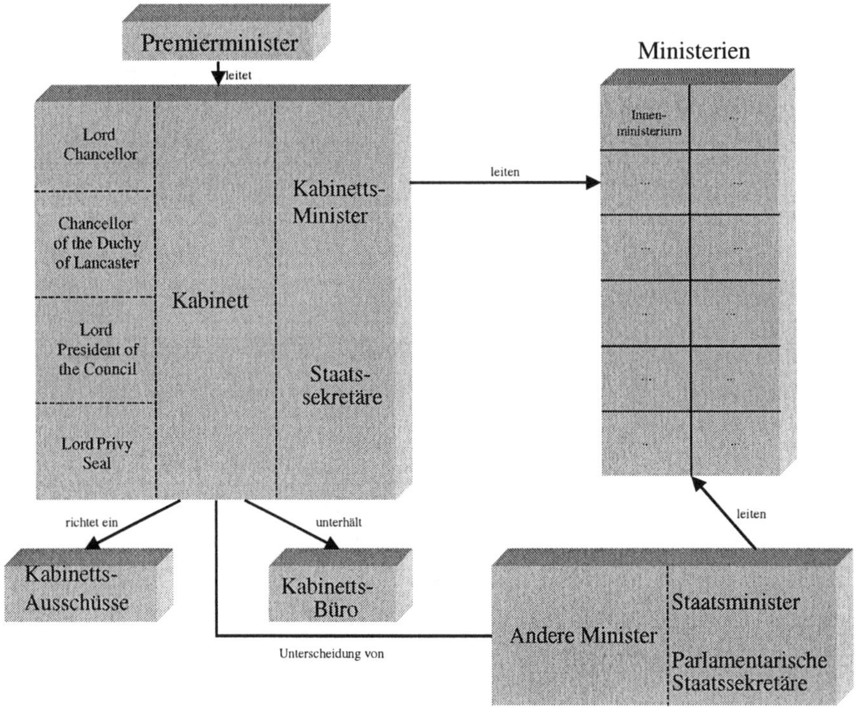

Schaubild 10: Die Struktur der britischen Regierung

Die Gründe für diesen beachtlichen Regierungsapparat liegen im zentralistischen Charakter des britischen Regierungssystems. Die Regierung umfasst nicht nur die Ministerialverwaltungen, sondern auch die Exekutivverwaltung, die zum Beispiel in Deutschland Sache der Länder und Kommunen ist. In Großbritannien gibt es zwar für lokale Aufgaben auch eine Kommunalverwaltung, aber die Länderebene ist zumindest in der Vergangenheit weggefallen. Inzwischen sind Reformprozesse auf zwei Ebenen eingetreten: zum einen wurde eine ganze Reihe von Staatsaufgaben privatisiert (Telekommunikation, Bahn etc.), so dass die Ministerien nur noch Aufsichts- bzw. Regulierungseinrichtungen für diese Bereiche darstellen, zum anderen hat der Devolutionsprozess in den Landesteilen bestimmte Regierungs- und Verwaltungsaufgaben, allerdings je nach Landesteil in unterschiedlichem Maße, auf die Landesteile Schottland, Wales und mit Einschränkung Nordirland übertragen.

Trotz oder gerade aufgrund der Privatisierung staatlicher Aufgaben und Dezentralisierung im Rahmen der Devolution haben wir es nach wie vor in Großbritannien mit einer sehr komplexen Regierungsorganisation zu tun, die mit beträchtlichen Koordinations- und Kontrollproblemen verbunden ist. Premierminister können sich diese Struktur jedoch zunutze machen, indem sie sich etwa auf ihnen direkt zuarbeitende Unterausschüsse der Regierung stützen und so das Kabinett bei der Entscheidungsfindung umgehen. Gemäß dem Prinzip der kollektiven Verantwortlichkeit der Regierung bleibt den Ministern dann häufig nur noch das Akzeptieren der Entscheidung oder der Rücktritt.

Die Abstimmung zwischen Regierungsbürokratie und Interessenverbänden erfolgt in vielen Politikfeldern im Vorfeld konkreter Entscheidungen über ständige Kontakte („policy communities"), wovon sich die Verbände eine frühzeitige Einflussnahme und die Beamten eine Minimierung von Konflikten versprechen.

Machtfülle des Premiers

Für den britischen Premierminister stellt dieser Regierungsapparat einerseits ein wirksames Machtinstrument zur Verfügung, andererseits ist er auch abhängig von zahlreichen Akteuren in der Regierung und innerhalb seiner Partei. Diese Netzwerke zu kontrollieren und zu steuern stellt eine gewaltige Managementaufgabe dar, die nur über einen zuverlässigen Kreis von loyalen Mitarbeitern („Küchenkabinett") bewältigt werden kann. Aber solange dies gelingt, ist die Machfülle des britischen Premiers erheblich, da kein Verfassungsorgan, mit Ausnahme des Unterhauses, ihn in seinem politischen Handeln blockieren kann. Mit anderen Worten, die Zahl der Veto-Spieler ist in diesem System im Gegensatz zum Beispiel in föderalen Systemen oder beim präsidentiellen Regierungssystem gering. Selbstverständlich muss er die öffentliche Meinung beachten und er muss Wahlen gewinnen, denn solange er dies tut, ist er bei seiner Partei, die im Kern durch die Unterhausfraktion gebildet wird, populär. Er kann in diesem Fall auch den Abgeordneten seiner Partei einige „Grausamkeiten" bei der Gesetzgebung zumuten. Dabei hilft auch das ihm zustehende Recht der Parlamentsauflösung, das mit dem Recht, innerhalb von fünf Jahren den Wahltermin für das Unterhaus frei wählen zu können, verknüpft ist. Die Möglichkeit des Premiers, zu jeder Zeit das Parlament auflösen und Neuwahlen anordnen zu können, ist ein nicht zu unterschätzendes Machtinstrument sowohl für die Durchsetzungsfähigkeit gegenüber seiner eigenen Partei, aber vor allem auch gegenüber der Opposition, die er auf dem „falschen Fuß" bei der Parlamentsauflösung erwischen kann. Wir stellen also fest, dass das Amt des britischen Premierministers aufgrund der institutionellen Struktur des Regierungssystems zumindest theoretisch eine erhebliche Machtfülle bietet und damit politische Handlungsfähigkeit in hohem Maße garantiert. Ob sie die Amtsinhaberin oder der Amtsinhaber nutzen können, ist dabei eine andere Frage. Allerdings: je besser sie oder er in der Wählergunst abschneidet, desto höher ist die Chance dazu. In dieser Chance zeigt sich auch der Wandel des britischen Regierungssystems von einem „cabinet government" zu einem „primeministerial government".

Territoriale Struktur

Ein Teil der Komplexität der britischen Regierungsorganisation hängt damit zusammen, dass das Vereinigte Königreich zwar ein zentralistisches Regierungssystem hat, gleichzeitig aber eine historisch gewachsene Union ist. Wenn auch England, Schottland, Wales und Nordirland bis heute keine Gliedstaaten mit einer in der Verfassung festgelegten Teilautonomie wie die deutschen Bundesländer oder die schweizerischen Kantone sind, wurde ihnen auch schon in der Vergangenheit ein erhebliches Maß an Eigenständigkeit zugemessen. Dies drückte sich außer in der beschriebenen differenzierten Organisationsstruktur der Zentralregierung auch in einer entsprechend differenzierenden Gesetzgebung aus. So beschloss und beschließt das britische Parlament häufig Gesetze, die nicht für alle Teile des Vereinigten Königreichs gelten oder zumindest besondere Bestimmungen für diese enthalten.

Ausgestaltung der Devolution

Inzwischen ist, wie oben schon erwähnt, durch den so genannten Devolutionsprozess ein unterschiedlicher Grad an politischer Autonomie umgesetzt worden. Sie beruht einerseits auf von der Regierung in London abgehaltenen Volksabstimmungen und andererseits auf vom britischen Parlament beschlossenen Statuten. Dabei wurden dem schottischen Landesteil die größten Rechte eingeräumt. Insbesondere im Bereich der schottischen Innenpolitik besitzen die politischen Institutionen weitgehende Entscheidungsmöglichkeiten. Das schottische Regionalparlament hat sogar das Recht, in bescheidenem Umfang Steuern zu erheben. In Wales sind die Autonomierechte erheblich geringer. Sie umfassen vor allem Selbstverwaltung und Anhörungs- und Informationsrechte gegenüber der Londoner Regierung. Ein besonderer Fall ist Nordirland. Zwar wurde dort auch eine Regionalverfassung ausgearbeitet, aber aufgrund des dort herrschenden Konflikts bleibt ihre Implementation schwierig. So hat die Londoner Zentralregierung aufgrund der Nicht-Kooperation von Konfliktparteien dieses Statut wieder außer Kraft gesetzt. Letzteres deutet auf ein generelles Problem hin: im britischen Verfassungsrecht kann das Unterhaus Änderungen mit einfacher Mehrheit beschließen und sie auf gleiche Weise wieder zurücknehmen. Dies trifft auch für die Devolution (Autonomie) der Landesteile zu. Solange die Entwicklung zum Beispiel in Schottland keine größeren Probleme schafft, ist es selbstverständlich politisch nicht opportun, dies zu beschließen. Aber es bleibt dennoch eine Autonomie von „Westminster's Gnaden".

Das britische Regierungssystem wird häufig als der Modellfall eines parlamentarischen Regierungssystems bezeichnet. Das ist insofern zutreffend, als hier das Prinzip der Parlamentssouveränität und der Verzicht auf eine institutionelle Gewaltenteilung im Gegensatz zu anderen parlamentarischen Regierungssystemen konsequent umgesetzt werden. Auch die Funktion der Parteienkonkurrenz als Instrument der Kontrolle der Regierungsmacht tritt aufgrund des Mehrheitswahlrechts stärker hervor.

Wahlrecht und Parteiensystem

Das Mehrheitswahlrecht prägt auch die Struktur des Parteiensystems. Vor allem die beiden großen Parteien – die Conservative Party (auch historisch Tories genannt) und die Labour Party – haben die Chance, eine relative Mehrheit in Ein-Personen-Wahlkreisen zu gewinnen. Kleinere Parteien (Third Parties) haben nur dann Aussicht auf Erfolg, wenn sie regional sehr stark sind. Dies trifft zum Beispiel auf nur regional antretende nationalistische Parteien zu. Dazu gehört zum Beispiel die Scottish National Party (SNP). Besonders hart betroffen sind landesweit antretende Parteien, die aber nicht stark genug sind, um eine ihrer proportionalen Stimmanteile entsprechende parlamentarische Repräsentanz zu erreichen (siehe oben). Zusammengenommen bleiben diese dritten Parteien unter 10% der Sitze, trotz einem Viertel der Wählerstimmen. Die derzeitige Labour-Regierung unter Tony Blair hat eine Reform des Wahlrechts angekündigt. Um eine größere „Gerechtigkeit" im Verhältnis Stimmen und Sitze zu erreichen, sollen zumindest Elemente des Verhältniswahlrechts aufgenommen werden. Aber seit die Labour Party komfortable Wahlsiege mit dem Mehrheitswahlrecht erzielt und nicht auf die Unterstützung der Liberalen in einer Koalitionsregierung angewiesen ist, hat sich der Reformeifer der Partei und ihres Premier in dieser Frage deutlich abgeschwächt. Selbstverständlich ist die Liberal Party für ein Verhältniswahlrecht, aber solange sie zum Regieren nicht gebraucht wird, hat sie mit der Durchsetzung einer solchen Forderung wenig Chancen.

New Labour

Politisch-ideologisch ist das britische Parteiensystem durch eine sozio-ökonomische Spaltung (Klassenkonflikt) zwischen Konservativen und Labour geprägt. Die Peripherie-Zentrum-Konfliktdimension ist auf nationaler Ebene dagegen eher schwach entwickelt. Diese Spaltung hat den im 19. Jahrhundert dominanten Konflikt zwischen Bügertum (Whigs) und Adel (Tories), also zwischen Handel- und Industrieinteressen einerseits und Großagrariertum andererseits abgelöst. Der klassenkämpferische Gegensatz zwischen den konservativen und wirtschaftsliberalen Tories und der linksgerichteten sozialistischen Labour Party hat sich jedoch im letzten Jahrzehnt stark abgeschwächt. Der Grund liegt in einem tiefgreifenden organisatorischen und politischen Veränderungsprozess der Labour Party. Früher der politische Arm der marxistisch orientierten Gewerkschaften, hat sich die Partei vor allem unter Tony Blair zu New Labour gewandelt. Befreit vom Korsett der Blockstimmen der Gewerkschaften auf Parteitagen, vertritt sie heute eher eine liberale Wirtschafts- und Sozialpolitik und will mit dem so genannten „Dritten Weg“ zwischen „ungezügeltem Kapitalismus“ und „lähmendem Sozialismus“ einen modernen regulierenden Staat einrichten, der mit einem Minimum an Staatsaufagen und staatlichen Eingriffen auskommt und ansonsten die Freiheit und die Initiative des Einzelnen fördert. Mit diesem Reformprogramm, das in vielen Bereichen die Politik von Frau Thatcher während der 80er Jahre fortsetzt, gelang es New Labour, 1997 und 2001 überzeugende Siege bei den Unterhauswahlen zu erzielen. Als Folge davon ist die oppositionelle Konservative Party in eine programmatische und personelle Krise geraten. Beide Parteien kämpfen um die politische Mitte (siehe das Konzept des „median voter“ im Teil I des Bandes). Dabei hat New Labour zur Zeit offensichtlich das überzeugendere Programm und die bessere Person für das Amt des Premierministers.

Das parlamentarische Regierungssystem in Italien

Vergleich zu Deutschland und Italien

Die parlamentarischen Regierungssysteme Deutschlands und Italiens weichen in den folgenden wichtigen Punkten vom britischen Modell ab:

- die Parlamentssouveränität ist eingeschränkt,
- das Regierungssystem weist erhebliche Elemente von Gewaltenteilung auf und die Zahl der potentiellen Veto-Spieler ist damit höher,
- die Rolle der Parteienkonkurrenz als Instrument der Herrschaftskontrolle ist institutionell schwächer ausgeprägt.

Italien

Beim italienischen Regierungssystem lassen sich diese Abweichungen festmachen

- in der verfassungsrechtlichen Bindung und Kontrolle der Gesetzgebung,
- in der Parlamentsstruktur,
- im Wahlsystem, das allerdings 1992/93 grundlegend geändert wurde.

Einschränkung der Parlamentssouveränität

Wie in allen parlamentarischen Regierungssystemen repräsentiert auch in Italien das Parlament, bestehend aus Abgeordentenkammer und Senat, die Volkssouveränität. Im Gegensatz zu Großbritannien sind in Italien die Machtbefugnisse des Parlaments jedoch durch verfassungsrechtliche Bestimmungen eingeschränkt. So unterliegen die vom Parlament verabschiedeten Gesetze prinzipiell der Kontrolle durch den Verfassungsgerichtshof, der sie annullieren kann, wenn er sie für verfassungswidrig hält. Dies stellt ein erhebliches Element von Gewaltenteilung und Beschränkung der Parlamentssouveränität dar und widerspricht dem britischen Modellfall, existiert aber in ähnlicher Form in den meisten parlamentarischen Systemen.

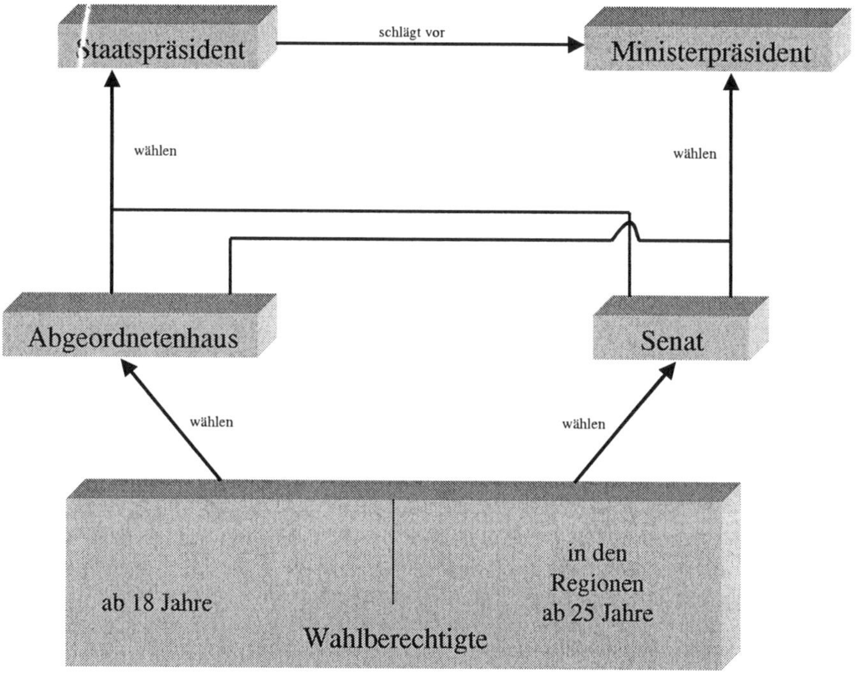

Schaubild 11: Grundstruktur des italienischen Regierungssystems

Verfahren zur Verfassun gsänderung

Ein weiteres Element von Gewaltenteilung und Machtbeschränkung liegt im Verfahren der Verfassungsänderung. Das italienische Parlament kann die Verfassung ändern, soweit dabei die Staatsform einer Republik bestehen bleibt. In beiden Kammern sind dafür jedoch jeweils zwei, mindestens drei Monate auseinanderliegende Abstimmungen notwendig, bei der zweiten mit Zwei-Drittel-Mehrheit. Wenn diese nicht erreicht wird, kann ein verfassungsänderndes Gesetz auf Antrag von einem Fünftel der Mitglieder einer der beiden Kammern des Parlaments oder von fünf Regionalräten oder von 500.000 Wahlberechtigten einem Referendum unterworfen werden. Das bedeutet, dass in Italien die parlamentarische Mehrheit anders als in Großbritannien alleine keine Verfassungsänderung durchsetzen kann.

Parlamentsstruktur

Das im italienischen Regierungssystem stärker in Erscheinung tretende Prinzip der Gewaltenteilung schlägt sich auch in der Parlamentsstruktur nieder. Das italienische Parlament besteht aus zwei Kammern – dem Senat und dem Abgeordnetenhaus.

– Abgeordnetenhaus

– Das Abgeordnetenhaus umfasst 630 Mitglieder, die bis 1992 nach dem reinen Verhältniswahlrecht in etwa gleich großen Wahlkreisen gewählt wurden. Angesichts der sich zuspitzenden politischen Krise wurde für die Parlamentswahl im März 1994, nachdem in einer Volksabstimmung dies gefordert wurde, 1993 ein neues Wahlrecht beschlossen, wonach 474 Abgeordnete – also 75% – in einfacher Mehrheitswahl, die übrigen proportional auf der Grundlage von Parteilisten gewählt werden. Zudem wurde eine Sperrklausel von 4% eingeführt. Bereits seit 1991 gab es auf der Parteiliste nur noch eine Stimme statt vier Vorzugsstimmen, nachdem dieser ursprünglich zur Erweiterung der Wählerentscheidung gedachte Mechanismus in großem Maße zu parteitaktischen Zwecken missbraucht worden war. Die Deputierten müssen mindestens 25 Jahre alt sein und werden für fünf Jahre gewählt.

– Senat

– Der Senat besteht aus mindestens 315 Mitgliedern, die zum selben Wahltermin ebenfalls für fünf Jahre gewählt werden. Obwohl die Senatoren in den Regionen gewählt werden, ist der Senat kein Repräsentationsorgan dieser Gebietskörperschaften, wie es zum Beispiel in Deutschland der Bundesrat als Länderkammer verkörpert. Das entscheidende politische Koordinationsinstrument sind wie im Abgeordnetenhaus die Parteizentralen und nicht die Regionalräte. Für die Vermittlung der Regionalinteressen auf der politischen Zentralebene gibt es die ständige Konferenz „Stato-Regioni". Die Anzahl der Senatoren für jede Region ist im Prinzip proportional zu deren Bevölkerungszahl. Jede Region muss jedoch unabhängig von der Bevölkerungszahl durch mindestens sieben Senatoren vertreten werden. Ausnahmen bilden lediglich Molise und das Aosta-Tal (zwei bzw. einer). Das Mindestalter der ebenfalls auf fünf Jahre gewählten Senatoren beträgt 40 Jahre; wählen dürfen dabei nur die Wahlberechtigten ab 25 Jahre. Ehemalige Präsidenten sind automatisch Mitglied des Senats; zudem kann der amtierende Präsident bis zu fünf verdiente Bürger zu Senatoren auf Lebenszeit ernennen. Damit enthält der Senat nicht nur ein Element von Seniorität, sondern auch eine Reihe von nicht durch Wahl legitimierten Mitgliedern (ähnlich dem britischen Oberhaus) und eine sich in engen Grenzen bewegende variable Mitgliederzahl.

– „parlamentarische Gewaltenteilung"

Beide Kammern des italienischen Parlaments sind gleichberechtigt. Gesetze können nur mit Zustimmung beider Häuser verabschiedet werden, ein Schlichtungsverfahren für den Fall fehlender Einigung gibt es nicht. Da die Mehrheitsverhältnisse in der Regel ähnlich sind, wirkt sich das Zwei-Kammer-Prinzip weniger gewaltenteilig aus als in Deutschland, wo beide Kammern eine unterschiedliche Legitimationsbasis und politische Funktion haben und die Mehrheitsverhältnisse in Bundestag und Bundesrat aufgrund der parteipolitischen Konstellationen in den Länderparlamenten oft unterschiedlich sind.

– Rolle der Ausschüsse

In der Praxis verfügt jedoch das Abgeordnetenhaus über mehr Einfluss, da die meisten Gesetzesinitiativen und insbesondere auch der Haushalt hier zuerst behandelt werden. Ungewöhnlich ist die Rolle der Ausschüsse: So werden in den

Ausschüssen (Abgeordnetenhaus 14, Senat 11) Gesetze nicht nur beraten, sondern auch verabschiedet, soweit sie nicht Verfassung, Wahlrecht und/oder Haushalt betreffen. Gesetzentwürfe können zwar an das Plenum zurückverwiesen werden, wenn die Regierung, 1/10 der Abgeordneten oder 1/5 der Mitglieder des Ausschusses es verlangen. Da dies in der Regel aber nicht geschieht, werden etwa 80% der Gesetze in den Ausschüssen verabschiedet.

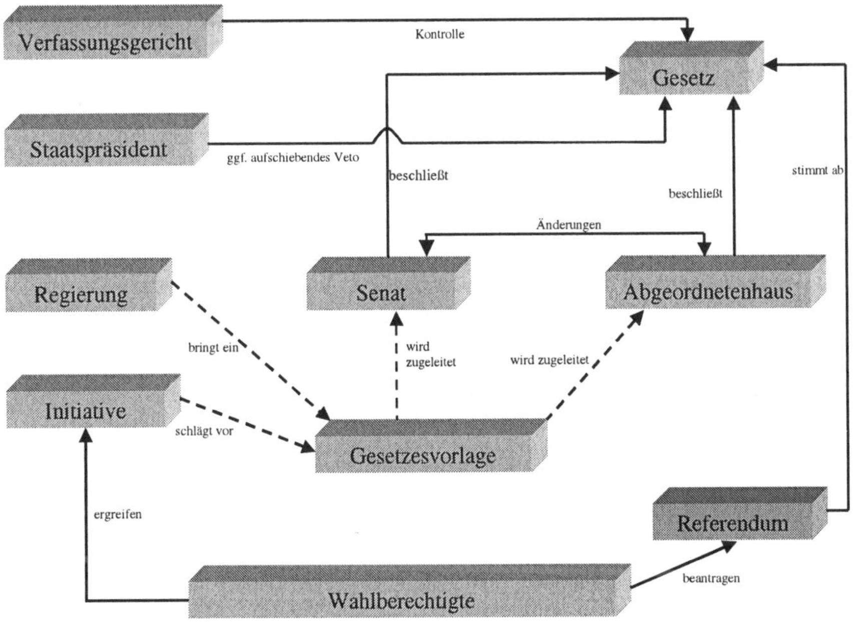

Schaubild 12: Gesetzesinitiativen und Gesetzgebungsprozess in Italien

Elemente direkter Demokratie

Darüber hinaus kennt das italienische Regierungssystem Elemente direkter Demokratie. Die vom Parlament erlassenen Gesetze können mit Ausnahme des Budgets, internationaler Verträge und Amnestiegesetze auf Verlangen von mindestens 500.000 Wahlberechtigten oder fünf Regionalräten einem Referendum unterworfen werden. Vom Parlament verabschiedete Gesetze können so annulliert werden, wenn mindestens die Hälfte der Wahlberechtigten an dem Referendum teilnimmt und eine Mehrheit das Gesetz verwirft. Als weiteres plebiszitäres Element existiert ein Initiativrecht, wonach 50.000 Bürgerinnen und Bürger dem Parlament einen Gesetzesvorschlag unterbreiten können. Beide Instrumente stellen ein potentiell wirksames Element der Beschränkung parlamentarischer Souveränität dar, das zum Beispiel auch beim Zustandekommen des neuen Wahlrechts genutzt wurde (Initiative von Mario Segni).

Zwang zur Koalitionsbildung

Anders als in Großbritannien erfolgte in Italien die Akkomodierung von Konflikten durch Kompromisse innerhalb aus mehreren Parteien bestehenden Koalitionen. Seit Ende der ersten Legislaturperiode nach den 2. Weltkrieg konnte keine Partei – nicht zuletzt aufgrund der Wirkungen des Verhältniswahlrechts ohne Sperrklausel – die absolute Mehrheit gewinnen. Die hohe Zahl von mehr als 50 Regierungen seit 1948 (durchschnittliche Amtszeit weniger als ein Jahr) täuscht dabei allerdings über eine erstaunliche parteipolitische und personelle Kontinuität hinweg. So war etwa die christdemokratische Partei (DC) an allen Regierungen seit 1948 beteiligt, wobei es immer darum ging, die in Italien traditionell starke Kommunistische Partei von der Regierung auszuschließen (Verhinderung des „Historischen Kompromisses"). Auch wurden ehemalige Ministerpräsidenten immer wieder neu in dieses Amt berufen. Nur in den 70er Jahren gelang aufgrund der angespannten innenpolitischen Situation (Rote Brigaden) eine Tolerierung einer christdemokratischen Minderheitsregierung durch die Kommunisten. Angesichts der häufigen Regierungswechsel und der Vielparteienkoalitionen erwiesen sich jedoch als die eigentlichen Machtzentren nicht der Ministerpräsident oder die Regierung insgesamt, sondern die Parteizentralen, was in der Literatur als „partitocrazia" (Parteienherrschaft) oder noch präziser als „correntocrazia" (Herrschaft der Parteiströmungen („correnti")) beschrieben wird. So wurden Regierungsposten u.a. mittels eines ausgeklügelten Punktesystems für die Strömungen der jeweils an der Regierung beteiligten Parteien vergeben.

Stellung des Ministerpräsidenten

Da die Entscheidung über Berufung und Abberufung der Minister bei den Parteien lag, hatte der Ministerpräsident eine schwache Stellung. So fehlte ihm praktisch die Möglichkeit, die ihm angesonnene Richtlinienkompetenz als Leiter der Regierung auch umzusetzen. Hinzu kam die schwach ausgeprägte Koalitions- und Fraktionsdisziplin, was immer wieder zu Abstimmungsniederlagen der Regierung im Parlament führte. Da beide Kammern das Recht zum Sturz der Regierung besitzen, ist diese zudem auf das Vertrauen der Mehrheit von Senat wie Abgeordnetenhaus angewiesen, was in den Staaten der EU einmalig ist. So ist auch der Sturz von Regierungen mittels parlamentarischer Misstrauensvoten mit rund 25% in Italien ungewöhnlich hoch, ebenso Rücktritte infolge des Zerfalls einer Koalition.

Stellung des Staatspräsidenten

Hieraus ergibt sich auch zum Teil die für ein parlamentarisches Regierungssystem vergleichsweise starke Stellung des Staatspräsidenten, der gemeinsam von den Abgeordneten, den Senatoren sowie von 58 Vertretern der Regionen für sieben Jahre gewählt wird. Der Präsident beauftragt einen Politiker seiner Wahl mit der Regierungsbildung, er ernennt den Ministerpräsidenten und auf dessen Vorschlag die Minister. Erst nach seiner Ernennung muss er sich einer Vertrauensabstimmung in beiden Häusern des Parlaments stellen. Diese Verfahrensweise unterscheidet sich von der des deutschen Grundgesetzes: dort wählt der Bundestag und danach ernennt der Präsident, wozu er im Falle der absoluten Mehrheit (Kanzlermehrheit) verpflichtet ist. Außerdem kann der italienische Staatspräsident mit Zustimmung des Ministerpräsidenten das Parlament auflösen. Den sich daraus ergebenden Ermessensspielraum nutzten Präsidenten immer wieder, indem sie eine zu rasche Parlamentsauflösung zu verhindern suchten oder Rücktrittsgesuche der Regierung ablehnten. Bei der Suche nach einem Ministerpräsidenten können sie in informalen und formalen Gesprächsrunden ebenfalls Einfluss ausüben. Letztlich haben aber diese Möglichkeiten dennoch nicht zu höherer Regierungsstabilität geführt. Vor der Verkündung beschlossener Gesetze kann der Präsident in einer Botschaft an die Kammern eine erneute Beratung fordern, was ein suspensives Vetorecht bedeutet. Bei einem erneuten Beschluss muss er das Gesetz aber unterzeichnen.

Spätestens seit Ende der 80er Jahre befindet sich das politische System Italiens im Umbruch. Mit dem Zusammenbruch der kommunistischen Herrschaft in Osteuropa verfielen auch die Grundlagen der antikommunistischen Ideologie, mit der insbesondere die Christdemokraten immer ihren Machtanspruch begründeten. Die chronische Ineffizienz der staatlichen Industrie, die Umverteilungspolitik zugunsten des Südens unter dem Einfluss der Mafia, die Finanzierung von Politikern und Parteien durch die Wirtschaft („tangentopoli") und die kaum verfolgte Steuerhinterziehung wurden zunehmend kritisiert und nicht mehr toleriert. Ausdruck des politischen Umbruchs war die Auflösung der alten Parteien (insbesondere der Christdemokraten) und der Bedeutungszuwachs von Linksbündnissen unter Einschluss der früheren Kommunistischen Partei (jetzt Demokratische Linkspartei (PDS)) sowie der Neo- oder Postfaschisten (Alleanza Nationale) und der Ligen, wobei letztere für eine Aufteilung der italienischen Republik in separate Staatsgebilde eintraten. Begonnen wurde die Wahlreform auf kommunaler Ebene, wo 1992 die Direktwahl der Bürgermeister (mit eventueller Stichwahl) eingeführt wurde. Damit verbunden ist die Hoffnung auf eine stabile Regierungsmehrheit, ohne dass wie in Großbritannien kleinere Parteien von der Repräsentation im Parlament ausgeschlossen werden sollen. Dafür soll der nach Proportionalsystem gewählte Anteil von 25% in der Abgeordnetenkammer sorgen. Gleichzeitig soll mit der Sperrklausel von 4% der Zersplitterung des Parteiensystems entgegengewirkt werden.

Umbruchsituation des Parteiensystems

Nachdem sich dies schon in den vorangegangenen Kommunalwahlen andeutete, wurden bei den Wahlen im März 1994 mit dem neuen Wahlrecht die alten Parteien mit Ausnahme des linken und rechten Flügels zur politischen Bedeutungslosigkeit verurteilt. Ein Parteiblock aus Lega Nord, Nationaler Allianz (Post-Faschisten) und Forza Italia, einer vom Unternehmer Silvio Berlusconi neugegründeten Partei, hat u.a. aufgrund der Wirkungen des Mehrheitswahlrechts in Einerwahlkreisen eine absolute Mehrheit im Abgeordnetenhaus errungen. Im Senat hat es dazu nicht ganz gereicht. Die davon zunächst erhoffte politische Stabilität hat sich aber als brüchig erwiesen, weil dem Parteibündnis die innere Stabilität und der organisatorische Unterbau fehlten. So vertraten die Postfaschisten eine zentralistische Politik, während die Lega zeitweise einen autonomen norditalienischen Staat forderte. Aufgrund der Aufkündigung der Koalition durch die Lega Nord und ihren Führer Umberto Bossi war die Koalition unter Führung von Berlusconi nach kurzer Regierungszeit (6 Monate) politisch am Ende. Damit hatte das Mehrheitswahlrecht zwar die theoretisch erwartete Wirkung gezeigt (Bildung von Wahlbündnissen), aber es war angesichts fehlender stabiler und hinreichend homogener politischer Lager nicht in der Lage, von sich aus eine stabile parlamentarische Regierungsweise zu erzeugen. Man könnte überspitzt formulieren, dass das Wahlrecht dort zu Stabilität beiträgt, wo sie aus anderen Gründen gegeben ist.

Wirkung des neuen Wahlrechts: politische Blockbildung

Nach einer Übergangsregierung durch den Wirtschafts- und Finanzfachmann Dini ging aus den Neuwahlen von 1996 die Mitte-Links-Koalition, die sich im Zeichen des Ölbaums (Ulivio) zusammengeschlossen hatte, als knappe Siegerin hervor. Der Umstand, dass man ein so wenig politisch aussagekräftiges Symbol zur Bezeichnung des Wahlbündnisses ausgesucht hatte, spricht nicht unbedingt für die politische Homogenität und zu erwartende Stabilität dieses elektoralen

Mitte-Links-Regierung

Zweckbündnisses. Als Ministerpräsident war der ehemalige linke Christdemokrat (und spätere Präsident der EU-Kommission) Prodi ins Rennen gegangen. Es gelang, mit ihm genügend Wähler in der Mitte anzuziehen und so das Mitte-Rechts-Bündnis (Freiheitspol (Pollo di Liberta)) zu schwächen. Die Hoffnung auf politische Stabilität der Regierung, um dadurch die zahlreichen politischen Probleme Italiens lösen zu können, erfüllte sich nicht, wiewohl es bis zum Jahre 2001 keine Neuwahlen gab, m.a.W. eine volle Legislaturperiode absolviert wurde. Der Grund für die fehlende Exekutivstabilität lag in den internen Konflikten dieses Lagers. Die ehemalige kommunistische Partei hatte sich schon zu Beginn der 90er Jahre in eine sozialdemokratische Partei (zunächst PDS (Partito Democratico della Sinistra) und später DS (Democratici della Sinistra)) und eine eher orthodox kommunistische Partei (PDR (Partito della Rifondazione Communista) gespalten. Die PDS bzw. DS stellte die größte Partei des Wahlbündnisses Ulivio. Ihr Problem war damit ein nicht der größten Partei angehöriger Ministerpräsident und so betrieb der Vorsitzende der PDS Massimo D´Alema eine Politik, die auf Übernahme des Amtes des Ministerpräsidenten durch die relativ stärkste Fraktion des Palaments hinauslief, was 1998 auch stattfand. Hinzu kam, dass das Bündnis aufgrund knapper bzw. fehlender Mehrheiten auf die parlamentarische Unterstützung der PDR, also der Kommunisten, angewiesen war. Trotz der wiederholten Regierungskrisen fällt die politische Bilanz dieser Linksregierung, die nach 50 Jahren Ausschluss der italienischen Linken von der Regierungsgewalt diese Epoche beendete, so schlecht nicht aus. Zwar wurden zahlreiche Reformprojekte im sozialpolitischen Bereich nicht vorangebracht, aber immerhin gelang es dieser Regierung, die Maastricht-Kriterien für den Beitritt zur Europäischen Wirtschafts- und Währungsunion zu erfüllen. Außerdem wurde in ihrer Regierungszeit eine so genannte Bicamerale eingerichtet, eine Verfassungskommission beider Häuser des Parlaments, die Reformvorschläge für das italienische Regierungssystem ausarbeiten sollte. Zwar wurden weitreichende Ziele, wie die Umwandlung des parlamentarischen in ein semi-präsidentielles oder gar präsidentielles System, nicht realisiert. Auch die erneute Reform des Wahlrechts in ein reines Mehrheitswahlrecht mit dem Ziel der weiteren Reduktion der Zahl der noch immer zahlreichen italienische Parteien, wie von vielen zur Stärkung der Bipolarität im Parteiensystem gefordert, wartet noch auf ihre Realisierung. Aber im Bereich der Dezentralisierung bzw. Regionalisierung/Föderalisierung des italienischen Staates wurden vermutlich irreversible Entwicklungen eingeleitet.

Mitte-Rechts-Regierung

Die neuesten politischen Entwicklungen scheinen diese Reformdiskussionen weiter voranzutreiben. Im Frühjahr 2001 hat die Mitte-Rechts-Koalition unter Führung des Medienunternehmers und Gründers der Forza Italia, Silvio Berlusconi, einen für italienische Verhältnisse erdrutschartigen Wahlsieg eingefahren. Damit ist zum ersten Mal so etwas eingetreten, was am Beispiel anderer Regierungssysteme als alternierende Parteiregierung bezeichnet wird. Gemeint ist dabei der relativ häufige Wechsel von Parteien bzw. Parteikoalitionen in der Ausübung der Regierungsgewalt. Der überzeugende Wahlsieg gibt dem Ministerpräsidenten Berlusconi die Chance, das italienische System im Sinne seiner Interessen umzugestalten. Dazu gehören ein verstärkter Rückzug des Staates aus Wirtschaft und Gesellschaft, aber auch eine größere Dezentralisierung der politischen Macht bei gleichzeiter Stärkung der Exekutive (Präsidentialismus). Der politische Sprengstoff in seinem Bündnis ist dabei geringer geworden. Zum einen will sich das Lager nicht wie 1994 wieder so schnell aus dem Amt kapitulieren, zum anderen kann sich Umberto Bossi als Führer der Lega nicht mehr leisten, die Koalitionsfrage zu stellen: es wäre vermutlich das Ende seiner politischen Karriere und der Lega als Partei. Schon jetzt gelang es ihr nur durch Wahlhilfe der Forza Italia (Überlassung von Direktmandaten) ins Parlament einzuziehen. Sie kam landesweit nur auf 3,9% der Stimmen und wäre so an der 4%-Hürde gescheitert. Obwohl es unmöglich ist, auf der Grundlage singulärer Ereignisse einen Trend vorherzusagen, mehren sich die Anzeichen, dass die italienische Politik in Zukunft stärker durch die Bipolarität zweier Lager mit der strukturellen Chance beider Lager die Regierungsgewalt zu erlangen, gekennzeichnet sein wird. Insofern könnte die Einführung des Mehrheitswahlrechts und damit des Zwangs für die Parteien, sich vor der Wahl zusammenzuschließen, um Wahlkreise zu gewinnen, letztlich doch für eine Stabilisierung der Exekutive gesorgt haben. Es wäre auch ein Schritt in Richtung des britischen Regierungssystems.

Fazit

Konfliktregulierung im Vergleich

Trotz des neuen Wahlrechts und der sich daraus abzeichnenden Wirkungen existiert in Italien im Gegensatz zu Großbritannien bis heute ein unterschiedlicher Modus der politischen Regulierung gesellschaftlicher Konflikte:

– Großbritannien

- Im britischen Regierungssystem werden gesellschaftliche Konflikte zugunsten der Interessen entschieden, die über die Parteienkonkurrenz in Wahlen eine regierungsfähige Mehrheit erringen können. Diese Mehrheit ist in der Nutzung der Regierungsmacht zur Durchsetzung ihrer Interessen kaum eingeschränkt.

– Italien

- Das italienische System bietet dagegen bis heute nur bescheidene Ansätze zu einer Regulierung von Konflikten über Parteienkonkurrenz und Wahlen. Es verlagert diese Konflikte vielmehr in die (vor-) parlamentarische Koalitionsformation und begünstigt damit eine Regulierung von Konflikten durch das politische Aushandeln von Kompromissen zwischen unterschiedlichen Interessen. Allerdings haben – wie oben ausgeführt – die Wahlen im Frühjahr 2001 eine klare Mehrheit für den Mitte-Rechts-Block erbracht und damit zumindest in Ansätzen eine Tendenz zur Bipolarität des Parteiensystems signalisiert.

Das italienische Regierungssystem stellt also bis heute gegenüber dem britischen eine alternative Konzeption von parlamentarischer Regierungsweise dar. Die Verfassung und die politische Struktur im weiteren Sinne sind auf Beschränkung von Macht und einen Zwang zur Kompromissbildung angelegt, während das britische Regierungssystem die Macht bei einer durch Wahlen legitimierten Mehrheit konzentriert. Im britischen Regierungssystem erfolgt die politische Austragung gesellschaftlicher Konflikte über die Parteienkonkurrenz, in Italien dagegen durch ein Aushandeln von Parteibündnissen vor den Wahlen und politischer Kompromissfindung. Allerdings zeigt sich dabei inzwischen eine Tendenz zur Bipolarität (Links-Rechts).

Das Regierungssystem Deutschlands zum Vergleich

Deutschland

Auch das parlamentarische Regierungssystem Deutschlands weicht in wichtigen Punkten vom britischen Modell ab:

– Parlaments-souveränität

– Wie in Italien, ist auch in der Bundesrepublik die Parlamentssouveränität durch die Verfassung und eine verfassungsgerichtliche Normenkontrolle der Gesetzgebung erheblich eingeschränkt. Im Unterschied zu Italien ist aber das Parlament allein für Verfassungsänderungen zuständig (notwendige 2/3 Mehrheit), wobei Teile der Verfassung überhaupt nicht verändert werden dürfen.

– Parlamentsstruktur

– Die Parlamentsstruktur der Bundesrepublik Deutschland ist noch stärker gewaltenteilig und machtbeschränkend angelegt, weil die zweite Kammer (der Bundesrat als Vertretung der Länder) eine andere Legitimationsbasis hat als die erste (der Bundestag). Im Bundesrat werden die Länder durch die Regierungen und nicht durch gewählte Abgeordnete vertreten.

– Föderalistische Struktur

– Ein weiteres starkes Element der Gewaltenteilung ist die föderalistische Struktur der Bundesrepublik. Im Gegensatz zu Großbritannien (mit seiner zentralistischen Struktur trotz Teilautonomie der Landesteile) und Italien, das trotz regionaler Parlamente und Regierungen ebenfalls noch ein relativ zentralistisches Regierungssystem aufweist, teilen sich in der Bundesrepublik Bund und Länder die Ausübung der Staatsgewalt.

– Wahlsystem

– Das Wahlsystem der Bundesrepublik wirkt zwar stärker machtbeschränkend als das britische, aber auch stärker machtkonzentrierend als das bisherige italienische. Für die Wahl zum Bundestag haben die Wählerinnen und Wähler seit 1956 zwei Stimmen: eine für den Direktkandidaten im Wahlkreis, eine für die von der Partei aufgestellte Landesliste. Entscheidend für die Verteilung der Parlamentsitze ist jedoch die Zweitstimme für die Liste, da die Direktmandate bei der Sitzverteilung angerechnet werden. Bei der Verteilung der Mandate finden nur Parteien Berücksichtigung, die mindestens 5% der Stimmen oder drei Direktmandate erhalten. Eine noch Ende der 60er Jahre diskutierte Umstellung zugunsten des Mehrheitswahlrechts findet zur Zeit deutlich weniger Unterstützung und Resonanz.

Parlamentarismus in Italien und Deutschland

In der Bundesrepublik gehen Gesetze in der Regel ebenfalls auf Entwürfe der Regierung zurück (1949-87 zu fast 78%), auch wenn das Parlament die Möglichkeit zur Gesetzesinitiative besitzt. Die vom Kabinett beschlossenen Vorlagen werden zunächst im Bundesrat behandelt, bevor sie im Bundestag und in einem oder mehreren Ausschüssen diskutiert werden. Am Ende steht der Beschluss von Bundestag und Bundesrat. Falls – etwa aufgrund unterschiedlicher Mehrheitsverhältnisse – keine Einigung erfolgt und die Vorlage der Zustimmung des Bundesrates bedarf, tritt ein Vermittlungsausschuss zusammen. Anders als in Großbritannien finden die entscheidenden Beratungen vor allem in den Ausschüssen statt, die nach Fraktionsstärke besetzt werden. Eine große Bedeutung kommt auch den Verbänden zu, die u.a. über Anfragen der Ministerien und Anhörungen der Ausschüsse in das Gesetzgebungsverfahren einbezogen werden. Gesetze unterliegen der Normenkontrolle durch das Bundesverfassungsgericht, soweit Bundesregierung, eine Landesregierung oder ein Drittel der Mitglieder des Bundestages diese beantragen. Einzelpersonen können Verfassungsbeschwerde erheben, wenn sie persönlich Betroffene sind.

„Konstruktives Misstrauensvotum"

Der Bundestag verfügt über das Recht, die Regierung zu stürzen, wobei als Besonderheit („konstruktives Misstrauensvotum") ein neuer Bundeskanzler gewählt werden muss. Nach dem gescheiterten Misstrauensvotum 1972 gelang dies in der Bundesrepublik erst einmal, als Helmut Kohl im Oktober 1982 – infolge der „Wende" der FDP – Helmut Schmidt ablöste. Zu den alltäglichen parlamentarischen Kontrollmöglichkeiten zählen mündliche und schriftliche Anfragen sowie die auf Antrag einer Fraktion zu gewährende Aktuelle Stunde. Auf Antrag von mindestens einem Viertel der Mitglieder des Parlaments kann zudem zur Überprüfung besonders strittiger Fragen ein Untersuchungsausschuss eingesetzt werden.

Bundesregierung

Die Regierung umfasst neben dem Bundeskanzler etwa 16-20 Minister, die überwiegend Abgeordnete sind. Obwohl der Kanzler die Richtlinienkompetenz besitzt, ist er bei der Auswahl der Minister von den Vorstellungen der Regierungsparteien, insbesondere der kleineren Koalitionspartei(en), abhängig. Innerhalb dieses Rahmens sind die Minister für ihr Ressort verantwortlich.

Bundespräsident

Eine überwiegend repräsentative Rolle kommt dem Bundespräsidenten zu. Er wird für jeweils fünf Jahre von einer ausschließlich zu diesem Zweck zusammentretenden Bundesversammlung aus Abgeordneten des Bundestages und von den Landtagen entsandten Vertretern gewählt. Die Ernennung bzw. Entlassung von Kanzler und Ministern durch den Bundespräsidenten stellt – anders als etwa in Italien – einen rein formalen Akt dar.

Verfassungsreform nach der Vereinigung

Seit dem Beitritt der ehemaligen DDR zum Geltungsbereich des Grundgesetzes zum 3.10.1990 besteht die Bundesrepublik als gesamtdeutscher parlamentarischer Bundesstaat. Hoffnungen auf weitergehende Reformen, auch der Verfassung, erfüllten sich nicht. Die von der Regierung eingesetzte Verfassungskommission empfahl lediglich einige ergänzende Staatszielbestimmungen zur Gleichberechtigung von Frauen und Männern, zum Schutz der natürlichen Lebensgrundlagen und von Minderheiten, einen neuen Europa-Artikel sowie geringfügige Konkretisierungen.

Fazit

Obwohl das parlamentarische Regierungssystem der Bundesrepublik Deutschland wie das italienische vom britischen Modellfall abweicht, gibt es doch einen wichtigen Unterschied. Das deutsche Regierungssystem enthält zwar auch wesentliche Elemente institutioneller Machtbeschränkung und Konsenszwänge, gleichzeitig aber enthält es institutionelle Elemente von Machtkonzentration. Das Verhältniswahlrecht mit Sperrklausel, das konstruktive Misstrauensvotum und die besondere Stellung des Bundeskanzlers sind vor dem Hintergrund der Weimarer Erfahrungen in das Verfassungssystem der Bundesrepublik Deutschland eingeführt worden, um ein zur Herstellung der Handlungsfähigkeit der Regierung notwendiges Maß an Machtkonzentration zu schaffen.

Das Regierungssystem Japans

Späte Demokratisierung (Meiji-Verfassung)

In Japan – ähnlich wie in Deutschland – begann der Demokratisierungsprozess erst im 19.Jh., und wie in Deutschland gelang es auch hier bis 1945 nicht, eine stabile Demokratie zu errichten. 1868 wurden nach über 250 Jahren feudalistischer Ordnung und zentralistischer Regierung durch den Shogun (Oberster Feldherr) die Kaiserherrschaft wiederhergestellt (Meiji-Restauration) und die Modernisierung des Staates eingeleitet. Teil dieser Modernisierung war der Erlass einer Verfassung, die 1889 von der Krone dem Volk „geschenkt" wurde und bis 1945 rechtskräftig war. An der Spitze des Staates stand gemäß der Verfassung der Kaiser als Souverän. Er ernannte einen Geheimen Staatsrat, den Premierminister und sein Kabinett; all diese Organe waren alleine dem Kaiser verantwortlich. Während der Geheime Staatsrat als persönliches Beratergremium des Kaisers äußerst einflussreich war, wurde die Macht des Premierministers und des Kabinetts durch das Oberhaus, welches durch wiederholtes Veto den Premier zum Rücktritt zwingen konnte, stark eingeschränkt. Das unauflösbare Oberhaus war aber kein demokratisch gewähltes Organ, sondern bestand aus dem Adel und einigen vom Kaiser ernannten Mitgliedern. Dem Premier gegenüber eine außerordentlich starke Position besaßen überdies der Armee- und der Marineminister; da sie immer aktive Offiziere sein mussten, konnten Armee und Marine die Regierung auflösen, indem sie ihre Repräsentanten zurückzogen oder sie nicht freigaben. Bedeutend war schließlich auch ein außerhalb der Verfassung stehender Ältestenrat, der Genro, dessen Mitglieder den traditionellen adligen Familienklans angehörten.

Politische Entwicklung bis 1945

Eine gewisse demokratische Kontrolle der Regierung beschränkte sich auf das Unterhaus, das durch eine nach Zensus eingeschränkt wahlberechtigte Bevölkerung gewählt wurde. Diese zweite Kammer des Reichstags war eher ein Kritik- und Diskussionsforum, konnte aber Gesetzesvorlagen ablehnen und dem Staatshaushalt die Zustimmung versagen. Das Budgetrecht war allerdings stark reduziert, da im Falle der Ablehnung automatisch das Budget in der Höhe des Vorjahreshaushalts angenommen wurde. Die Meiji-Verfassung ließ Raum für sehr unterschiedliche Entwicklungen: Der Adel, der die Modernisierung eingeleitet hatte und seine Einflussmöglichkeiten mit der Verfassung sichern wollte, konnte tatsächlich zunächst über den Geheimen Staatsrat, den Genro und das Oberhaus den Kaiser nach seinen Vorstellungen beeinflussen. Das führte dazu, dass nach 1889 die Premierminister zunächst aus den Reihen der alten Klans ausgewählt wurden und das Kabinett zum größten Teil aus Mitgliedern des Oberhauses bestand. Als Mitte der 1890er Jahre die Proteste der politischen Parteien zunahmen und sie im Unterhaus wiederholt vom Budgetrecht Gebrauch machten, die Zustimmung zu Gesetzen verweigerten und öffentliche Diskussionen anregten, wurden sie 1895 an der Regierung beteiligt. Dieser Trend zur Parlamentarisierung hielt bis 1931 an und wurde kontinuierlich verstärkt. Da aber die Parteien in sich heterogen waren und verschiedene Gruppen vertraten (Beamte, Industrie, Landwirtschaft), die ihre Loyalitäten zwischen den Parteien und zwischen innerparteilichen Gruppierungen (Faktionen) ständig wechselten, waren die Kabinette oft nur von kurzem Bestand. Als 1925 das allgemeine Wahlrecht eingeführt wurde, konnten sich die Parteien aufgrund ihrer engen Verbindung zur Industrie und zur Beamtenschaft außerdem nicht als Sprecher der neuen Wählerschichten anbieten. Als die Rezession in den Jahren nach 1920 soziale Unruhen hervorrief und das Militär zunehmende Expansionsbestrebungen zeigte, konnten sich die liberalen Strömungen nicht behaupten; große Teile der Bevölkerung und des Militärs wandten sich dem Rechtsradikalismus zu. Die Heterogenität der Parteien und ihre mangelnde Integrationsfähigkeit, gekoppelt mit geringen Einflussmöglichkeiten des Parlaments bei gleichzeitig starker verfassungsrechtlicher Stellung des Militärs und einem niemandem als dem Kaiser verantwortlichen Beraterstab, führten schließlich dazu, dass das Militär nach 1931 seine Einflussmöglichkeiten nutzte und die Macht übernahm. Von 1889 bis 1945 bestimmten also drei verschiedene Eliten, Adel, Parteien und Militär, die Politik Japans, ohne dass die Verfassung in diesem Zeitraum geändert wurde oder dass die an die Macht drängende Elite durch einen Putsch oder Staatsstreich explizit gegen Verfassungsgrundsätze verstoßen hätte. Dieser Tatbestand dokumentiert die geringe demokratische Substanz dieser Verfassung. Erst 1947 wurde in Japan eine neue Verfassung erlassen und konnte – ebenso wie in Deutschland – unter massiver Einflussnahme der Vereinigten Staaten (als Besatzungsmacht) ein demokratisches Regierungssystem errichtet werden.

Parlamentarismus in Japan

Der japanische Parlamentarismus weicht, gleich dem bundesrepublikanischen und dem italienischen, in Fragen der Parlamentssouveränität, der Gewaltenteilung und bezüglich des Charakters und der Rolle der Parteienkonkurrenz von Großbritannien ab. Eine besondere Rolle spielen außerdem die interne Spaltung der Parteien und die Bürokratisierung der Politik.

Im Einzelnen bestehen Abweichungen in den folgenden Punkten:

Verfassungsbindung und Verfassungsänderung

- Wie in Deutschland und Italien ist auch das japanische Parlament bei der Gesetzgebung an die besonders geschützten Verfassungsnormen gebunden. Im Gegensatz zu diesen beiden Ländern ist allerdings eine Beschränkung der Parlamentssouveränität durch ein Verfassungsgericht in Japan kaum vorhanden. Nominell entscheidet zwar der Oberste Gerichtshof über die Verfassungsmäßigkeit eines Gesetzes, da er darin jedoch einen Verstoß gegenüber der Unabhängigkeit der Judikative von den anderen beiden Gewalten sieht, hat er es bisher vermieden, politische Entscheidungen außer Kraft zu setzen. Eine Beschränkung der Parlamentssouveränität bedeutet das Element direkter Demokratie bei Verfassungsänderungen. Soll die japanische Verfassung modifiziert werden, müssen im Parlament zunächst eine Zwei-Drittel-Mehrheit erreicht und anschließend durch ein Referendum grundsätzlich die Zustimmung durch die Mehrheit der Wähler eingeholt werden.

Zweikammersystem

- Das gewaltenteilige Element eines Zweikammersystems ist auch in der japanischen Parlamentsstruktur vorhanden. Die 511 (bei künftigen Wahlen 500) Mitglieder des Unterhauses werden für vier Jahre gewählt; das Oberhaus besteht aus 252 Abgeordneten, von denen die Hälfte alle drei Jahre für sechs Jahre gewählt wird (100 Mitglieder in Nationalwahlen nach dem Verhältniswahlrecht und 152 in Präfekturwahlen nach Mehrheitswahlrecht mit Mehrpersonenwahlkreisen). Gewaltenteilig wirken hierbei vor allem die unterschiedlichen Wahlperioden der beiden Häuser, was die Möglichkeit in sich birgt, dass der Premierminister, obwohl er zunächst aus der Parlamentsmehrheit hervorgegangen ist, nach einer Veränderung der parteipolitischen Zusammensetzung durch die Oberhauswahlen nicht mehr die Parlamentsmehrheit hinter sich hat. Wie in Italien differieren aber auch in Japan die Zusammensetzungen der beiden Kammern kaum, was den gewaltenteiligen Effekt des Zeikammersystems ebenso wie dort de facto schwächt. Zudem nimmt das Oberhaus nicht gleichberechtigt an Gesetzgebungsprozessen und der Kontrolle des Parlaments teil: die Entscheidung des Unterhauses gilt als Beschluss des ganzen Parlaments, wenn bei der Wahl des Ministerpräsidenten, bei Budgetberatungen oder zwischenstaatlichen Verträgen die beiden Kammern keine Einigung erzielen. Ähnlich wird die Einflussmöglichkeit des Oberhauses im Gesetzgebungsprozess eingeschränkt, da es vom Unterhaus mit einer Zwei-Drittel Mehrheit überstimmt werden kann. Das japanische Zweikammersystem weist also Komponenten von Gewaltenteilung und Machtbeschränkung auf, die aber verglichen mit dem italienischen und dem deutschen Modell verhältnismäßig schwach sind. In der Bundesrepublik verstärkt die unterschiedliche Legitimationsbasis der beiden Kammern das Prinzip der Gewaltenteilung, in Italien wird dies – schon schwächer als in Deutschland – durch die völlige Gleichberechtigung der beiden Kammern bei unterschiedlichen Repräsentationsprinzipien und Wahlperioden erreicht, in Japan schließlich hat das Oberhaus auf der gleichen Legitimationsbasis wie das Unterhaus Befugnisse, die in der Regel nur aufschiebende und hemmende Konsequenzen haben.

Stellung des Premierministers –

Um die Handlungsfähigkeit der Regierung im Falle eines sehr heterogenen Parlamentes zu gewährleisten, hat der Ministerpräsident die Befugnis, das Unterhaus aufzulösen. Damit kann er dieses sowohl zur Unterstützung seiner Politik zwingen als auch seine Position stärken, indem er sich durch Neuwahlen von der Bevölkerung bestätigen lässt. Aufgrund der internen Zersplitterung der parlamentarischen Mehrheit haben die Ministerpräsidenten bisher fast alle von diesem Recht Gebrauch gemacht. Mit der Auflösung des Unterhauses kann er außerdem einem Misstrauensvotum, dem der Rücktritt des gesamten Kabinetts folgen würde, vorgreifen.

Rolle der Bürokratie –

Einen hohen Status und außerordentlich großen Stellenwert hat in Japan die Bürokratie. Die Ministerien, denen in der Regel Minister vorstehen, die nicht unter dem Aspekt der Fachkompetenz, sondern dem der Repräsentation verschiedener Faktionen ausgewählt wurden und in sehr kurzen Amtszeiten kaum beständige Regierungsgeschäfte führen können, sind auf die kontinuierliche Arbeit der Bürokratie angewiesen. Da ein großer Teil der Parlamentarier selbst aus der Verwaltung kommt, woher meistens noch Kontakte zu Verbänden und zur Industrie (in der oftmals ebenfalls ehemalige Beamte sitzen), aber auch zu den Beamten in den verschiedenen Ausschüssen der Ministerien existieren, bestehen enge Verflechtungen zwischen Parlamentariern, Ministerialbürokratie, Verbänden und Wirtschaft. Angesicht der häufigen Änderungen des Kabinetts in einer instabilen und fragmentierten Regierung garantiert die Bürokratie in Japan eine gewisse Kontinuität in der Politik, ist aber nicht zuletzt wegen ihrer Fachkompetenz und ihrer Beziehungen zu Wirtschaft und Verbänden außerordentlich einflussreich. Problematisch gestaltet sich dabei vor allem die fehlende demokratische Legitimation einer so mächtigen Bürokratie.

Dominante Regierungspartei

– Das japanische Parteiensystem zeichnete sich bis 1993 vor allem durch deutliche Mehrheiten der Liberaldemokratischen Partei (LDP) aus, die seit ihrer Gründung 1955 fast durchgehend die Regierungsmacht innehatte. Der Regierungspartei stand eine stark zersplitterte und relativ schwache Opposition gegenüber. Erst im Juli 1993 wandten sich die japanischen Wähler von der Partei ab und neuen Reformparteien zu; die Regierung wurde deswegen durch eine Koalition aus Resten der LDP und Sozialisten gebildet. Allerdings zeigen die jüngsten Wahlen, dass es sich dabei nicht um eine dauerhafte Entwicklung handelte, da die LDP wiedererstarkt ist.

Bedeutung des Wahlrechts

Die Hegemonialstellung der LDP war in erster Linie eine Folge der Anpassungsfähigkeit der Partei an sozialstrukturelle Veränderungen, der Übernahme von Oppositionsforderungen sowie der schwachen Opposition insgesamt, die für den Wähler keine echte Alternative darstellte, sie wurde aber auch durch das Wahlsystem begünstigt. Prinzipiell ermöglicht zwar das Mehrheitswahlrecht in Wahlkreisen mit drei bis fünf Mandaten auch den Kandidaten kleiner Parteien den Einzug in das Parlament, davon machten die Wähler aber weniger Gebrauch als von der Möglichkeit, einem Kandidaten die Stimme zu entziehen und sie einem anderen Kandidaten der gleichen Partei, der ebenfalls in diesem Wahlkreis kandidierte, zu geben.

Mehrheitswahl in Mehrpersonenwahlkreisen

Das japanische Wahlsystem war bis 1994 ein Mehrheitswahlsystem mit unübertragbaren Einzelstimmen im Mehrpersonenwahlkreisen. Die 511 Abgeordneten für das Unterhaus wurden in 123 Wahlkreisen mit drei bis fünf (einmal sechs) Mandaten nach dem Mehrheitsprinzip gewählt. Wieviel Stimmen ein Kandidat auf sich vereinigen muss, um ein Mandat zu bekommen, hängt bei diesem System in erster Linie von den Ergebnissen der anderen Kandidaten ab. Stellt eine große Partei zu wenig Kandidaten auf, so besteht die Gefahr, dass auf einen Kandidaten unnötig viele Stimmen entfallen, die erstens einem weiteren Kandidaten der eigenen Partei ins Parlament verhelfen und zweitens gegnerischen Parteien Wahlerfolge mit geringer Stimmenzahl ermöglichen könnten. Stellt die Partei zu viele Kandidaten auf, so besteht dagegen die Gefahr, dass sich das Wählerpotential zersplittert und die Partei keinen ihrer Kandidaten ins Parlament entsenden kann. Für die japanischen Parteien gestaltete sich bisher also eine möglichst effektive Aufstellung der Kandidaten kompliziert. Dieses System ermöglicht aber, anders als bei Einer-Wahlkreisen, auch kleineren Parteien den Einzug ins Unterhaus. Ferner ist Politik durch dieses Wahlsystem an Personen gebunden, die damit dem Wähler eine gewisse Rechenschaft schuldig sind. Und schließlich kann ein Wähler die gleiche Partei auch weiterhin unterstützen, obwohl er einem Kandidaten die Stimme verweigert. Nicht zuletzt darauf ist es wohl auch zurückzuführen, dass eine Partei wie die Liberaldemokratische Partei (LDP) in Japan Bestechungs- und Spendenskandale über lange Jahre überstanden hat, ohne parlamentarische Mehrheiten nennenswert einzubüßen.

Innerparteiliche Fragmentierung

Das System hat aber auch die innerparteiliche Fragmentierung verstärkt. Die Praxis der Mehrheitswahl in Wahlkreisen mit mehreren Kandidaten forcierte in Japan eine innerparteiliche Fragmentierung, da die Faktionen ihren jeweiligen Kandidaten in Konkurrenz zu anderen Kandidaten der gleichen Partei in einem Wahlkreis durchzusetzen versuchten und einen eigenen Wahlkampf führten. Dies hatte instabile Regierungen und wechselnde Parlamentsmehrheiten zur Folge und damit das japanische Parlamentssystem destabilisiert. So haben bisher fast alle Premierminister Gebrauch von dem Recht zur Parlamentsauflösung gemacht, auch wenn im Parlament deutliche Mehrheitsverhältnisse zugunsten der eigenen Partei herrschten.

Instabile Regierungen

Trotz der beständigen Mehrheit einer einzigen Partei kann also infolge der internen Fragmentierung der politischen Parteien nicht von einem stabilen Regierungssystem die Rede sein, vielmehr weist das System erhebliche Zeichen von Instabilität auf. Die interne Spaltung der Parteien in homogene Gruppierungen (Faktionen) ist eine Besonderheit des japanischen Parteiensystems. Die einzelnen Faktionen differenzieren sich nicht nach programmatischen oder ideologischen Gesichtspunkten, sondern sind in erster Linie Machtcliquen, die nach Posten und Mandaten streben. Die Ursachen dafür liegen u.a. im traditionellen Gruppenverhalten, aber auch im Wahlsystem. Bei einer Regierungsbildung wurde denn auch eher Rücksicht genommen auf die Repräsentation der verschiedenen Faktionen als auf fachliche Kompetenz. Diese Faktionalisierung der Parteien wirkte also insgesamt im Parlament und in der Regierung desintegrierend und führte zu wechselnden Mehrheiten und instabilen Kabinetten (so lag die durchschnittliche Amtszeit der Minister bisher zwischen 10 und 16 Monaten).

Wahlrechtsreform

Die Wahlrechtsreform, die zu Beginn des Jahres 1994 vom Unterhaus endgültig angenommen wurde und auch das Oberhaus passiert hat, zielt auf eine Stärkung der innerparteilichen Integration und eine Stabilisierung des japanischen Regierungssystems. Sie sieht ein gemischtes Verhältnis- und Mehrheitswahlrecht für das Unterhaus vor. Künftig sollen von den auf 500 reduzierten Unterhausmandaten nur noch 300 Abgeordnete in Einer-Wahlkreisen direkt und 200 nach dem Verhältniswahlrecht mit einer 3%-Sperrklausel gewählt werden. Die Zweitstimme bezieht sich also nur auf die Verteilung der 200 Listenplätze, nicht auf einen Proporz aller 500 Abgeordneten.

Das neue Wahlrecht zielt auf eine eingeschränkte Machtkonzentration: das Mehrheitswahlrecht soll einerseits die Bildung deutlicher Majoritäten fördern, andererseits aber im Gegensatz zu Großbritannien durch die Verhältniswahl eine Repräsentation verschiedener Interessen im Parlament gewährleisten. Die Sperrklausel von 3% soll dafür sorgen, dass eine zu starke Zersplitterung des Parteiensystems vermieden wird.

Der erwartete Vorteil des neuen Wahrechts für starke Parteien, also in erster Linie für die LDP, ist inzwischen eingetreten. Es gelang dieser Partei trotz Wirtschaftskrise und Finanzskandalen, ihre inneren Konflikte zumindest einzudämmen und ihre führende Rolle im Parteiensystem wieder zu festigen. Dies vor allem deswegen, weil es den kleineren Oppositionspartien nicht gelang, die für einen Erfolg im Mehrheitswahlrecht notwendigen Parteibündnisse auf breiter Basis zu bilden. Nur wenn ein geschlossener Oppositionsblock entstanden wäre, hätte er eine Chance, die LDP als hegemoniale Regierungspartei abzulösen.

Parlamentarische Regierungssysteme im Vergleich

Betrachtet man die hier mehr oder weniger ausführlich diskutierten parlamentarischen Regierungssysteme im Vergleich, kann man unschwer feststellen, dass es in der Realität kein einheitliches Modell des Parlamentarismus gibt. Die Unterschiede zwischen den vier Regierungssystemen können als Ausprägungen unterschiedlicher Konzeptionen des parlamentarischen Systems interpretiert werden:

Unterschiedliche Formen des Parlamentarismus

- Der britische Parlamentarismus stellt auf die Autorität des Staates als Institution zur politischen Regulierung sozio-ökonomischer Konflikte ab. Er schafft deshalb eine Konzentration von Macht in den Händen einer über Parteienkonkurrenz und Wahlen legitimierten parlamentarischen Mehrheit. Dieses Prinzip der Mehrheitsregierung wird durch ein Wahlsystem unterstützt, das klare und eindeutige parlamentarische Mehrheiten begünstigt.

– Großbritannien

- Im Gegensatz dazu standen im italienischen Parlamentarismus die Beschränkung politischer Macht und die politische Regulierung gesellschaftlicher Konflikte über Kompromisse zwischen unterschiedlichen Interessen im Rahmen der parlamentarischen Koalitionsbildung im Vordergrund. Er limitiert die Autorität des Staates und macht sie abhängig von der Fähigkeit von Parteien und Parlament, durch das Aushandeln von Kompromissen eine ausreichende Mehrheitsbasis für eine Regierung zu schaffen. Das Verhältniswahlrecht hat diese Konzeption verstärkt, weil es angesichts der Zersplitterung des italienischen Parteiensystems keine eindeutigen Mehrheiten zuließ und die Mehrheitsbildung über Koalitionen mehrerer Parteien erzwang. Mit den aufgrund der zugespitzten politischen Krise ab 1991 eingeleiteten Reformen des Wahlrechts, insbesondere der Einführung der Mehrheitswahl, soll sich der italienische Parlamentarismus dem britischen Modell annähern. Anstelle der fragilen Vielparteienkoalitionen sollen Regierungen mit einer breiten und stabilen Mehrheit treten. Inwieweit das Wahlrecht auch zu einer Konzentration im Parteiensystem führen wird, ist derzeit noch eine offene Frage. Die Bildung heterogener Wahlblöcke aus primär wahltaktischen Gründen ohne hinreichende programmatische Geschlossenheit scheint dafür kaum geeignet.

– Italien

- Das parlamentarische Regierungssystem Deutschlands enthält auf der einen Seite wichtige Elemente von Gewaltenteilung und verhindert damit eine Machtkonzentration bei der parlamentarischen Mehrheit und der Zentralregierung. Auf der anderen Seite besitzt es gleichzeitig wichtige Elemente einer exekutiven Machtkonzentration, die die Handlungsfähigkeit der Regierung gewährleisten soll.

– Deutschland

- Das japanische System ähnelt bezüglich des institutionellen Aufbaus in seinem Kompromisscharakter dem der Bundesrepublik: Die Verfassungsbindung und das Zweikammersystem sind machtbeschränkende Faktoren, während die Befugnisse des Ministerpräsidenten ein Gegengewicht zum Parlament darstellen. Das neue Wahlrecht unterstützt dieses Prinzip. Wichtiger für die parlamentarische Praxis aber als dieser verfassungsrechtliche Aufbau sind zwei Besonderheiten des japanischen Regierungssystems – die Fraktionalisierung der Parteien und die starke Bürokratie. Die interne Fragmentie-

– Japan

rung behinderte bisher zwar nicht die Bildung dauerhafter und deutlicher Mehrheiten einer einzigen Partei, destabilisierte aber die Regierungen. Dies ermöglichte eine Machtkonzentration in den Händen einer aufgeblähten Bürokratie, die letztlich keiner Kontrolle unterliegt. Beabsichtigt ist, diesen Defiziten mit Hilfe einer Wahlrechtsreform, die die Stabilisierung der Parteien und der von ihnen zu tragenden Regierungen ermöglichen soll, zumindest in Ansätzen entgegenzuwirken. In jüngster Zeit vollziehen sich auch tatsächlich durch Gründung neuer Parteien bzw. Parteibündnisse (z.B. Neue Fortschrittspartei) starke Veränderungen im Parteiensystem. Inwieweit diese die erhoffte Konzentration politischer Kräfte mit sich bringen werden, bleibt derzeit angesichts der inneren Heterogenität dieser Neubildungen noch eine offene Frage. In jüngster Zeit ist ein Wiedererstarken der Liberal-Demokratischen Partei (LDP) zu beobachten.

Gemeinsamkeit: Parteienkonkurrenz als Kontrolle von politischer Herrschaft

Gemeinsam ist allen vier Systemen das Grundprinzip des Parlamentarismus, nämlich der Verzicht auf eine durchgängige institutionelle Gewaltenteilung zugunsten einer engen Verschränkung von Parlament und Regierung. Anstelle des Prinzipes einer Kontrolle von Herrschaft durch die Aufteilung staatlicher Gewalt auf eine getrennt legitimierte Exekutive und Legislative (Institutionenkonkurrenz) tritt das Prinzip der Parteienkonkurrenz und der Chance der alternierenden Partei(en)regierung. Die Kontrolle politischer Herrschaft soll durch die Konkurrenz der Parteien um Wählerstimmen und die Chance des Regierungswechsels gewährleistet werden.

Hinter diesem Verständnis von Parlamentarismus als ein System alternierender Parteienherrschaft steht die Annahme, dass die Konkurrenz der Parteien um Wählerstimmen die Regierung und die sie tragende Partei (oder Parteienkoalition) zwingt, ihr Programm und ihre Aktivitäten auf die Wohlfahrt, Bedürfnisse und Wünsche der Bürger auszurichten. In der Perspektive dieser Vorstellungen setzt ein funktionierender Parlamentarismus eine effektive Wahlfunktion des Parlamentes auf der Grundlage der Parteienkonkurrenz voraus. Die Parteienkonkurrenz muss in der Lage sein, dem Wähler alternative Regierungsprogramme zu präsentieren, um dafür klare und stabile Mehrheiten für eine Regierung auf Zeit zu erhalten.

Zweiparteien- vs. Mehrparteiensystem

Diese Bedingungen können nach Ansicht vieler Parlamentarismustheoretiker am ehesten durch eine dualistische Parteienkonkurrenz, d.h. durch ein faktisches Zweiparteiensystem, erfüllt werden. Mehrparteienkonkurrenz erbringt in der Regel kaum klare und stabile Mehrheiten für ein bestimmtes Partei- und Regierungsprogramm, sondern erzwingt die Bildung von Koalitionen, deren Programm für die Wähler zum Zeitpunkt der Wahl nicht deutlich erkennbar ist. Mit anderen Worten, der Wähler hat keine klaren Alternativen vorgegeben. Darüber hinaus sind Koalitionsprogramme zumeist nicht repräsentativ für die Verteilung der Wählerpräferenzen, weil kleine und stimmenmäßig schwache Parteien einen überproportionalen Einfluss auf die Bildung der Regierung und ihre Programme erhalten. Schließlich sind Koalitionsregierungen vielfach instabil, weil sie sich nicht auf eine homogene parlamentarische Mehrheit stützen können und Konflikte innerhalb der Mehrheit häufig zu einem Zusammenbruch einer Koalition und zur Bildung einer neuen führen.

Diese Argumentation erscheint in Anbetracht der historischen Erfahrungen demokratischer Systeme durchaus gerechtfertigt. Mehrparteiensysteme, wie die Dritte und Vierte Französische Republik, die Weimarer Republik oder Italien, weisen in der Tat eine große Instabilität auf. Dies drückte und drückt sich zum Teil auch in einer instabilen und diskontinuierlichen Verfassungsentwicklung aus.

Historische und aktuelle Erfahrungen

Auf der anderen Seite zeigt gerade die Entwicklung in Großbritannien oder Japan, dass eine stabile politische Mehrheit nicht unbedingt besser in der Lage ist, gesellschaftliche Konflikte auch besser zu bewältigen. Die Stabilität der Mehrheitsverhältnisse im britischen Regierungssystem zum Beispiel entsteht in erster Linie durch die konzentrierende Wirkung des Wahlsystems. Durch diese Wirkung kommen häufig parlamentarische Mehrheiten zustande, die sich nicht auf eine Mehrheit der Wählerstimmen stützen. Mehr noch: es kommen häufig Mehrheiten mit einem engen Interessenbezug zustande, die die Interessen moderner Industriegesellschaften nicht mehr angemessen repräsentieren.

Gesellschaftsstruktur und politische Mehrheitsbildung (Aggregationsfunktion)

Die modernen Industriegesellschaften sind durch ein hohes Maß an sozioökonomischer Differenzierung und eine Abschwächung sozialstruktureller Antagonismen („Klassen“) gekennzeichnet. Es gibt ein differenziertes soziales Schichtungssystem und eine Vielzahl unterschiedlicher Interessenlagen. In repräsentativen Demokratien müssen die differenzierten und vielfältigen gesellschaftlichen Interessen über die Parteienkonkurrenz und Wahlen in parlamentarische Mehrheiten umgesetzt (aggregiert) werden. Diese Umsetzung wird durch das jeweils angewandte Wahlsystem erheblich beeinflusst.

Wahlsysteme

In den westlichen Demokratien gibt es – wie wir gesehen haben – unterschiedliche Wahlsysteme. Man kann zwei Grundtypen unterscheiden, nämlich die Verhältniswahl und die Mehrheitswahl sowie einige Modifikationen dieser Grundtypen:

- Reine Verhältniswahl: Die Parlamentssitze werden unter den Parteien proportional zu ihren Wählerstimmen verteilt (z.B. Italien vor der Wahl von 1994). *– Reine Verhältniswahl*
- Verhältniswahl mit Sperrklausel: Im Unterschied zu obigem Verfahren werden nur diejenigen Parteien bei der Verteilung der Parlamentssitze berücksichtigt, die eine bestimmte Mindestzahl von Stimmen (z.B. 5%) erhalten haben (z.B. Bundesrepublik Deutschland). *– Verhältniswahl mit Sperrklausel*
- Einfache Mehrheitswahl in Einpersonenwahlkreisen: Die Abgeordnetenwahl erfolgt in Wahlkreisen, so dass pro Wahlkreis ein Abgeordneter gewählt wird. Der entsprechende Parlamentssitz fällt an diejenige Partei, die jeweils im Wahlkreis die höchste Stimmenzahl erzielt hat (z.B. Großbritannien). *– Einfache Mehrheitswahl in Einerwahlkreisen*
- Mehrheitswahl in Mehrpersonenwahlkreisen: Pro Wahlkreis werden mehrere Sitze verteilt. Dieses Wahlsystem bietet theoretisch auch kleineren Parteien die Chance, in einem Wahlkreis ein Mandat zu erringen (z.B. in Japan). *– Mehrheitswahl in Mehrpersonenwahlkreisen*
- Absolute Mehrheitswahl: Die Abgeordneten werden wiederum in Wahlkreisen gewählt. Dabei wird jedoch im Unterschied zur einfachen Mehrheitswahl in einem ersten Wahlgang eine absolute Mehrheit gefordert. In den Wahlkreisen, in denen kein Kandidat die absolute Mehrheit erreicht hat, wird ein zweiter Wahlgang durchgeführt. Im zweiten Wahlgang bilden die Parteien häufig Wahlbündnisse und Koalitionen (z.B. Frankreich). *– Absolute Mehrheitswahl*

Wahlsysteme und parlamentarische Repräsentation

Unterschiedliche Wahlsysteme führen bei gleicher Verteilung der Wählerstimmen zu unterschiedlichen Sitzverteilungen im Parlament und damit auch zu einer unterschiedlichen Repräsentation gesellschaftlicher Interessen. Das können wir anhand des folgenden Beispiels deutlich machen: Wir nehmen an, dass in zwanzig gleich großen Wahlkreisen fünf Parteien um insgesamt zwanzig Parlamentssitze konkurrieren. Wenn wir nun eine bestimmte Stimmenverteilung (siehe Tabelle 1) unterstellen, können wir die auf die einzelnen Parteien bei unterschiedlichen Wahlsystemen entfallenden Parlamentssitze berechnen.

Tabelle 1: Fiktive Stimmverteilung für fünf Parteien in 20 Wahlkreisen

	Parteien				
Wahlkreis	A	B	C	D	E
1	52	37	8	2	1
2	48	49	2	1	0
3	33	35	20	8	4
4	29	30	36	4	1
5	38	31	12	10	9
6	57	37	5	1	0
7	41	42	10	6	1
8	40	41	10	8	1
9	36	24	37	2	1
10	32	33	20	7	8
11	36	37	11	12	4
12	41	42	8	8	1
13	51	40	7	2	0
14	23	24	23	7	23
15	28	31	30	8	3
16	47	48	3	0	2
17	52	39	8	1	0
18	46	47	6	1	0
19	43	45	10	1	1
20	12	17	9	32	30
Insgesamt (Anteil in %)	39,3	36,5	13,8	6	4,5

Quelle: Lehner, F. (1981)

Wenn wir aus der in Tabelle 1 angenommenen Stimmenverteilung nach den unterschiedlichen Wahlverfahren die parlamentarische Sitzverteilung berechnen, ergibt sich das in Tabelle 2 gezeigte Ergebnis:

Tabelle 2: Aus unterschiedlichen Wahlsystemen resultierende Sitzverteilung

Wahlsystem	Parteien				
	A	B	C	D	E
[Stimmenanteil]	[39,3]	[36,5]	[13,8]	[6,0]	[4,5]
Reine Verhältniswahl	8	7	3	1	1
nach d'Holdt	8	8	3	1	0
10% Sperrklausel	9	8	3	0	0
Einfache Mehrheitswahl	5	12	2	1	0
Absolute Mehrheitswahl mit Koalitionen ADE/BC	6	11	1	1	1
Differenz zwischen günstigstem und ungünstigstem System	4	5	2	1	1

Quelle: siehe Tabelle 1

Wählerpräferenzen und parlamentarische Repräsentation

Wie aus Tabelle 2 klar ersichtlich ist, führen unterschiedliche Wahlsysteme zu beträchtlichen Unterschieden in der parlamentarischen Repräsentation der durch die Verteilung der Wählerstimmen zum Ausdruck kommenden politischen Präferenzen:

- Das im britischen Regierungssystem angewandte einfache Mehrheitswahlrecht begünstigt die Konzentration parlamentarischer Macht bei einer Partei, die nicht notwendigerweise über eine Mehrheit der Wählerstimmen verfügen muss. Wenn die parlamentarische Macht auch noch wenig beschränkt ist, ist die Regierung für die Dauer ihrer Wahlperiode voll handlungsfähig, obwohl sie nur von einer Minderheit der Bürger dazu legitimiert wurde.
- Das in der Vergangenheit im italienischen Regierungssystem angewandte reine Verhältniswahlrecht lässt dagegen keine parlamentarische Mehrheit zu, die nicht auch über eine Mehrheit der Wählerstimmen verfügt. Dadurch wird die Konzentration parlamentarischer Macht bei einer Partei aufgrund der durch das Wahlsystem geförderten Fragmentierung des Parteiensystems in der Regel verhindert. Das hat zur Folge, dass staatliches Handeln stärker an kompromissfähigen Interessen orientiert werden muss, das aber deswegen auch häufig durch Instabilität und Inkonsistenz gekennzeichnet ist.

Fraktionalisierung des Parteiensystems in Mehr-Parteien-Systemen

Dieser Sachverhalt macht deutlich, dass die Zwei-Parteien-Konkurrenz zwar in der Regel zu einer stabileren parlamentarischen Mehrheitsbildung führt, aber dafür häufig mit erheblichen Problemen bezüglich der parlamentarischen Repräsentation gesellschaftlicher Interessen verbunden ist. In Mehr-Parteien-Systemen haben das Wahlsystem und die sozio-ökonomische Differenzierung zu einer entsprechenden Fraktionalisierung des Parteiensystems geführt. Unterschiedliche Interessenlagen können durch unterschiedliche Parteien vermittelt werden. Dadurch kann insgesamt ein breites Spektrum von Interessen und Bedürfnissen vermittelt werden. Mehr-Parteien-Konkurrenz verfügt deshalb über ein relativ großes Wertberücksichtigungspotential. Der Preis für dieses Wertberücksichtigungspotential liegt in einer schwierigen Interessenaggregation und -integration auf Parlaments- und Regierungsebene. Die Fraktionalisierung des Parteiensystems erschwert die Bildung parlamentarischer Mehrheiten und reduziert die potentielle Stabilität einmal gebildeter Koalitionen und damit die staatliche Handlungsfähigkeit.

Interne Fraktionalisierung von Parteien in Zwei-Parteien-Systemen

In Zwei-Parteien-Systemen bzw. in Parteiensystemen mit zwei dominanten Parteien (z.B. Bundesrepublik Deutschland und England) schlägt sich gesellschaftliche Differenzierung primär in einer internen Fraktionalisierung von Parteien nieder. Diese interne Fraktionalisierung erschwert die Herausarbeitung klarer und konsistenter Parteiprogramme. Parteien in einem Zwei-Parteien-System stehen – um mehrheitsfähig zu sein – unter dem Zwang, eine größere Zahl gesellschaftlicher Interessen zu integrieren (siehe dazu den oben vorgestellten Ansatz von Anthony DOWNS). Die Reduktion von Interessen auf ein integriertes Programm impliziert notwendigerweise eine unterschiedliche Gewichtung und eine Vernachlässigung einzelner Interessen. Ein Zwei-Parteien-System verfügt deshalb über ein geringeres Potential zur Integration von Interessen, das zunehmend dem gesellschaftlichen Differenzierungsgrad nicht mehr entspricht. Das ist häufig mit politischen Konflikten bzw. mit einer geringen Fähigkeit, gesellschaftliche Konflikte politisch effektiv zu regulieren, verbunden. Zusammenfassend können wir deshalb feststellen, dass die Form der Parteienkonkurrenz auf der Grundlage unterschiedlicher Wahlsysteme allein noch wenig aussagt über die tatsächliche Funktionsfähigkeit parlamentarischer Regierungssysteme.

2. Institutionelle Gewaltenteilung: Das präsidentielle Regierungssystem in den Vereinigten Staaten von Amerika und das semi-präsidentielle Regierungssystem in Frankreich

Das präsidentielle Regierungssystem der USA

Unterscheidung präsidentielle vs. parlamentarische Regierungssysteme

In den westlichen Demokratien kann man – von der durch direkt-demokratische Verfahren geprägten Demokratie in der Schweiz abgesehen – im Wesentlichen zwei Typen von Regierungssystemen unterscheiden: parlamentarische und präsidentielle. Parlamentarische Regierungssysteme sind, wie wir gesehen haben, dadurch charakterisiert, dass die Regierung durch die parlamentarische Mehrheit übernommen wird und sie in ihrer Handlungsfähigkeit von der Unterstützung eben dieser Mehrheit des Parlamentes abhängig ist. Es existiert deshalb im Verhältnis von Regierung und Parlament (genauer Mehrheit des Parlaments) keine Gewaltenteilung, sondern eine Gewaltenverschränkung. Präsidentielle Regierungssysteme dagegen sind dualistisch strukturiert, d.h. Parlament und Regierung verfügen über eine jeweils eigenständige Legitimation durch die Wähler, sie sind aber bezüglich ihrer Handlungsfähigkeit voneinander abhängig. Politische Macht wird deshalb bei der parlamentarischen Form in erster Linie über die Parteienkonkurrenz, bei der präsidentiellen Form über eine Institutionenkonkurrenz eingeschränkt.

Unabhängigkeit bei funktionaler Verflechtung

Im präsidentiellen System sind Exekutive und Legislative als eigenständige Verfassungsorgane ausgestaltet und insofern voneinander unabhängig. Das bedeutet, dass der Präsident vom Kongress aus politischen Gründen nicht aus dem Amt entfernt werden kann und im Gegenzug das Parlament nicht auflösen kann. Ausdruck dieser Unabhängigkeit ist auch das Inkompatibilitätsgebot, d.h., dass Mitglieder der Regierung nicht dem Kongress angehören dürfen. Hier manifestiert sich auch der Gegensatz zum gewaltenverschränkenden britischen Parlamentarismus, wo die Mitgliedschaft der wichtigen Regierungsmitglieder im Unterhaus gefordert wird. Präsident und Kongress sind jedoch, wie wir noch sehen werden, nicht funktional unabhängig. Es existiert eine systematische, funktionale Verflechtung von Exekutive und Legislative. Diese Verflechtung zielt auf eine weitere Verstärkung der machtbeschränkenden Wirkung der Gewaltenteilung ab.

USA als typisches Beispiel eines präsidentiellen Regierungssystems

Geht man von der Doktrin der Gewaltenteilung aus, sind die Vereinigten Staaten von Amerika das typische Beispiel eines präsidentiellen Regierungssystems. Es weist eine einfache und klare Grundstruktur auf. Die drei Gewalten sind systematisch voneinander getrennt, aber gleichzeitig auch aufeinander funktional bezogen. Diese Grundstruktur wird in Schaubild 14 vereinfacht dargestellt.

Wahl des Präsidenten

Präsident und Kongress werden in unterschiedlicher Weise gewählt, sind aber durchaus gleichrangig legitimiert. Die Wahl des Präsidenten erfolgt durch 538 Wahlmänner und -frauen, die nach der Verfassung nicht zwingend, faktisch jedoch schon seit der ersten Hälfte des 19. Jahrhunderts direkt vom Volk gewählt werden. Sie verteilen sich proportioal zur Bevölkerungsstärke auf die 50 Bundesstaaaten. Dabei fungieren die Staaten als Wahlkreise. Hat ein Präsidentschaftskandidat die relative Mehrheit der Stimmen in einem Bundesstaat erreicht, so sind die Wahlmänner und -frauen dieses Staates inzwischen qua Gesetz verpflichtet, ihre Stimme geschlossen für den Gewinner abzugeben. (Keine Regel ohne Ausnahme: im Bundesstaat New Hampshire werden die Stimmen entsprechend der Kandidatenstärke aufgeteilt.) Durch die gesetzliche Festlegung wird erreicht, dass der Präsident de facto, allerdings nicht de jure vom Volk gewählt. Nur wenn der extrem unwahrscheinliche Fall eintreten würde, dass kein Kandidat die notwendige Mehrheit erhält, erfolgt eine Wahl durch das Repräsentantenhaus. Letzteres könnte durch Auftreten eines starken dritten Kandidaten, dem es gelingt, mindestens einen Bundesstaat zu gewinnen, eintreten. Da es sich bei dieser Prozedur um eine Mehrheitswahl handelt, ist es möglich, dass ein Kandidat zum Präsidenten gewählt wird, obwohl er insgesamt von einer Minderheit von Wählerinnen und Wählern unterstützt wurde. Dies tritt zum Beispiel dann auf, wenn er die für eine Mehrheit notwendigen Bundesstaaten nur knapp vor seinem Rivalen gewinnt, während dieser in seinen Staaten mit großer Mehrheit siegt. Dass dieser Fall nicht nur theoretischer Natur ist, zeigt das Ergebnis der Präsidentschaftswahlen im Jahr 2000, bei denen Bush siegte, obwohl Gore die Mehrheit der Stimmen in den USA insgesamt auf sich vereinigen konnte. Hinzu kommt, dass die Aufteilung der 538 Electoral College-Stimmen auf die Bundesstaaten nicht exakt proportional erfogt und die Stimmen der kleineren Staaten dadurch höher gewichtet werden. Vor diesem Hintergrund kann natürlich die Frage gestellt werden, warum die Vereinigten Staaten ein solches Verfahren praktizieren. Die Erklärung liegt in der Geschichte der Demokratie in den USA. Obwohl es sich bei der Verfassung der USA um eine moderne handelt, waren die politischen Verhältnisse zu Beginn im 18. und frühen 19. Jahrhundert alles andere als demokratisch in unserem heutigen Verständnis. Die politische Führungsschicht befürchtete, dass eine unmittelbare Direktwahl durch das Volk zum Populismus oder gar Absolutismus neigende Kandidaten an die Macht bringen könnte. Hier wollte man eine zusätzliche Instanz schaffen, die die Eignung des Gewählten im Falle des Falles prüfen könnte. Heute ist diese Funktion obsolet, aber da die amerikanische Verfassung nur sehr schwer zu ändern ist, hat diese Prozedur bis heute Bestand und wurde erst anlässlich der Präsidentschaftswahlen 2000 und der dabei aufgetretenen Probleme mit der Auszählung von Wählerstimmen im Bundesstaat Florida durch den Supreme Court bekräftigt.

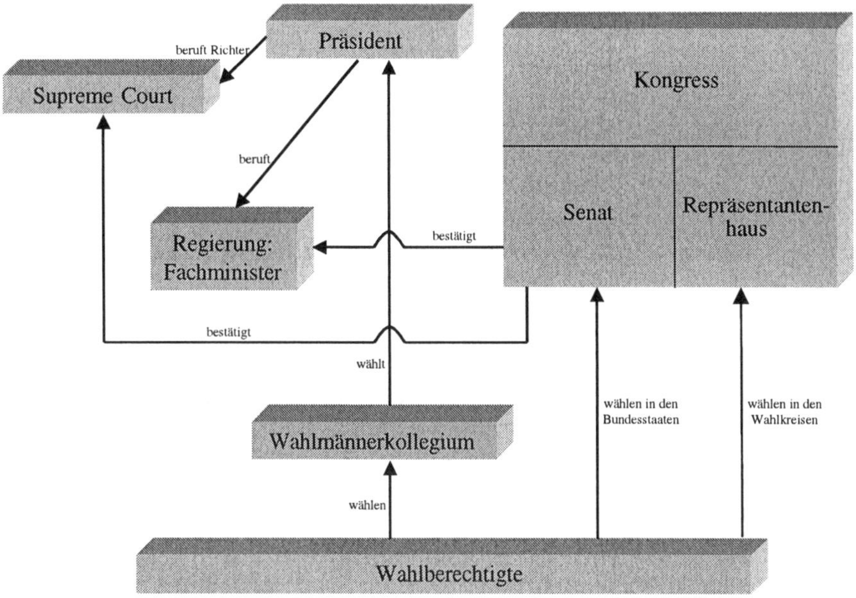

Schaubild 14: Grundstruktur des amerikanischen Regierungssystems

Wahl des Repräsentantenhauses

Die 435 Abgeordneten des Repräsentantenhauses werden alle zwei Jahre direkt durch das Volk in Wahlkreisen nach dem relativen Mehrheitssystem gewählt, während für den Senat ein Ancienität und Kontinuität betonendes Verfahren angewandt wird. Alle zwei Jahre wird je ein Drittel der 100 Senatoren für sechs Jahre neu gewählt. Im Senat ist jeder der 50 Bundesstaaten der USA durch zwei Senatoren vertreten. Im Gegensatz zum Repräsentantenhaus, dessen Wahlkreise immer wieder der Bevölkerungsentwicklung angepasst werden müssen, damit das Prinzip „one man one vote“ durch unterschiedliche Repräsentation nicht allzu sehr verletzt wird, bildet bei den Wahlen zum Senat der Bundesstaat den Wahlkreis, was aufgrund seiner sehr unterschiedlichen Größe eine erhebliche Disproportionalität bei der Repräsentation der Wähler bedeutet (Staaten wie South Dakota mit einer halben Million Einwohner im Gegensatz zu Kalifornien mit ca. 32 Millionen).

Die gleichrangige Legitimation von Präsident und Kongress und mehr noch ihre autonomen Kompetenzen verbunden mit ihrer Nicht-Abberufbarkeit bzw. Nicht-Auflösbarkeit sind die zentralen Elemente der Gewaltenteilung im amerikanischen Regierungssystem. Durch die gleichzeitige Verschränkung dieser Kompetenzen soll jedoch ein System geschaffen werden, das ein mögichst hohes Maß an wechelseitiger Kontrolle gewährleistet. Die Beschränkung politischer Macht stellt das wichtigste Ziel der amerikanischen Verfassung dar. Demokratische Ziele (z.B. gleiche Repräsentation) sind dabei eher nachrangig. Man könnte vereinfachend sagen, dass es den Verfassungsvätern in erster Linie um die Errichtung einer Republik und nicht um die Verwirklichung einer Demokratie gegangen ist. Dies auch deswegen, weil zu Ende des 18. und zu Beginn des 19.

Jahrhunderts politische Partizipation, wie in Europa auch, auf eine Oberschicht der (männlichen) Bevölkerung beschränkt war.

Historische Entwicklung

Bevor wir dieses Kontrollsystem ausführlicher darstellen, soll deshalb kurz auf seine historische Entwicklung eingegangen werden.

Die Vereinigten Staaten sind bekanntlich aus dem siegreichen Unabhängigkeitskrieg der englischen Kolonien in Nordamerika gegen ihr Mutterland entstanden (1775-1783). Die Kolonien schlossen sich zunächst nur locker zusammen, um gegen Großbritannien einheitlich aufzutreten. Der erste Kontinentalkongress war nicht mehr als eine Vertreterversammlung (1774) zur Koordination der Politik der ansonsten miteinander nicht verbundenen Kolonien. Erst der zweite Kontinentalkongress, der 1775 zusammentrat, proklamierte am 4. Juli 1776 die Unabhängigkeitserklärung der Vereinigten Staaten von Amerika und verabschiedete 1777 die Konföderationsartikel. Durch diese Artikel wurde ein lockerer Staatenbund mit einem gemeinsamen Parlament, aber ohne gemeinsame Regierung geschaffen. Eine schwere Wirtschaftskrise nach Erreichen der Unabhängigkeit machte aber die Notwendigkeit einer stärkeren Zusammenarbeit und politischen Integration deutlich. Deshalb verabschiedete zehn Jahre später, 1787, ein eigens einberufener Verfassungskonvent (die Philadelphia Convention) die im Wesentlichen heute noch gültige amerikanische Verfassung, durch die die Vereinigten Staaten als Bundesstaat konstituiert wurden. 1789 nahm der neue Kongress zehn „amendments" zur Verfassung an (Bill of Rights), durch die insbesondere die Grundrechte der Bürger präzisiert und festgeschrieben wurden. Damit standen die wesentlichen Prinzipien der amerikanischen Verfassung fest. Spätere „amendments" haben keine grundsätzlichen Änderungen erbracht, sondern die Verfassung lediglich erweitert und präzisiert.

Die amerikanische Verfassung ist eine rational konstruierte Verfassung. Sie beruht auf der historischen Erfahrung von als ungerecht empfundener staatlicher Macht in Europa. Die amerikanischen Kolonisten mussten feststellen, dass auch die parlamentarische Kontrolle der Regierung in England, die damals noch vom König und seinem bereits parlamentarisch verantwortlichen Kabinett gebildet wurde, ungerechtes staatliches Handeln nicht verhindern konnte. Zumal wenn dies auch noch durch eine parlamentarische Mehrheit unterstützt wurde.

Gewaltenteilung und -verschränkung als Grundprinzip

Die amerikanischen Verfassungsväter wurden deshalb stark durch die von MONTESQUIEU und John LOCKE vertretene Gewaltenteilungslehre beeinflusst. LOCKE und MONTESQUIEU befürworten eine Teilung bei gleichzeitiger Verschränkung der Gewalten, um einen Machtmissbrauch zu verhindern. Dieser Konzeption folgend, schufen die amerikanischen Verfassungsväter ein System getrennter und personell wie legitimatorisch unabhängiger, aber dennoch untereinander verschränkter Institutionen. Sie wiesen auf der einen Seite jedem Verfassungsorgan einen grundlegenden Kompetenzbereich zu, verschränkten aber auf der anderen Seite die Kompetenzen dadurch, dass sie den verschiedenen Instanzen bestimmte Rechte für ein wirksames Eingreifen in die Kompetenzen der anderen Instanzen gaben.

Verfassungssystem und institutionelle Struktur

Die amerikanische Verfassung etabliert damit ein System sich wechselseitig kontrollierender Institutionen. Dieses System von „checks and balances" soll verhindern, was im Parlamentarismus angestrebt wird – eine starke Regierung. In diesem Punkt unterscheidet sich, wie wir noch sehen werden, das amerikanische Präsidentialsystem auch grundlegend vom französischen Semi-Präsidentialismus.

Das auf eine möglichst weitreichende Gewaltenteilung und Machtbeschränkung und damit insbesondere auf einen wirksamen Schutz individueller Freiheit vor ungerechtfertigter staatlicher Macht abstellende Verfassungssystem lässt sich im Einzelnen durch folgende charakteristische Merkmale beschreiben:

Legislative Gewalt

- Die legislative Gewalt liegt grundsätzlich beim unauflösbaren Kongress, dessen beide Häuser (Senat und Repräsentantenhaus), von einigen Ausnahmen abgesehen, gleichberechtigt zusammenwirken. Der Präsident muß allen Gesetzen zustimmen, bevor sie in Kraft treten können. Dabei besitzt er ein Vetorecht gegen die Beschlüsse des Kongresses, das der Kongress nur in namentlicher Abstimmung mit Zweidrittelmehrheit beider Häuser aufheben kann. Gleichzeitig kann der Präsident, der grundsätzlich kein Initiativrecht besitzt, nur über nahestehende Abgeordnete dem Kongress gesetzliche Maßnahmen vorschlagen. Dies ist allerdings mehr eine formale Bestimmung als ein faktisches Hindernis, da er fast immer einen Abgeordneten oder Senator für diesen Zweck finden wird.

Exekutive Gewalt

- Die exekutive Gewalt liegt grundsätzlich beim Präsidenten, der gleichzeitig Staatsoberhaupt, Regierungschef und „Regierung" ist. Die Minister der Regierung stehen nicht gleichberechtigt neben dem Präsidenten und er ist nicht an die Entscheidungen des Kabinetts gebunden. Indessen kann er seine exekutiven Befugnisse im Rahmen der Gesetze nicht unbeschränkt benutzen. Er ist vielmehr bei seinen Entscheidungen über personelle und organisatorische Fragen an den Rat und die Zustimmung vor allem des Senats gebunden. Darüber hinaus verfügt der Kongress über eine unbeschränkte Budgethoheit und ein fast unbegrenztes Kontrollrecht. Das Budgetrecht des amerikanischen Parlaments geht weit über die Verabschiedung des Haushalts, wie in anderen Regierungssystemen üblich, hinaus. Es handelt sich dabei zusätzlich um Einzelbewilligungsgesetze für Finanzmittel, die zu jedem Gesetz verabschiedet werden müssen. Insofern kann der Kongress die dem Präsidenten zur Verfügung stehenden Finanzmittel unmittelbar und effektiv kontrollieren. Schließlich hat der Kongress die Möglichkeit, für die Durchführung bestimmter gesetzlich vorgeschriebener Aufgaben unabhängige Agenturen (independent agencies) zu schaffen. Der Präsident kann nur über das (bisher nur zweimal angewandte) Verfahren des „impeachment" gestürzt werden. Das Repräsentantenhaus klagt dabei den Präsidenten wegen Amtsmissbrauchs an, der Senat verurteilt ihn mit Zweidrittelmehrheit.

Oberste richterliche Gewalt

- Die oberste richterliche Gewalt ist in der amerikanischen Verfassung dem Supreme Court und den vom Kongress eingesetzten sonstigen Bundesgerichten zugewiesen. Sie ist mit den beiden anderen Gewalten weniger und einseitiger verschränkt als diese untereinander. Der Supreme Court kann jedes Gesetz (auch jedes Haushaltsgesetz) für verfassungswidrig erklären und damit tief in die Kompetenzen der Legislative eingreifen. Er ist von Legislative und Exekutive nur wenig kontrollierbar, da die neun Mitglieder auf Lebenszeit gemäß dem Vorschlag des Präsidenten und nach Zustimmung des Senats ernannt werden. Angesichts des zwangsläufig rudimentären Charakters der über 200 Jahre alten Verfassung kommt dem Supreme Court eine bedeutende Rolle bei der Interpretation und „Fortschreibung" der Verfassung zu. Er wird deshalb auch als ein permanent amtierender Verfassungskonvent bezeichnet. Eine gewisse Kontrolle bietet lediglich die Ernennung der Richter (auf Lebenszeit) durch den Präsidenten mit Zustimmung des Senates und die Möglichkeit des „impeachment", d.h. der Abberufung eines Richters durch eine Zweidrittelmehrheit im Senat nach einer Amtsanklage durch das Repräsentantenhaus. Die übrigen Bundesgerichte sind dagegen formal schon deshalb weniger unabhängig, weil sie durch den Kongress eingesetzt und funktional definiert werden.

Vertikale Gewaltenteilung (Föderalismus)

- Die horizontale Gewaltenteilung zwischen Exekutive, Legislative und Judikative wird ergänzt durch eine vertikale Gewaltenteilung in Form einer föderalistischen Staatsstruktur. Der amerikanische Föderalismus basiert dabei aber nicht auf einer durchgängigen Kompetenzverteilung, sondern auf dem Prinzip des „concurrent government", d.h. auf der gleichzeitigen politischen Tätigkeit von Bund und Gliedstaaten. Die einzelnen Staaten sind ihrerseits wiederum horizontal genauso gewaltenteilig gegliedert wie der Bund. Die Verfassung legt die Kompetenzen des Bundes fest und schränkt die Aktivitäten der Einzelstaaten nur insofern ein, als sie nicht gegen die Verfassung und gegen Bundesrecht verstoßen dürfen. Das lässt es zu, dass Bund und Einzelstaaten in Aufgabenbereichen gleichzeitig tätig sind. Im Laufe der über 200-jährigen Geschichte der Vereinigten Staaten haben die Einzelstaaten allerdings von ihren ursprünglichen Kompetenzen viele an den Bund verloren. Aufgrund der Generalklausel in der Verfassung, die dem Bundesstaat neben den definierten Kompetenzen auch Regelungsrechte für die Fälle zuweist, die notwendig (proper and necessary) sind, um seine ihm von der Verfassung zugestandenen Kompetenzen umzusetzen, hat der Supreme Court durch seine Rechtsprechung den Zentralstaat gestärkt. Diese als „implied powers" bekannte Rechtsdoktrin ermöglichte dem Bund eine Rahmengesetzgebung beim zwischenstaatlichen Handel (interstate commerce) und im Bereich der Sozialgesetzgebung (general welfare clause). In jüngerer Zeit haben insbesondere Finanztransfers des Bundes an finanzschwache Einzelstaaten (grants-in-aid), die mit Auflagen verknüpft wurden, den politischen Einfluss des Bundes erhöht. Allerdings ist seit einiger Zeit im Zuge der Deregulierungspolitik auch eine politisch gewollte Rückverlagerung von Regelungskompetenzen an die einzelnen Bundesstaaten zu beobachten.

„Human Rights"

- Schließlich enthält die amerikanische Verfassung als weitere Beschränkung staatlicher Macht eine Garantie der Bürgerrechte. Die Respektierung der Bürgerrechte durch staatliches Handeln unterliegt gerichtlicher Kontrolle.

Struktur des Regierungssystems

Diese Verfassungsprinzipien und das durch sie begründete System von „checks and balances" ergeben ein Regierungssystem, das durch komplexe institutionelle Strukturen und Verfahren gekennzeichnet ist. Es liegt auf der Hand, dass ein Regierungssystem, das auf Gewaltenteilung und einem System wechselseitiger Gewaltenbeschränkung aufbaut, erheblich komplexer ausfallen muss, als etwa das britische Regierungssystem, das weder Gewaltenteilung in diesem Sinne noch irgendwelche institutionelle Mechanismen der Machtbeschränkung von Parlament und der von ihm getragenen Regierung kennt. Auf der Grundlage des Vetospielertheorems lässt sich dieser Umstand so formulieren, dass die politische Handlungsfähigkeit des britischen Premierministers angesichts fehlender bzw. geringer Zahl von Vetospielern (im Prinzip nur die Mehrheitsfraktion des Unterhauses) wenig eingeschränkt ist, während wir in den USA im System der „checks und balances“ zahlreiche Vetospieler erkennen können, was die autonome Gestaltungsmacht des Präsidenten stark einschränkt.

Administrative Struktur

Die durch die amerikanische Gewaltenteilungskonzeption erzeugte Komplexität des Regierungssystems zeigt sich auch in seiner administrativen Struktur. In Großbritannien, der Bundesrepublik Deutschland und in Italien sowie in den anderen westlichen Regierungssystemen ist die Staatsadministration, von einzelnen Ausnahmen abgesehen, der Exekutive zugeordnet und durch sie kontrolliert. In den Vereinigten Staaten dagegen gibt es auf der Zentralebene eine dualistische Administrationsstruktur:

- Auf der einen Seite gibt es die bürokratische Organisation des Präsidenten (die „white house“-Bürokratie) und die ihm unterstellte Ministerialorganisation des Bundes.
- Auf der anderen Seite gibt es eine große Zahl unabhängiger Agenturen, die vom Kongress eingesetzt und kontrolliert werden. Diese Agenturen sind mit der Durchführung bestimmter Gesetze und anderen Aufgaben betraut und sind vom Weißen Haus und der Ministerialbürokratie unabhängig.

In diesem Zusammenhang ist anzumerken, dass Bund, Staaten und Kommunen getrennte Verwaltungssysteme haben. Bundesangelegenheiten werden auf der Einzelstaats- und der lokalen Ebene durch nachgeordnete Behörden bzw. Büros der zuständigen Ministerien und Agenturen des Bundes verwaltet.

Parteienkonkurrenz und parlamentarischer Entscheidungsprozess

Wie aus der bisherigen Darstellung hervorgeht, wird im amerikanischen Regierungssystem die Kontrolle staatlicher Macht vor allem über institutionelle Strukturen und Verfahren realisiert. In einem solchen System kommt der Parteienkonkurrenz nicht die tragende Funktion zu, die sie im Parlamentarismus hat. Die amerikanischen Parteien sind, im Vergleich zu den Parteien parlamentarischer Systeme, weniger bedeutende Institutionen der Interessenaggregation und Politiksteuerung, sondern vorwiegend Wahlkampforganisationen und politische „Clubs“. Sie sind programmatisch nur wenig festgelegt, treten insbesondere nicht mit einem ausgearbeiteten und verbindlichen Regierungsprogramm zu Wahlen an und operieren auch im Kongress meist nicht als geschlossene Fraktionen. Auch weil die Exekutive aus keiner Fraktion hervorgeht und nicht direkt von ihrem Vertrauen abhängig ist, rückt die Bedeutung einer Fraktionsdisziplin in den Hintergrund. Es gibt zwar sowohl im Senat als auch im Repräsentantenhaus Fraktionen, ihre Funktion bei der Gestaltung von Abstimmungen beschränkt sich jedoch weitgehend auf Personalentscheidungen (wie Besetzung von Ausschüssen, Positionen in der Administration). Bei Sachentscheidungen dagegen spielen die Interessenverbindungen der Kongressmitglieder die entscheidende Rolle, während die Parteizugehörigkeit weniger von Bedeutung ist.

Dezentrale Strukturen

In diesem Zusammenhang ist darauf hinzuweisen, dass die amerikanischen Parteien eine stark dezentralisierte Organisationsstruktur aufweisen und auch keine Mitgliederparteien im engeren Sinn sind. Die Kandidatenaufstellung und die Programmfestlegung werden zudem stark durch sogenannte Vorwahlen („primaries“) beeinflusst, an denen alle Wahlberechtigten teilnehmen können, wobei es ihnen freisteht zu entscheiden, für welche Partei sie sich einschreiben. Im Rahmen dieses komplizierten Verfahrens können sich zumeist regionale oder lokale Interessenbezüge stark durchsetzen. Das hat zur Folge, dass die Konsensfähigkeit der Konvente und Fraktionen zumeist gering ist. Deshalb können sich die Parteien auch nur auf relativ allgemeine Wahlkampfprogramme einigen, die später die Politikformulierung wenig beeinflussen.

„Logrolling“ als informelle Koalitionsbildung

Im amerikanischen Kongress werden faktisch fast alle Sachentscheidungen zwischen den unterschiedlichen sektoralen und regionalen Interessen in Form einer informellen Koalitionsbildung ausgehandelt. Dieses Verfahren wird mit „logrolling“ bezeichnet. Die Vertreter unterschiedlicher Interessen „tauschen“ ihre Stimmen wechselseitig aus, um für ihre Anliegen eine breite Mehrheit zu erhalten. Das hat u.a. zur Folge, dass sich auch der Präsident nicht auf eine feste Kongressmehrheit stützen kann, sondern gezwungen ist, seine Programme mit wechselnden Mehrheiten auszuhandeln. Insofern bedeutet ein mehrheitlich von der anderen Partei dominierter Kongress nicht die totale Blockade des Präsidenten. Reformvorhaben, wie z.B. die von John F. Kennedy, scheitern oft eher an der eigenen Partei. Gerade die Präsidenten der Demokratischen Partei standen in der Vergangenheit einer Koalition aus konservativen Parteimitgliedern aus den Südstaaten und Republikanern gegenüber, die diese Vorhaben blockierten. In jüngerer Zeit regierten erfolgreiche republikanische Präsidenten „gegen“ einen mehrheitlich demokratischen Kongress. In diesen Fällen spricht man von „divided government“. Die neueren Entwicklungen zeigen eine Tendenz zu mehr Fraktionsdisziplin, ob das aber ein längerfristiger Trend ist, bleibt abzuwarten.

„Filibuster“

Problematisch ist auch, dass im Senat für viele Beschlüsse eine Zweidrittelmehrheit verlangt wird. So sind bei den nur 100 Senatoren schon 34 Stimmen ausreichend, um einen Gesetzesantrag abzulehnen. Über die Obstruktionstaktik des „filibuster“ ist es den Senatoren zudem erlaubt, zu einem Antrag so lange zu sprechen, wie sie wollen. Die Anträge können so buchstäblich totgeredet und eine Verabschiedung unmöglich gemacht werden. Zur Unterbindung sind immerhin 60 Stimmen notwendig.

Politische Bedeutung der Ausschüsse

Die Entscheidungen der beiden Häuser des Kongresses werden in außerordentlich starkem Ausmaß durch ihre über 300 Ausschüsse und Unterausschüsse strukturiert. Ein großer Teil der Kompetenzen des Kongresses wird faktisch durch sie ausgeübt. Das gilt insbesondere für die Mittelbewilligung. Im Unterschied zur Bundesrepublik Deutschland wird in den USA die Regierung nicht durch ein generelles Haushaltsgesetz ermächtigt, Ausgaben zu tätigen. Vielmehr darf der Präsident der Staatskasse kein Geld ohne Zustimmung des Kongresses entnehmen, und der Kongress kann sich die Zustimmung zu einzelnen Ausgaben vorbehalten. Selbst wenn in sogenannten Autorisationsgesetzen generell Mittel bewilligt werden, können diese Beträge nicht ohne vorherige Information des Kongresses und seine implizierte Zustimmung ausgegeben werden. Diese Kompetenzen des Kongresses werden zu einem großen Teil an die Ausschüsse und Unterschüsse delegiert. Sie können im Namen ihres Hauses gegen jede Ausgabe in ihrem Kompetenzbereich ein Veto einlegen und sie damit verhindern.

Kontrollrechte des Kongresses

Ähnlich verhält es sich mit anderen Kontrollrechten des Kongresses. Der Kongress hat sich schon sehr früh eine weitreichende Kontrolle der exekutiven

Tätigkeiten vorbehalten. Das schließt insbesondere ein weitgefasstes Recht des Kongresses ein, Akten und sonstige Unterlagen einzusehen, Zeugen (ggf. unter Eid) zu hören und Beamte vorzuladen. Auch dieses Recht wird zumeist von den Ausschüssen und Unterausschüssen wahrgenommen. Die wichtige Rolle der Ausschüsse wird besonders dadurch deutlich, dass die Gesetzgebungsarbeit des Kongresses weitgehend in die Ausschüsse verlagert wird.

Verhältnis Repräsentantenhaus-Senat

Gesetzesvorlagen müssen in beiden Häusern getrennt durch ein Mitglied des jeweiligen Hauses eingebracht werden. Die Vorlagen in beiden Häusern müssen nicht identisch sein. Sie werden dann sofort an die zuständigen Ausschüsse verwiesen. Die Ausschüsse halten in der Regel öffentliche Hearings mit Experten und Interessenvertretern ab und entscheiden dann, ob die Vorlage zur Ablehnung oder zur Annahme empfohlen werden soll. Bei einer positiven Empfehlung legen sie auch den Wortlaut der Vorlage fest. Im Plenum wird die Vorlage debattiert und entschieden. Verabschieden die beiden Häuser unterschiedliche Gesetzestexte, wird ein „Conference Committee" (Vermittlungsausschuss beider Häuser) eingesetzt, das einen gemeinsamen Text ausarbeiten soll, der dann beiden Häusern noch einmal zur Entscheidung vorgelegt wird.

Fragmentierung der Entscheidungsprozesse

Diese Struktur bedeutet eine Fragmentierung der Entscheidungsprozesse im Kongress, die eine wirksame legislative Arbeit und die effektive Kontrolle der Exekutive hemmt. Dabei bleibt ein Großteil der Gesetzesinitiativen schon in den Ausschüssen und Unterausschüssen hängen und gelangt nicht zur Abstimmung im Plenum. Die Menge der Ausschüsse führt zudem zur Zersplitterung der Machtstrukturen und zur Verlagerung der politischen Macht von den Abgeordneten im Plenum zu den verschiedenen Ausschüssen und den dort sitzenden Experten.

In Bezug auf die Macht der Ausschüsse ist auch die Verwaltungsbürokratie, auf die keine der Gewalten wirklichen Einfluss hat, von Bedeutung. Die Kongressausschüsse, die Behörden und Agenturen der Exekutive und die verschiedenen Interessenverbände bilden in vielen Politikfeldern ein Dreieck, das sich gegen Eingriffe durch den Präsidenten verteidigt und seine partikularen Interessen selbst steuert.

Insgesamt haben also die Ausschüsse des Kongresses eine sehr starke Position und spielen eine wichtige Rolle in der Politiksteuerung. Die Mehrheitsbildung der beiden Häuser wird praktisch in ihren Ausschüssen und in Verhandlungen zwischen den Vorsitzenden der Ausschüsse vorstrukturiert. Das ergibt sich aus dem Fehlen einer institutionellen Vermittlung der Mehrheitsbildung durch die Parteien.

Interessenvermittlung und Parteien

Das Fehlen eines Fraktionszwanges gekoppelt mit dem Mehrheitswahlrecht, das insbesondere die Kandidaten für das Repräsentantenhaus an die Wahlkreise bindet, führt im Kongress zur Regionalisierung und Partikularisierung der Politik. Da die Abgeordneten zudem nicht unter einem Fraktionszwang stehen, haben die Interessenverbände in der Regel einen starken Einfluss auf die einzelnen Abgeordneten, die ihren Wahlkampf selbst führen und auf finanzielle Unterstützung der Verbände angewiesen sind. Im Kongress stimmen die Abgeordneten und Senatoren in der Regel eher nach Interessenbindungen als nach Parteizugehörigkeit ab. Das hat zur Folge, dass die Parteien die Mehrheitsbildung im Kongress kaum vorstrukturieren. Sie können insbesondere keine stabilen Mehrheiten gewährleisten.

Wahlen und Wahlkampf

Von Bedeutung für den politischen Prozess ist außerdem das Wahlrecht. Für den Senat wird jeweils alle zwei Jahre nur ein Drittel des Senates gewählt. Das schränkt die Möglichkeit der Bevölkerung ein, durch Wahlen eine schnelle Veränderung politischer Mehrheiten zu erreichen, was andererseits allerdings eine gewisse Stabilität und Handlungsfähigkeit des Senats gewährleistet. Ganz anders der Wahlmodus für das Repräsentantenhaus. Die 435 Abgeordneten werden alle zwei Jahre neu gewählt. Die Folgen sind nicht unbedingt mangelnde personelle Kontinuität, sondern eine Konzentration der Abgeordneten nicht in erster Linie auf die nationale Politik, sondern auf den lokalen Wahlkampf, in dem sie sich aufgrund der extrem kurzen Wahlperiode praktisch permanent befinden.

Stabilitäts- und Konsistenzprobleme des amerikanischen Regierungssystems

Damit stoßen wir auf ein zentrales Problem des amerikanischen Regierungssystems, nämlich auf eine geringe Integration und Konsistenz staatlichen Handelns. Die starke institutionelle Differenzierung des amerikanischen Regierungssystems, die geringe Integrationsfähigkeit der Parteien und die instabilen Mehrheitsverhältnisse im Kongress begünstigen einen starken Einfluss partikularer Interessen sowie eine wenig koordinierte und wechselhafte Politik.

Die Gewaltenteilung und die Machtbeschränkung im amerikanischen Regierungssystem wirken sich also in Form von Stabilitäts- und Konsistenzproblemen problematisch auf die Handlungsfähigkeit des Staates aus. Das passt durchaus zu den Prämissen des amerikanischen Verfassungssystems und war auch von den „Vätern" der Verfassung vor mehr als 200 Jahren so gewollt. Es unterscheidet sich vor allem in dieser Hinsicht beträchtlich vom präsidentiellen Regierungssystem Frankreichs. Im Gegensatz zu den USA wirkt in der Fünften Republik Frankreichs die Verflechtung der institutionellen Gewaltenteilung als Instrument der Machtkonzentration.

Das Regierungssystem Frankreichs

Fünfte Republik

Das Regierungssystem der französischen Fünften Republik basiert auf völlig anderen historischen und verfassungspolitischen Grundlagen. Es entstand 1958 als Reaktion auf die Agonie der Vierten Republik mit dem Ziel, anstelle eines schwachen parlamentarischen Systems eine starke Exekutive mit einem starken Präsidenten zu setzen. So hatte es zwischen 1946 und 1958 allein 25 Regierungen gegeben, die oft durch die Nationalversammlung gestürzt wurden. Um die Regierung aus der Zersplitterung und Instabilität des Parteiensystems und der Dominanz durch die Nationalversammlung herauszulösen, wurde unter maßgeblichem Einfluss von General de Gaulle ein dualistisches System geschaffen. An der Spitze des Staates steht ein nicht vom Parlament abhängiger und seit 1962 direkt vom Volk gewählter Präsident. Die Regierungsgeschäfte führt ein Premierminister, der sowohl von einer Mehrheit im Parlament abhängig ist als auch mit dem Präsidenten in zentralen politischen Fragen kooperieren muss.

Diesen Prämissen entsprechend, weist das französische Regierungssystem eine andere institutionelle Struktur als das rein parlamentarische britische, aber auch als das präsidentielle amerikanische System auf.

Der französische Präsident, der bis zum Ende der 90er Jahre auf sieben Jahre gewählt wurde und dem jetzt nach einer Verfassungsänderung nur noch fünf Jahre zugestanden werden, ist im Unterschied zum amerikanischen Präsidenten nur Staatsoberhaupt, nicht aber gleichzeitig Regierungschef. Dennoch verfügt er über einen Teil der Regierungsmacht. Diese für eine parlamentarische Demokratie einzigartig starke Position des Präsidenten führte zu Bezeichnungen des französischen Regierungssystems als semi-präsidentiell. Dem steht jedoch entgegen, dass ein bedeutender Teil der Kompetenzen der Exekutive auf die Regierung mit dem Premierminister an der Spitze entfällt, und auch die Fünfte Republik das parlamentarische Misstrauensvotum gegenüber der Regierung vorsieht, was eindeutig für die Einordnung in den parlamentarischen Typus spricht. Der große Einfluss des Präsidenten resultiert neben den Verfassungsbestimmungen auch aus der spezifischen Amtsführung des ersten Präsidenten Charles de Gaulle und der Tatsache, dass 1962-86 Präsident und Regierung demselben politischen Lager entstammten und dieses über eine Mehrheit im Parlament verfügte. Da de Gaulle auch der unumstrittene Führer des politischen Mehrheitslagers war, nahmen seine Premierminister im Prinzip die Funktion eines Kabinettchefs, der für das politische Tagesgeschäft verantwortlich zeichnet, wahr.

Legitimation und Funktion des Präsidenten

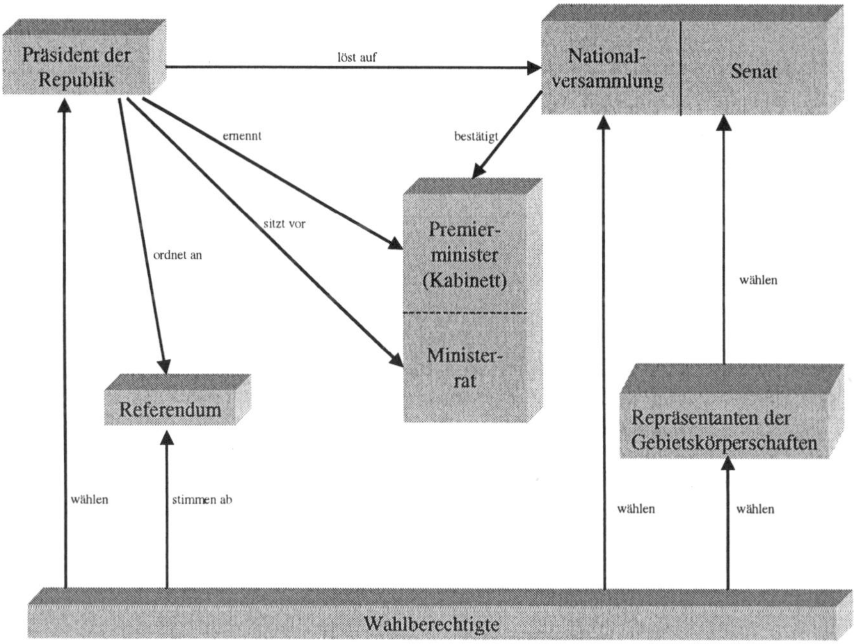

Schaubild 15: Grundstruktur des französischen Regierungssystems

Gemäß der Verfassung

Verfassungsfunktionen

- wacht der Präsident über die Einhaltung der Verfassung;
- sichert er mit seinem Schiedsspruch die ordnungsgemäße Tätigkeit der Staatsorgane und die Kontinuität des Staates;

- ist er Garant der nationalen Unabhängigkeit, der Integrität des Staatsgebietes sowie der Beachtung von Verträgen und Abkommen der französischen Gemeinschaft.

„Schiedsrichterfunktion“

Durch diese Verfassungsbestimmungen wird dem Präsidenten vor allem eine Schiedsrichterfunktion zugeschrieben, die ihm jedoch ein breites Einflussfeld eröffnet. Darüber hinaus verfügt der Präsident über eine Reihe weiterer Kompetenzen:

- Er ernennt und entlässt den Premierminister und auf dessen Vorschlag die weiteren Regierungsmitglieder, was anders als in der Bundesrepublik Deutschland nicht nur einen formalen Akt darstellt (der Ernennung muss die Bestätigung durch das Parlament (Vertrauensvotum) folgen; eine Entlassung ohne Misstrauensvotum des Parlaments ist gleichbedeutend mit einer Parlamentsauflösung);
- er führt den Vorsitz im Ministerrat;
- er kann nach Beratung mit dem Premierminister und den Präsidenten der beiden Parlamentskammern (Nationalversammlung und Senat) die Nationalversammlung maximal einmal pro Jahr auflösen;
- er kann bereits vom Parlament verabschiedete Gesetze zu einer neuen Beratung an das Parlament zurückverweisen und sie auch dem Verfassungsrat zur Überprüfung ihrer Verfassungsmäßigkeit zu leiten;
- er kann auf Vorschlag der Regierung oder beider Kammern Gesetzesentwürfe über die Organisation der Staatsgewalt oder die Ratifizierung eines internationalen Vertrages einer Volksabstimmung unterbreiten;
- er unterzeichnet alle vom Ministerrat beschlossenen Rechtsverordnungen und Erlasse. Tut er es nicht, bedeutet dies ein faktisches Veto, das das Parlament mit einer erneuten Verabschiedung der Vorlage als Gesetz aber umgehen kann;
- er ist Oberbefehlshaber der Streitkräfte;
- er führt die Außenpolitik und internationale Vertragsverhandlungen;
- er ist mit außerordentlichen Notstandsvollmachten ausgestattet, die aber bislang nur einmal zur Anwendung kamen, nämlich im April 1961 unter Präsident de Gaulle während der Algerien-Krise;
- er kann zur Übermittlung von Botschaften jederzeit das Parlament einberufen;
- er besitzt ein Initiativrecht für Verfassungsänderungen auf Vorschlag des Premierministers;
- er ernennt drei Mitglieder des Verfassungsrates einschließlich dessen Präsidenten sowie weitere Richter und Inhaber bedeutender öffentlicher Ämter.

Zusammenfassung

Insgesamt bieten seine Kompetenzen dem Präsidenten vielfältige Möglichkeiten, die Politik zu beeinflussen und zu steuern. Diese Möglichkeiten hat der erste Präsident der Fünften Republik, Charles de Gaulle, extensiv genutzt und das Präsidentenamt zur dominanten Position des französischen Regierungssystems ausgebaut. Auch seine Nachfolger haben ihre Befugnisse extensiv ausgenutzt und die dominierende Rolle des Präsidentenamtes gewahrt.

Mit der Führung der täglichen Regierungsgeschäfte ist allerdings der Premierminister beauftragt. Dennoch kann der Präsident als Vorsitzender des Ministerrates jederzeit an der konkreten Regierungstätigkeit teilnehmen und sie über seine Kompetenzen in vielfältiger Weise beeinflussen. Der Ministerrat ist jedoch weniger ein Arbeitsgremium. Dort werden Gesetze, die vorher in den Ministerien erarbeitet wurden und vom Kabinett gebilligt worden sind, formell verabschiedet. Durch eine Abstimmung zwischen Premierminister und Staatspräsidenten werden mögliche Differenzen und damit potentielle Eklats in der Regel im Vorfeld ausgeräumt.

Funktion des Premierministers

Eine in Bezug auf ihren realen politischen Einfluss schwierige Rolle spielt im französischen Regierungssystem der Premierminister. Er wird auf der einen Seite vom Präsidenten ernannt, ist aber auf der anderen Seite vom Vertrauen des Parlaments abhängig. Der Präsident muss ihn entlassen, wenn die Nationalversammlung der Regierung mit absoluter Mehrheit das Misstrauen ausspricht. Da er die Regierungsgeschäfte leitet, spielt er bezüglich der Koordination der Regierungstätigkeit eine wichtige Rolle. Im Ministerrat und aufgrund der Kompetenzen des Präsidenten in der Verteidigungs- und Außenpolitik kann er zwar nicht unabhängig vom Präsidenten agieren, hat aber ihm gegenüber aufgrund der verfassungsrechtlichen Regelungen des Gesetzgebungsprozesses eine starke Stellung. Die Regierung verabschiedet die vom Premierminister vorgelegten Gesetzesentwürfe sowie Dekrete zur Ausführung des Regierungsprogramms. Größere Bedeutung hat vor allem der meist in einem Ministerium zusammengefasste Bereich Wirtschaft und Finanzen.

Kohabitation

Die Zusammenarbeit zwischen Präsident und Premierminister kann vor allem dann zu Problemen führen, wenn diese aus unterschiedlichen Parteien kommen, wie es 1986-88, 1993-95 und von 1997-2002 der Fall war bzw. ist. In dieser „Cohabitation" genannten Konstellation sah sich der sozialistische Präsident François Mitterrand konservativ geführten Regierungen (Chirac, Balladur) und der spätere gaullistische Präsident Chirac dem sozialistischen Premier Jospin gegenüber. Dabei gestaltete sich vor allem die erste Kohabitation konfliktreich, hatten doch der Präsident wie Premier Chirac Ambitionen auf das Präsidentenamt. Hinzu kam, dass diese Konstellation für die V. Republik neu war und es noch keine Verhaltensnormen für die beiden Akteure gab. Ganz anders stellte sich die Situation von 1993-95 dar: Der Präsident konnte nicht mehr für das Präsidentenamt kandidieren und die Wahlniederlage der sozialistischen Partei im Mai 1993 (von 34,8% auf 17,6%) schwächte die politische Position des Präsidenten erheblich. So gestaltet sich die zweite Kohabitation insgesamt weniger spannungsgeladen. Auch die von Chirac selbst eingeleitete jüngste Kohabitation (er löste 1997 die Nationalversammlung auf, obwohl das bürgerliche Lager unter Juppé eine Mehrheit hatte und es verlor entgegen den Erwartungen auf eine komfortablere Mehrheit die Wahl) verlief nicht allzu konfliktreich. Insgesamt zeigt sich jedoch ein deutlicher Wandel gegenüber den Zeiten vor dem Eintreten des Zustands der Kohabitation, als die Regierung weitgehend die Politik des Präsidenten vollzog. An der Dominanz des Präsidenten in der Außen- und Verteidigungspolitik änderte sich jedoch wenig, zumal in diesem Bereich ohnehin kaum politischer Dissens vorlag. Festgehalten werden kann aber auch, dass das Regierungssystem der Fünften Republik die bisherigen Phasen der Kohabitation zwar überstanden hat, dass aber dieser Fall von der Logik der Verfassung nicht eingeplant worden war. Bei bestimmten politischen und personellen Konstellationen ist eine weitgehende gegenseitige politische Blockade der Verfassungsinstitutionen durchaus möglich. Allerdings haben sich die Präsidenten vor allem auf ihre von der Verfassung gesicherten Bereiche, die so genannten „domaines reservées", zurückgezogen und somit gravierende Verfassungskonflikte vermieden. Die inzwischen beschlossene Reduzierung der Amtszeit des Präsidenten von sieben auf fünf Jahre soll eine zeitliche Synchronisierung der Wahlen zur Nationalversammlung und zum Präsidentenamt bewirken. Damit hofft man unter anderem, Kohabitationen zu vermeiden, da von einer einheitlichen politischen Stimmung ausgegangen werden kann. Ob die französischen Wähler in Zukunft ihre Stimmen geschlossen für das jeweilige politische Lager und dessen Präsidentschaftskandidaten abgeben oder ob sie sie verstärkt aufteilen werden, bleibt jedoch eine offene Frage. Hinzu kommt, dass die politischen Lager (bürgerlich vs. sozialistisch) nicht mehr denselben Grad von Geschlossenheit besitzen, den sie in der Vergangenheit hatten.

Gesetzgebungsfunktion des Parlaments

Für die Gesetzgebung ist das aus zwei Kammern bestehende Parlament zuständig. Die Nationalversammlung besteht aus 577 Abgeordneten, die in allgemeiner, direkter Wahl auf fünf Jahre gewählt werden. Mit Ausnahme des Zeitraums 1985/86, wo das Verhältniswahlrecht galt, wird die Nationalversammlung nach absolutem Mehrheitswahlrecht bestimmt. Gewählt ist dabei, wer die absolute Mehrheit der Stimmen und mindestens 25% der Wahlberechtigten in einem Wahlkreis auf sich vereinigen kann. Meist ist ein zweiter Wahlgang notwendig, an dem alle Kandidaten teilnehmen dürfen, die im ersten Wahlgang mindestens 12,5% der abgegebenen Stimmen erreicht haben. Demgegenüber umfasst der mit Vertretern der Gebietskörperschaften (Departments) und Gemeinden zusammengesetzte Senat 321 Mitglieder, die für neun Jahre gewählt werden. Ein Drittel der Mitglieder wird alle drei Jahre neu bestimmt, wobei nur ein bestimmter Kreis von Verwaltungsbeamten und Bürgermeistern ein aktives und passives Wahlrecht besitzt. Trotz dieser schwachen demokratischen Legitimation hat der Senat ein erhebliches Mitwirkungsrecht bei der Gesetzgebung. Ursprünglich sollte er die verzweigte zentralstaatliche Verwaltung in den Departments im politischen System repräsentieren. Seit dem Beginn der 80er Jahre wurden die Verwaltung dezentralisiert und neue Gebietskörperschaften mit eigenen repräsentativen Institutionen geschaffen (Regionen mit Regionalparlamenten und Präsidenten an ihrer Spitze), so dass diese Repräsentationsfunktion zunehmend obsolet wurde. Damit stellt der Senat heute eine anachronistische Institution im französischen Regierungssystem dar.

Einschränkungen der parlamentarischen Funktion: rationalisiertes Parlament

Die Gesetzesinitiative liegt formal gleichermaßen beim Premierminister und bei den Mitgliedern des Parlaments. Allerdings kann die Regierung von Parlamentariern ausgehende Gesetze und Änderungsanträge für unzulässig erklären, sofern sie haushaltswirksam sind. Damit wird die parlamentarische Gesetzesinitiative gerade in einem für Parlamente besonders wichtigen Kompetenzbereich eingeschränkt, nämlich dem fiskalischen. Tatsächlich werden denn auch nur selten direkt aus dem Parlament kommende Gesetzesvorlagen angenommen. So wurden 1958-81 von den eingebrachten Vorlagen der Regierung 86,9% auch zu Gesetzen, von den Vorlagen der Parlamentarier dagegen nur 4,7%.

Einschränkungen erleidet die parlamentarische Gesetzgebungskompetenz auch in anderer Hinsicht:

- Die mit einem Gesetzgebungsentwurf der Regierung zuerst betraute Kammer (in Finanzangelegenheiten die Nationalversammlung) muss die von der Regierung vorgelegte Fassung beraten.
- Die zweitbetraute Kammer hat über den von der ersten vorgelegten Wortlaut zu beschließen.
- Falls sich die beiden Kammern nach dreimaligem Hin und Her („navette") nicht einigen können, kann der Premierminister einen paritätisch besetzten Vermittlungsausschuss bestellen. Der von diesem Gremium ausgearbeitete Entwurf wird beiden Kammern vorgelegt. Änderungsanträge sind nur mit Zustimmung der Regierung möglich. Wenn keine Vermittlungsvorlage zustande kommt oder diese nicht von beiden Kammern angenommen wird, kann die Regierung von der Nationalversammlung einen endgültigen Beschluss verlangen.
- Die Regierung kann von der mit einem Gesetz befassten Kammer verlangen, in einer einzigen Abstimmung zu entscheiden, wobei Änderungsvorschläge nur mit Zustimmung der Regierung berücksichtigt werden („vote bloquée").
- Bei einer „Dringlichkeitserklärung" der Regierung wird schon nach nur einer Lesung in Nationalversammlung und Senat ein Vermittlungsausschuss eingesetzt, sofern keine Einigung erfolgt ist. Dieses Verfahren findet meist Anwendung bei Zeitmangel am Ende der Sitzungsperiode.
- Darüber hinaus kann der Premierminister auf Beschluss des Ministerrates die Abstimmung über eine Vorlage mit der Vertrauensfrage verbinden. Wenn innerhalb der folgenden 24 Stunden kein Misstrauensantrag eingebracht und mit absoluter Mehrheit angenommen wird, gilt die Vorlage als angenommen. Diese Möglichkeit nutzte zum Beispiel die nur mit der knappen Mehrheit von fünf Stimmen in der Nationalversammlung ausgestattete konservativ geführte Regierung während der ersten Cohabitation von 1986-88.
- Auch die Befugnisse der je sechs ständigen Ausschüsse des Parlaments sind im Vergleich zu anderen Parlamenten (mit Ausnahme des britischen Unterhauses) eher als gering einzustufen.

Kompetenzverschiebung zu Lasten des Parlaments

Durch diese Vorschriften und Verfahren schränkt die Verfassung der Fünften Republik die Rechte des Parlaments bei der Gesetzgebung von vornherein zugunsten der Exekutive materiell stark ein und gewährt der Regierung zudem großen Spielraum für eine Regelung durch Rechtsverordnungen. Vor diesem Hintergrund ist es nicht verwunderlich, wenn dem französischen Parlament, verglichen mit den übrigen Staaten der EU, die schwächste Rolle im politischen Prozess zugemessen wird. Man spricht deshalb auch von einem „rationalisierten" Parlament und meint damit die Einschränkung seines Aufgaben- und Funktionsumfangs. Die verfassungspolitisch gewollte Stärkung der Exekutive in der Verfassung der V. Republik ging damit eindeutig zu Lasten der Legislative.

Wiederbelebung der Nationalversammlung

Die Schwächung der Legislative war aber auch eine Folge der politischen Konstellation zu Anfang der V. Republik, die durch eine gaullistische Parlamentsmehrheit und eine exekutive Doppelspitze in der Rolle politischer Gallionsfiguren dieses Lagers gekennzeichnet war. Nach der ersten Kohabitation 1986 wurde vom Premierminister das Parlament, d.h. in erster Linie die Nationalversammlung, als politische Machtbasis „wiederentdeckt". Nur gestützt auf eine solide und geschlossene parlamentarische Mehrheit, konnte der Premierminister dem Präsidenten politischen Widerstand entgegensetzen. Die Kohabitation erweist sich damit als Chance des Parlaments, seine subalterne Stellung im Regierungssystem zu überwinden. Diese Chance hat die Nationalversammlung auch genutzt. Seit Beginn der 90er Jahre sind deshalb dem Parlament neue Rechte und Möglichkeiten zugewachsen. So wurden die Möglichkeiten, Ausschüsse zu bilden, erhöht und Sitzungsperioden, die in der Vergangenheit zeitlich stark begrenzt waren, verlängert. Dieser Emanzipationsprozess des Parlaments hält an und seine Fortsetzung wird vermutlich vom Auftreten weiterer Kohabitationsphasen abhängig sein.

Das französische Regierungssystem kennt auch plebiszitäre Möglichkeiten, die aber keine vom Volk ausgehende Initiativrechte darstellen. Auf Antrag der Regierung oder beider Kammern des Parlaments kann der Präsident über Gesetzesvorlagen ein Referendum einleiten, soweit deren Inhalt Aufbau und Funktion der Staatsorgane oder das Funktionieren der Institutionen betrifft. Verfassungsändernde Gesetze bedürfen einer Mehrheit in Nationalversammlung und Senat, bevor ein Referendum durchgeführt werden kann. Möglich ist auch das Zusammentreten beider Kammern als Kongress, dann ist für die Annahme eine 3/5-Mehrheit erforderlich.

Verfassungsrat

Die Kontrolle der Verfassungsmäßigkeit der Gesetze obliegt dem Verfassungsrat, dessen neun Mitglieder jeweils zu einem Drittel vom Präsidenten, dem Präsidenten der Nationalversammlung und dem des Senats ernannt werden. Das Recht auf Anrufung des Verfassungsrats besitzen Präsident und Premierminister sowie die Präsidenten von Nationalversammlung und Senat (seit 1974 auch mindestens 60 Abgeordnete bzw. Senatoren).

Dominante Exekutive

Insgesamt kann man feststellen, dass die Verfassung der Fünften Republik auf eine starke Exekutive angelegt ist. Das Parlament ist im Wesentlichen auf eine Kontroll- und Legitimationsfunktion verwiesen, was für den Senat noch stärker gilt als für die Nationalversammlung. Politisch gestalten kann es nur wenig. Am Rande sei erwähnt, dass das Wahlrecht für beide Kammern sowie ihre Amtszeit nicht in der Verfassung verankert, sondern nur in einem Gesetz geregelt werden muss. Dies führt zu der Versuchung, das Wahlrecht aus politischem Opportunismus zu ändern – so geschehen 1985/86 durch die sozialistische Mehrheit und den Staatspräsidenten Mitterand. Allerdings mit nicht antizipierten negativen Konsequenzen: das linke Lager verlor mit einem Verhältniswahlrecht die Wahl zur Nationalversammlumng 1986 und schuf damit die erste Kohabitation der V. Republik.

Die starke Position der Exekutive im Regierungssystem der V. Republik muss man zusätzlich im Zusammenhang mit drei weiteren wichtigen Merkmalen dieses Systems sehen:

- der zentralistischen Staatsstruktur;
- der starken Rolle der Bürokratie;
- dem schwachen und fraktionalisierten Parteien- und Verbändesystem.

Starkes politisch-administratives System

Frankreich hat traditionell ein stark zentralistisches politisch-administratives System und eine einheitliche und relativ hierarchische Verwaltungsstruktur für ganz Frankreich. Das französische Regierungssystem ist insofern noch zentralistischer als das britische, das zumindest weniger einheitlich durchorganisiert ist.

Die französische Staatsbürokratie gilt wohl zu Recht als die stärkste und mächtigste in der westlichen Welt. Sie hat sich seit der Zeit Ludwigs XIV. nahezu kontinuierlich zu einer zentralen politischen Entscheidungsagentur entwickelt. Vor allem in der Dritten und Vierten Republik war die Bürokratie wegen der systematischen Regierungsschwäche die tragende Entscheidungsinstanz. Diese starke Position erklärt sich aus ihrer Stabilität, ihrem hochqualifizierten und homogenen Rekrutierungssystem und nicht zuletzt aus der relativen Schwäche des Parteien- und Verbändesystems.

Bürokratie

Nach einer Reihe von Versuchen zur Dezentralisierung gelang es 1982/83, bedeutende Veränderungen in diesem Bereich herbeizuführen. Die Gliederung in Gemeinden, Départements und Regionen wurde zwar beibehalten, letztere erhielten jedoch den Status autonomer Gebietskörperschaften mit direkt zu wählenden Regionalräten. Die unteren Ebenen erhielten weitere Kompetenzen. Vor allem aber wurde die Rolle des Repräsentanten des Zentralstaats im Département, des Präfekten, von vorheriger Staatsaufsicht auf nachträgliche Rechtsaufsicht beschränkt.

Regionen

Das französische Parteiensystem weist eine hohe Fraktionalisierung auf, die durch das absolute Mehrheitswahlrecht begünstigt wird. Es gibt in der Fünften Republik zwar tendenziell immer wieder eine Bildung von zwei Koalitionen – einer rechten und einer linken –, aber diese sind meist zerstritten und instabil. Das ist mit ein Grund, warum es den Parteien und dem Parlament nicht gelang, ein starke Position gegenüber Bürokratie und Exekutive zu erlangen. Die Konsens- und Integrationsfähigkeit des französischen Parteiensystems reicht nicht für die Erlangung dauerhafter effektiver parlamentarischer Macht aus.

Fraktionalisierung des Parteien- und Verbändesystems

Auch das französische Verbändesystem weist einen relativ schwachen Organisationsgrad auf. Die Unternehmer verfügen zwar über einen einheitlichen Verband, der jedoch in sich schwach integriert und wenig konsensfähig ist. Das Gewerkschaftssystem ist nicht einheitlich, sondern zerfällt in Richtungsgewerkschaften, die sich nur schwer auf eine gemeinsame Position einigen können. Nur wenige Interessengruppen (wie z.B. die Bauern) sind ausreichend organisiert, um gegenüber Bürokratie und Exekutive durchsetzungsfähig zu sein. Dies führt dazu, dass zwar die relevanten Verbände bei der staatlichen Planung von Wirtschafts- und Infrastrukturaktivitäten konsultiert werden, sie aber in den engeren Steuerungs- und Entscheidungsprozessen nur am Rande beteiligt sind.

Zusammenfassend kann man feststellen, dass die französische Fünfte Republik einen starken Staat geschaffen hat, der eine wichtige Rolle in der sozioökonomischen Entwicklung Frankreichs spielt. Der Preis dafür besteht in einer relativ geringen demokratischen Kontrolle politischer Entscheidungen. Das amerikanische Regierungssystem beruht dagegen auf einer weitgehenden Machtkontrolle und hat folglich einen eher schwachen Staat geschaffen.

Fazit

3. Direkte Demokratie und Konkordanz: Das politische System der Schweiz

Ausnahmefall des politischen Systems der Schweiz

Die Schweiz stellt eine Ausnahme unter den westlichen Demokratien dar, weil sie ein Mischsystem aus direkt-demokratischen und repräsentativ-parlamentarischen sowie starken föderativen Elementen darstellt. Im politischen System der Schweiz wird Volkssouveränität direkt und unmittelbar ausgeübt. Das heißt konkret, dass Gesetze bzw. Verfassungsänderungen unter bestimmten Bedingungen der Zustimmung durch die stimmberechtigten Bürgerinnen und Bürger bedürfen bzw. grundsätzlich ihrer Zustimmung unterworfen werden müssen. Dadurch werden die repräsentativen Institutionen nicht funktionslos, aber es verändert ihre politische Handlungslogik. Die Schweiz ist ferner eine Ausnahme, weil sie statt einer Konkurrenz- eine Konkordanzdemokratie aufweist. Im politischen System der Schweiz werden Konflikte in der Regel nicht durch Mehrheitsbeschlüsse, sondern durch ein breites Aushandeln von Kompromissen geregelt. Direkte Demokratie und Konkordanz hängen dabei eng miteinander zusammen. Die Konkordanz ist vor allem ein Produkt und die Folge der direkten Demokratie.

Grundstruktur des Regierungssystems

Die Schweiz ist ein föderalistisches System mit 23 Kantonen (da drei Kantone aus je zwei Halbkantonen bestehen, gibt es insgesamt 26 selbständige Gliedstaaten). Die Kantone werden im Parlament (Bundesversammlung) durch eine zweite Kammer, den Ständerat, repräsentiert. Die erste Kammer, der Nationalrat, wird nach dem Verhältniswahlrecht direkt gewählt. An der Spitze der Exekutive steht als Regierung der Bundesrat, ein Kollegialorgan mit sieben gleichgestellten Mitgliedern. Diese werden von beiden Kammern gewählt, sind aber während der vierjährigen Legislaturperiode nicht von deren Vertrauen abhängig. Die Schweiz kennt kein Staatsoberhaupt (einer der Bundesräte übernimmt turnusgemäß das Präsidium im Bundesrat für ein Jahr und damit auch die Protokollpflichten eines Staatsoberhauptes) und auch kein Verfassungsgericht (das Bundesgericht nimmt allerdings verfassungsgerichtliche Funktionen wahr). Beides würde dem schweizerischen Verständnis von Volkssouveränität widersprechen.

Direkte Demokratie

Die direkte Demokratie ist in der Schweiz durchgängig institutionalisiert. Sie existiert in teilweise unterschiedlichen Formen auf der Bundes-, der kantonalen und der Gemeindeebene. Ihre wesentlichen Merkmale und Mechanismen sind:

– Obligatorisches Referendum

- Obligatorisches Referendum: Bestimmte wichtige, verfassungsrechtlich definierte Gesetzesvorhaben (z. B. verfassungsändernde Gesetze; Totalrevisionen der Verfassung; Steuern, sofern in der Verfassung geregelt; Beitritt zu internationalen Verträgen und supranationalen Gemeinschaften) müssen der Volksabstimmung unterworfen werden, nachdem das Parlament sie beschlossen hat. Dabei ist die Mehrheit der Stimmen auf Bundesebene und eine Mehrheit in mehr als der Hälfte der Kantone erforderlich („Doppelmehr"= „Volks- und Ständemehr").

– Fakultatives Referendum

– Fakultatives Referendum: Alle nicht dem obligatorischen Referendum unterliegenden Gesetze und Parlamentsbeschlüsse auf Bundesebene müssen einer Volksabstimmung unterworfen werden, wenn dies 50000 Stimmberechtigte oder acht Kantone innerhalb von 100 Tagen (Referendumsfrist) beantragen. Deshalb werden alle vom Parlament beschlossenen Gesetze unter Referendumsbvorbehalt gestellt. Dieser Vorbehalt kann vom Parlament bei dringlichen Gesetzen für ein Jahr ausgesetzt werden. Hierbei ist die Mehrheit der Stimmen auf Bundesebene notwendig, nicht jedoch eine Mehrheit in mehr als der Hälfte der Kantone („einfaches Mehr").

– Volksinitiative

– Volks- oder Verfassungsinitiative: Eine bestimmte Zahl von Bürgern (auf Bundesebene 100 000) kann durch ein Volksbegehren die Änderung oder Ergänzung der Bundesverfassung beantragen. Eine solche Initiative muss einer Volksabstimmung („Doppelmehr-Referendum") unterbreitet werden, wobei allerdings Parlament und Regierung einen Alternativvorschlag mit zur Abstimmung stellen können. Die Mehrheitserfordernisse für die Annahme entsprechen denen des obligatorischen Referendums.

– Gesetzesinitiative

– Gesetzesinitiative: In den meisten Kantonen, nicht jedoch auf der Bundesebene, kann zudem durch eine bestimmte Zahl der Bürgerinnen und Bürger ein Gesetzvorschlag unterbreitet und einer Volksabstimmung vorgelegt werden.

– Volksversammlung

– Volksversammlung: In zwei kleineren Kantonen (Glarus und Appenzell-Innerrhoden) und in vielen Gemeinden erfolgt die Volksabstimmung im Rahmen von Volksversammlungen (in den Kantonen Landsgemeinde genannt).

Die direkte und unmittelbare Ausübung der Volkssouveränität impliziert zwar nicht, dass das Volk in unmittelbarer Partizipation politische Entscheidungen ausgestaltet, sie macht aber die Volksabstimmung zur entweder de jure notwendigen oder de facto immer möglichen letzten und endgültigen Instanz des politischen Entscheidungsprozesses. Das bedeutet insbesondere, dass Volksentscheide nicht justitiabel sind, d.h. sie können durch die Rechtssprechung nicht korrigiert oder aufgehoben werden. Auch das Parlament ist an Volksentscheide gebunden.

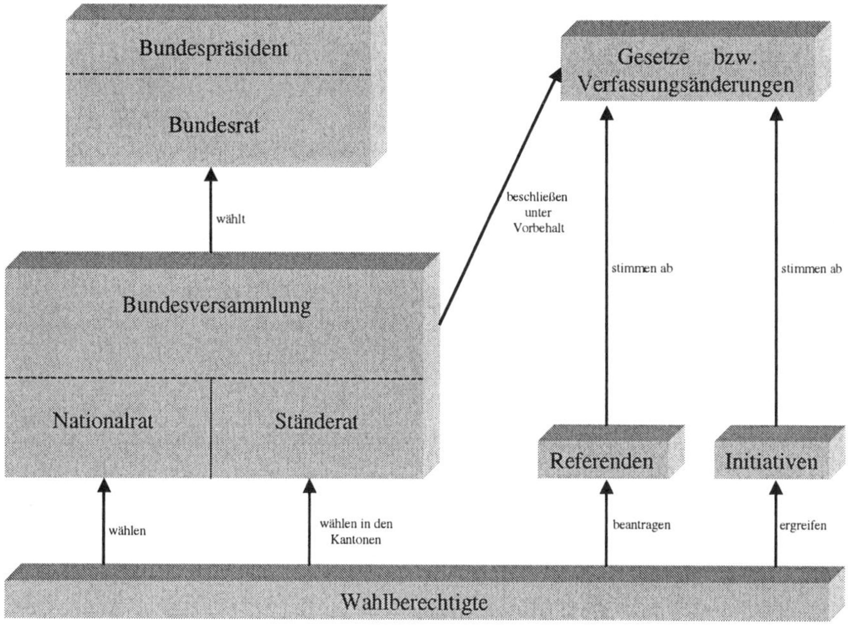

Schaubild 16: Grundstruktur des schweizerischen Regierungssystems

Umfang und Bedeutung der direkten Demokratie

Insgesamt wurde zum Beispiel von 1848 bis 1997 auf Bundesebene über 451 Referenden und Volksinitiativen abgestimmt. Im Zeitraum 1971-90 mehr als doppelt so viel wie in den 20 Jahren zuvor. Die Tendenz ist also steigend. Dabei besteht bei der Volks- oder Verfassungsinitiative eher eine geringe Chance der Annahme. Nur ca. 10% dieser Initiativen sind erfolgreich im Sinne ihrer Promotoren. Vielversprechender für die Initiatoren ist das fakultative Referendum, wo immerhin eine fast 50%ige Erfolgschance besteht. Vor allem in verfassungspolitischer Hinsicht bestätigen die Abstimmungen meist den Status quo. Auch die Beteiligung an den direktdemokratischen Verfahren ist gesunken und beträgt im Mittel der letzten 20 Jahre ungefähr 40%, was u.a. auf die Vielzahl der den Bürgerinnen und Bürgern vorgelegten Entscheidungen zurückgeführt wird. Ausnahmen bildeten die Abstimmungen zur „Überfremdung" 1970 und 1974, zur Abschaffung der Armee 1989 und zum Beitritt der Schweiz zum Europäischen Wirtschaftsraum (EWR) 1992, die zwischen 69% und 78% Beteiligung erreichten. Der mit knapper Mehrheit von 50,3% abgelehnte EWR-Beitritt macht, wie der ebenfalls lange abgelehnte UN-Beitritt, auch ein grundlegendes Problem der direkten Demokratie deutlich: es tritt eine deutliche Polarisierung zutage und besonders bei den beiden letztgenannten Referenden war die politische Führung für die Beitritte. Der inzwischen akzeptierte Beitritt zur UNO wäre fast erneut am Standemehr (Mehrheit der Stimmbürger in der Mehrheit der Kantone) gescheitert.

Funktion der direkten Demokratie

Die gemessen an der Zahl der vom Parlament verabschiedeten Gesetze eher seltene Nutzung des fakultativen Referendums (der Anteil der fakultativen Referenden gemessen an der Zahl der vom Parlament beschlossenen Gesetze und

Vorlagen liegt unter 7%) bedeutet nicht, dass die direkte Demokratie real nur eine geringe politische Bedeutung hat. Das wird klar, wenn man die Funktion plebiszitärer Verfahren im politischen System der Schweiz genauer betrachtet:

- In der Schweiz laufen die meisten politische Entscheidungsprozesse, ebenso wie in anderen westlichen Demokratien, über das Parlament.
- Direkte Demokratie ist nicht primär ein Mechanismus tatsächlicher Partizipation. Sie ersetzt nicht die in anderen Demokratien üblichen Entscheidungsverfahren repräsentativer Organe, sondern die Parteienkonkurrenz und andere Mechanismen der Kontrolle politischer Macht.
- Die wichtigste Funktion der plebiszitären Verfahren besteht also darin, zu gewährleisten, dass parlamentarische Entscheidungen und staatliches Handeln den Interessen der Mehrheit der Bürger möglichst gut entsprechen.
- Diese Funktion erfordert nicht, dass fakultatives Referendum und Verfassungsinitiative tatsächlich immer genutzt werden, sondern lediglich, dass sie leicht genutzt werden können, wenn parlamentarische Entscheidungen und staatliches Handeln die Interessen der Bürgerinnen und Bürger nicht angemessen repräsentieren.
- Für die Gewährleistung einer angemessenen Interessenrepräsentation reicht also die jederzeit realisierbare Drohung des Einsatzes plebiszitärer Instrumente aus.

In parlamentarischen Demokratien läuft die Kontrolle politischer Entscheidungen im Wesentlichen über den Wahlmechanismus und die Chance des Regierungswechsels. Parteienkonkurrenz ist damit ein funktional notwendiges und zentrales Element parlamentarischer Verfassung. In der direkten Demokratie dagegen entfällt diese Funktion. Parteienkonkurrenz ist funktional beschränkt auf die Artikulation unterschiedlicher ideologischer Positionen und sozio-ökonomischer Interessenlagen.

Fehlende Herrschaft parlamentarischer Mehrheiten: Parteienproporz

In der Schweiz gibt es folglich auch keine parlamentarische Mehrheitsregierung im Sinne einer Parteienherrschaft. Der Bundesrat (Regierung) ist ein Kollegialorgan, dessen sieben Mitglieder einzeln vom Parlament nach einem Parteienproporz gewählt werden. Grundlage ist seit 1959 eine „Große Koalition" nach der „Zauberformel" 2:2:2:1. Die drei größten Parteien – Sozialdemokratische Partei, Freisinnig-demokratische Partei und Christlich-soziale Volkspartei – erhalten je zwei Sitze. Der siebte Sitz geht an die nächstgrößte Partei – meist die Schweizer Volkspartei. Diese vier Bundesratsparteien besitzen im Parlament über 80% der Sitze und erhalten zusammen über 70% der Stimmen. Auch die im Bundesrat nicht vertretenen Parteien bilden keine Opposition im üblichen Sinn, sondern wirken in der Regel ebenso an der parlamentarischen Willensbildung mit und leisten nur fallweise Opposition – wie auch die Bundesratsparteien selbst. Diese Sitzverteilung der „Zauberformel" hatte auch nach der letzten Wahl (1999) bestand, obwohl die Schweizer Volkspartei mit einem rechtskonservativen Programm mit über 20% stärkste Partei wurde.

Proporzregeln

Neben dem Parteienproporz gelten für die Zusammensetzung des Bundesrates einige weitere formale bzw. nicht-formalisierte Regeln. Die Bundesratssitze werden auf die drei bzw. vier Sprachgruppen (Deutsch, Französisch, Italienisch und Rätoromanisch) und die beiden großen Konfessionen aufgeteilt. Die Kantone

Bern, Zürich und (mit Einschränkung) Vaud werden immer mit einem Sitz berücksichtigt. Die Bestimmung, dass nie mehr als ein Bundesratsmitglied aus einem Kanton kommen darf, wurde im Zuge der Totalrevision der Schweizer Verfassung vor kurzem aufgehoben. Die sieben Bundesräte werden vom Parlament auf die Dauer von vier Jahren gewählt; sie sind vor Ablauf ihrer Wahlperiode nicht abwählbar. Das bedeutet, dass die Mitglieder des Bundesrates und das Gremium insgesamt nicht parlamentarisch verantwortlich sind. Insofern besitzt das politische System der Schweiz ein zentrales Element des präsidentiellen Regierungssystems, das aber nicht zu der Institutionenkonkurrenz zwischen Parlament und Regierung wie im amerikanischen Regierungssystem führt. Die Regierung geht in der Schweiz aus dem Parlament hervor und die politische Koordination zwischen der „Fast-All-Parteien-Regierung" und den Fraktionen im Parlament ist stark. In der Schweiz spielt die Parteienkonkurrenz folglich auch keine wichtige Rolle bezüglich der Erlangung der Regierungsmacht, weil die Regierungsmacht zwischen den Parteien nach dem Proporzsystem geteilt wird.

Bundesrat als Kollegialorgan

Der Bundesrat fällt alle seine Entscheidungen als Kollegialorgan nach dem Mehrheitsprinzip. Seine sieben Mitglieder sind gleichberechtigt. Das gilt auch für den Bundespräsidenten, der von der Bundesversammlung (National- und Ständerat) aus der Mitte des Bundesrates für die Dauer eines Jahres nach einem Rotationsprinzip gewählt wird. Der Bundespräsident leitet als „primus inter pares" die Sitzungen des Bundesrates. Er hat jedoch keine sonstigen „Führungskompetenzen", insbesondere keine Richtlinienkompetenz. Der Vorschlag, ihm im Rahmen einer so genannten Staatsleitungsreform mehr Kompetenzen zu geben, wurde zugunsten einer Stärkung der Ministerien verworfen. Allerdings ist die Diskussion darüber noch nicht abgeschlossen. Im Übrigen nimmt der Bundespräsident bei Besuchen ausländischer Staatsoberhäupter die Funktionen eines Staatsoberhauptes wahr, ohne jedoch Staatsoberhaupt zu sein, da die Schweiz im strengen Sinn kein Staatsoberhaupt kennt.

Parlarmentsstruktur: National- und Ständerat

In anderen Punkten unterscheidet sich die institutionelle Struktur des schweizerischen politischen Systems formal nur wenig von der parlamentarischer Systeme. Im Bund und den meisten Kantonen wird die legislative Funktion, vorbehaltlich der Volksrechte, von einem Parlament wahrgenommen. Auf Bundesebene besteht das Parlament aus zwei Kammern, dem Nationalrat und dem Ständerat. Der Nationalrat hat 200 Mitglieder, die von der Bevölkerung der Kantone nach dem Verhältniswahlrecht gewählt werden. Dabei muß jeder Kanton mindestens durch einen Nationalrat vertreten werden. In kleinen Kantonen mit nur wenigen Mitgliedern im Nationalrat ist die Verhältniswahl logischerweise faktisch eine Mehrheitswahl. Der Ständerat, die Vertretung der Kantone, besteht aus je zwei gewählten Vertretern der Kantone und je einem Vertreter der so genannten Halbkantone. Beide Kammern sind gleichberechtigt und verhandeln in der Regel getrennt. Verfassungsartikel, Gesetze und Bundesbeschlüsse bedürfen folglich der Zustimmung beider Kammern.

Schwache Stellung des Parlaments

Das schweizerische Parlament hat wegen der ausgebauten Volksrechte und anderer Faktoren eine institutionell eher schwache Stellung. Seine reale Funktion beschränkt sich weitgehend auf die Sanktionierung und Legitimierung von im vorparlamentarischen Raum getroffenen Entscheidungen. Damit stoßen wir auf ein zweites zentrales Element des schweizerischen Regierungssystems – auf die Konkordanzpraxis.

Konkordanzpraxis: Vorparlamentarische Kompromisssuche

Die direkte Demokratie erzwingt die Bildung umfassender politischer Mehrheiten. Entscheidungen, die von knappen Mehrheiten parlamentarisch durchgesetzt würden, liefen Gefahr, durch die jeweilige Minderheit über das Instrument der Volksabstimmung nachträglich umgestoßen zu werden. Da Volksabstimmungen kaum kalkulierbar sind, müssen politische Mehrheiten so gebildet werden, dass sie möglichst alle Parteien, Verbände und Gruppen umfassen, die in der Lage sind, ein Referendum mit Aussicht auf Erfolg zu lancieren. Das hat zur Folge, dass bereits im vorparlamentarischen Raum Interessenkonflikte „akkommodiert“ und tragfähige Kompromisse ausgehandelt werden.

Starke Position der Verwaltung

Dieses Aushandeln von Problemlösungen findet im Rahmen eines extensiven Systems von Anhörungen und Kommissionen statt, an dem alle referendumfähigen Gruppen sowie Parteien und Kantone beteiligt werden. Dabei spielt die Bürokratie eine sehr wichtige Rolle. Sie steuert das komplizierte Verfahren der Kompromissfindung. Die Verwaltung des Bundes ist dabei durch die Einführung des Amtes eines Bundeskanzlers gestärkt worden. Dadurch soll eine Straffung der Arbeit und effektivere Koordination der Departments (Ministerien) des Bundesrates ereicht werden. Diesem Ziel dient auch die oben genannte Staatsleitungsreform, die 2001 in ihren Grundzügen durch den Bundesrat beschlossen wurde. Nach den Parlamentsberatungen soll sie 2004 in Kraft treten. Vorgesehen ist eine zweistufige Regierung. Um die Überlastung von nur sieben Bundesräten (Ministern) zu verringern, soll pro Department (Ministerium) ein/eine weitere/r Minister/Ministerin mit definiertem Aufgabenbereich ernannt werden (so genannte delegierte Ministerinnen und Minister). In Ausnahmenfällen sollen zusätzliche berufen werden können. Eine Obergrenze von 15-20 Regierungsmitgliedern (einschließlich Bundesräten) soll jedoch nicht überschritten werden. Mit dieser Reform wird der Versuch unternommen, den gestiegenen Anforderungen an die Bundesregierung, die mit sieben Bundesräten bislang sehr knapp besetzt war, Rechnung zu tragen.

Totalrevision der Verfassung

In den neunziger Jahren ist intensiv an einer Totalrevision der Schweizer Bundesverfassung gearbeitet worden. Dies war vor allem aufgrund ihres aufgeblähten und unübersichtlichen Charakters notwendig geworden. Der Umstand, dass auf Bundesebene keine Gesetzes-, aber eine Verfassungsinitiative möglich ist, hat nicht zuletzt zu Verfassungsbestimmungen geführt, die eigentlich in Form einfacher Gesetze geregelt werden könnten. Das Ergebnis dieses Prozesses ist eine schlankere Verfassung, ohne dass die Grundstruktur des Regierungssystems geändert wurde. Auch die ausgebauten Volksrechte blieben erhalten. Daran hat auch eine öffentliche Diskussion über die „Verwesentlichung“ der Volksrechte mit dem Ziel ihrer Konzentration auf wichtige Fragen wenig geändert. Seit dem 18.4.1999 ist diese überarbeitete und durch Volksabstimmung angenommene Verfassung in Kraft.

Geringer Grad an Öffentlichkeit

Die schweizerische Konkordanzpraxis ist häufig mit einer geringen Öffentlichkeit der Konfliktaustragung und der Entscheidungsfindung verbunden. Während unter den Bedingungen einer Konkurrenzdemokratie zumindest die wichtigsten Konflikte durch die Parteien und die parlamentarische Debatte sichtbar gemacht werden, bleiben in der Konkordanzdemokratie Konflikte generell unter dem Mantel des „gütlichen Einvernehmens“ verborgen. Zu einer öffentlichen Konfliktaustragung kommt es dann, wenn keine umfassende Einigung erzielt werden kann und gegen eine parlamentarische Entscheidung die „plebiszitäre Waffe“ des Referendums ergriffen wird. Ansonsten können Konflikte kaum öffentlich ausgetragen werden, weil die Positionen der einzelnen Beteiligten dadurch so stark festgelegt würden, dass eine Kompromissfindung schwierig oder gar unmöglich würde.

Geringe Öffentlichkeit und Legitimationsprobleme

Die geringe Öffentlichkeit der Konfliktaustragung und Entscheidungsfindung ist mit erheblichen Legitimationsproblemen verbunden. Es entsteht für viele Bürger der Eindruck, sie könnten trotz direkter Demokratie das staatliche Handeln kaum beeinflussen, sondern stünden einem eng verflochtenen Elitekartell weitgehend ohnmächtig gegenüber. Das ist insofern richtig, als tatsächlich die Ausgestaltung politischer Entscheidungen kaum über die direkte Partizipation der Bürger erfolgt, sondern im Kreise eines – allerdings weitgespannten – Elite-Netzwerkes ausgehandelt wird.

Indessen sichert allein die Drohung von Referendum und Initiative eine Berücksichtigung aller gesellschaftlichen Interessen, die so gut organisiert sind, dass sie referendumfähig sind. Da für die Abhaltung eines Referendums oder für das „Lancieren“ einer Inititative häufig auch eine ad-hoc-Organisation von Interessen in Form eines Aktions-Komitees genügt, gewährleistet die direkte Demokratie trotz eines Mangels an realer Beteiligung der Bürger an politischen Entscheidungen eine breite Berücksichtigung von Werten und Interessen.

Probleme trotz politischer Erfolge

Diese breite Berücksichtigung von Interessen ist symbolisch jedoch nicht ausdrückbar, weil die Konfliktaustragung nicht öffentlich erfolgen kann. Das hat zur Folge, dass trotz oder vielmehr wegen der Effektivität der schweizerischen Konkordanzdemokratie bezüglich der Akkommodation gesellschaftlicher Interessen immer auch Legitimitätsprobleme auftreten. Eine Konfliktbewältigung innerhalb der Eliten von Parteien und Interessengruppen ist symbolisch nur eingeschränkt vermittelt und vermittelbar.

Erfolgreiche Konfliktbewältigung durch Kompromisse

Die schweizerische Konkordanzdemokratie ist aber, trotz der mit ihr fast zwangsläufig verbundenen Transparenz- und Legitimitätsprobleme, ein erfolgreiches System der Konfliktbewältigung und des Minderheitenschutzes. Den Bestrebungen nach kultureller Autonomie von vier Sprachgruppen und dem aus der Geschichte überkommenen latenten Konflikt zwischen Protestanten und Katholiken sowie weiteren sozio-ökonomischen Spaltungen würde man durch eine Mehrheitsdemokratie nicht gerecht. Konflikte werden zwar in der Regel lediglich in Form von Kompromissen der beteiligten Interessen akkommodiert, aber eben deshalb ist die Konkordanzdemokratie sehr stabil. Darüber hinaus setzt die Konkordanz der Durchsetzung partikularer Interessen beträchtliche Restriktionen entgegen. Das hemmt eine Aufblähung von Staatstätigkeit unter dem Druck partikularer Interessen (siehe dazu die Ausführungen über politisch-ökonomische Ansätze im ersten Teil). Dazu trägt auch der Umstand bei, dass Steuern meist nur mit einer direkten Zustimmung des Volkes erhöht werden können, was der Schweiz im europäischen Vergleich bis heute eine niedrige Steuerquote einbringt.

Geringe Innovationsfähigkeit

Der Preis für die Stabilisierungsleistung besteht vor allem in einer vergleichsweise geringen Innovationsfähigkeit der Konkordanzdemokratie. Mit der Konkordanz verbundene Konsenszwänge lassen erhebliche Abweichungen vom Status quo nur schwer zu. Innovationen sind in der Regel nur bei einer weitreichenden

Interessenhomogenität aller Beteiligten oder unter Nutzung der Möglichkeit „dringlicher Bundesbeschlüsse" durchsetzbar. Darüber hinaus sind innovative Entscheidungen (z.B. umfassende Gesetzesrevisionen) zumeist mit einem großen Zeitaufwand verbunden. Hinzu kommt, dass die Bestimmung des Ständemehrs (eine Mehrheit in der Mehrheit der Kantone) bei obligatorischen Referenden die vielen kleinen Kantone vor allem der Innerschweiz mit ihren überwiegend politisch konservativ eingestellten Bevölkerungen in eine Vetoposition bringt. Dies bedeutet im Grenzfall ein erheblich höheres Stimmengewicht für die Bewohner der kleinen Kantone. Man hat ausgerechnet, dass ein Urner (ein Bewohner des Kantons Uri) das Stimmengewicht von 34 Züricher Bürgern erreichen kann. An diesem Beispiel lässt sich auch der starke föderalistische Charakter der Schweiz erkennen, der kantonale Mitbestimmungsrechte über demokratische Prinzipien stellt.

Fazit

Insgesamt kann man festhalten, dass die schweizerische Konkordanzdemokratie ein hohes Maß an Interessenberücksichtigung und eine beträchtliche Fähigkeit der Akkommodation von Konflikten auf Kosten einer zumeist nur bescheidenen politischen Innovationsfähigkeit aufweist. Dieser Sachverhalt ist allerdings keineswegs eine typische oder gar ausschließliche Eigenschaft der Konkordanzdemokratie, sondern markiert ein grundsätzliches Dilemma aller demokratischen Systeme. Breite Interessenberücksichtigung und hohe Konfliktminimierung können häufig nur auf Kosten der Innovationsfähigkeit „maximiert" werden.

4. Literaturhinweise zu Teil II

Neuere Arbeiten zur Vergleichenden Regierungslehre:

Abromeit, H. (1993): Interessenvermittlung zwischen Konkurrenz und Konkordanz. Studienbuch zur Vergleichenden Lehre politischer Systeme. Opladen.
Gabriel, O. (Hg.) (1994): Die EU-Staaten im Vergleich, 2. Auflage. Opladen.
Hartmann, J. (2000): Westliche Regierungssysteme. Parlamentarismus, präsidentielles und semi-präsidentielles Regierungssystem. Opladen.
Ismayr, W. (Hg.) (1999): Die politischen Systeme Westeuropas, 2. aktualisierte Auflage. Opladen.
Naßmacher, H. (1991): Vergleichende Politikforschung. Eine Einführung in Methoden und Probleme. Opladen
Schmidt, M.G. (1992): Die westlichen Länder. Lexikon der Politik, Bd. 3. München.
Widmaier, U./Gawrich, A./Becker, U. (1999): Regierungssysteme Zentral- und Osteuropas – Ein einführendes Lehrbuch. Opladen.

Für eine weiterführende Beschäftigung mit dem britischen Regierungssystem sind empfehlenswert:

Bagehot, W. (1963): The English Constitution (1. Auflage 1867). London/Glasgow.
Döring, H. (1993): Großbritannien: Regierung, Gesellschaft und politische Kultur. Fernstudienkurs Nr. 4662. Hagen.
Kastendiek, H./Rohe, K./Volle, A. (Hg.) (1999): Großbritannien – Geschichte, Politik, Wirtschaft, Gesellschaft (2. aktualisierte und erweiterte Auflage). Frankfurt/New York.
Kavanagh, D. (2000): British Politics: Continuities and Change. 4th ed. Oxford.
Sturm, R. (1997): Großbritannien. Wirtschaft – Gesellschaft – Politik. 2. Aufl. Opladen

Das italienische System wird dargestellt in:

Ferraris, L.V. u.a. (Hg.) (1995): Italien auf dem Weg zur „zweiten Republik"? – Die politische Entwicklung Italien seit 1992. Frankfurt am Main.
Aus Politik und Zeitgeschichte. Beilage zur Wochenzeitung „Das Parlament", B 34/94.

Darstellungen des japanischen Regierungssystems finden sich in:

Foljant-Jost, G./Thränhardt, A. (Hg.) (1995): Der schlanke japanische Staat – Vorbild oder Schreckbild? Opladen.
Kevenhörster, P. (1969): Das politische System Japans. Opladen.
Kevenhörster, P. (1993): Politik und Gesellschaft in Japan. Mannheim.
Menzel, U. (Hg.) (1989): Im Schatten des Siegers: Japan, 4 Bde. Frankfurt a.M.
Aus Politik und Zeitgeschichte. Beilage zur Wochenzeitung „Das Parlament", B 50/94.

Für eine breitere und vertiefte Einführung in das politische System der USA bieten sich an:

Adams, W.P./Lösche, P. (Hrsg.) (1998): Länderbericht USA. 3. Auflage. Bonn.
Fiorina, M.P. (1989): Congress. Keystone of the Washington Establishment. 2nd ed. New Haven.
Fraenkel, E. (1976): Das amerikanische Regierungssystem. Eine politologische Analyse.3. Auflage. Opladen.
Greenberg, E.S./Page, B.I. (1997): The Struggle for Democracy. 3rd ed. New York.
Hübner, E. (1993): Das politische System der USA – Eine Einführung, 3. Auflage. München.
Jäger, W./Welz, W. (Hg.) (1995): Regierungssystem der USA. München.
Praetorius, R. (1997): Die USA. Politischer Prozess und soziale Probleme. Opladen.
Wasser, H. (Hg.) (2000): USA – Wirtschaft, Gesellschaft, Politik. 4. Auflage. Opladen.

Ausführlichere Darstellungen des französischen Regierungssystems bieten u.a.:

Haensch, G./Tümmers, H.J. (1993): Frankreich. München.
Kempf, U. (1997): Von de Gaulle bis Chirac: Das politische System Frankreichs. 3. Auflage. Opladen.
Lasserre, R./Schild, J./Uterwedde, H. (1997): Frankreich – Politik, Wirtschaft, Gesellschaft. Opladen.

Zur Schweiz sei insbesondere auf die folgenden Arbeiten hingewiesen:

Abromeit, H./Pommerehne, W.W. (Hg.) (1992): Staatstätigkeit in der Schweiz. Bern/Stuttgart/Wien.
Germann, R. (1970): Politische Innovation und Verfassungsreform. Bern.
Klöti, U. u.a. (1999): Handbuch der Schweizer Politik. Zürich.
Kriesi, H.P. (1980): Entscheidungsstrukturen und Entscheidungsprozesse der Schweizer Politik. Frankfurt a.M.
Linder, W. (1999): Schweizerische Demokratie. Institutionen, Prozesse, Perspektiven. Bern.
Linder, W. (1999): Swiss democracy: possible solutions to conflict in multicultural societies, 2. Auflage [Nachdr.]. Basingstoke.

Teil III: Strukturen und Kapazitäten demokratischer Regierungssysteme im Vergleich

1. Interessenberücksichtigung und Legitimität politischer Entscheidungen

Institutionelle Strukturen und Handlungskapazitäten

In der Einleitung zu diesem Text haben wir ausgeführt, dass unterschiedliche Strukturen von demokratischen Regierungssystemen mit unterschiedlichen Handlungskapazitäten verbunden sind, weil sie

- gesellschaftliche Interessen unterschiedlich repräsentieren,
- unterschiedliche Machtverhältnisse und Konfliktregulierungsmuster erzeugen,
- wirtschaftliche und gesellschaftliche Probleme unterschiedlich verarbeiten,
- unterschiedliche Partizipationschancen eröffnen,
- mit unterschiedlichen Formen der Verflechtung von Staat, Wirtschaft und Gesellschaft verbunden sind.

Moderne Demokratien mit einer liberalen Wirtschaftsverfassung zeichnen sich, wie in Teil I Kapitel 3. schon thematisiert, durch eine Vielzahl staatlicher Infrastruktur-, Sozial-, Förderungs- und Ordnungsleistungen aus. Staat und Politik haben deshalb ein breites Spektrum unterschiedlicher und komplexer Aufgaben zu erfüllen. Die Erfüllung dieser Aufgaben konfrontiert das politische System mit einer Reihe von funktionalen Problemen – insbesondere mit Problemen der Berücksichtigung und Aggregation von Interessen, der Handlungsfähigkeit der politischen Funktionsträger und der Legitimität politischer Entscheidungen.

Selektivität politischer Entscheidungen

Entscheidungen über Art, Qualität und Quantität staatlicher Leistungen sind notwendigerweise selektiv – sie berücksichtigen jeweils bestimmte sachliche Problemzusammenhänge und gesellschaftliche Interessen mehr oder weniger und vernachlässigen entsprechend andere. Soweit sie sich auf sachliche Probleme und Problemdimensionen beziehen, ist die Selektivität politischer Entscheidungen rational und erwünscht. Der Staat kann bei beschränkten Ressourcen und gegensätzlichen bzw. inkompatiblen Interessen nicht alle ihm angesonnenen Probleme lösen, sondern muss Prioritäten setzen. Allerdings stellt sich in diesem Zusammenhang grundsätzlich immer die Frage nach den sachlich angemessenen Kriterien bei der Selektivität politischer Entscheidungen.

Die Selektivität politischer Entscheidungen ist nicht nur ein Problem sachlich angemessener Kriterien, sondern vor allem ein Problem der Legitimität, Akzeptanz und Durchsetzungsfähigkeit staatlichen Handelns. Politische Entscheidungen basieren auf einer bestimmten selektiven Berücksichtigung von gesellschaftlichen Interessen und Werten. Deshalb ist die Selektivität politischer Entscheidungen unvermeidlich mit mehr oder weniger großen Konfliktpotentialen verbunden, die die Durchsetzungfähigkeit und Legitimität politischer Entscheidungen mehr oder weniger stark in Frage stellen und gefährden.

Berücksichtigung von Interessen

Die Minimierung dieser Konfliktpotentiale erfordert eine möglichst breite Interessenberücksichtigung. Politische Entscheidungen erzeugen umso weniger Konfliktpotentiale, je mehr unterschiedliche Interessen sie berücksichtigen. Eine breite Interessenberücksichtigung ist jedoch in der Regel mit einer Beschränkung sachlicher Handlungsspielräume und – wie wir bei der Darstellung ökonomischer Theorien der Politik gesehen haben – mit hohen Entscheidungskosten verbunden. Entscheidungen mit breiter Berücksichtigung kommen zumeist nur in Form von Kompromissen zustande, deren Aushandeln mit einem erheblichen Zeitbedarf und einer beschränkten Innovationsfähigkeit verbunden ist. Darüber hinaus schränkt eine breite Interessenberücksichtigung häufig die sachlich notwendige Selektivität politischer Entscheidungen ein. Schließlich führt eine umfassende Berücksichtigung von Interessen vielfach zu einer geringen Konsistenz politischer Entscheidungen.

Dilemma demokratischer Politik

Diese Probleme verweisen auf ein mögliches Dilemma demokratischer Politik:

- Die durch politische Entscheidungen verursachten Konflikte beeinträchtigen in der Regel ihre Durchsetzungsfähigkeit, ihre Akzeptanz und ihre Wirksamkeit. Zur Vermeidung von Konflikten oder zur Verringerung von Konfliktpotentialen ist eine breite Wert- und Interessenberücksichtigung notwendig.
- Eine breite Wert- und Interessenberücksichtigung ist jedoch häufig mit einer erheblichen Einschränkung politischer Handlungsfähigkeit verbunden, die ebenfalls zu einer beträchtlichen Verringerung der Durchsetzungsfähigkeit und Wirksamkeit politischer Entscheidungen führen kann.

Das bedeutet, dass sowohl eine hohe als auch eine niedrige Berücksichtigung gesellschaftlicher Interessen und Wertvorstellungen zu einer erheblichen Beeinträchtigung der Durchsetzbarkeit und Wirksamkeit staatlichen Handelns führen kann. Das Ausmaß der Berücksichtigung von gesellschaftlichen Interessen bei politischen Entscheidungen wird in erster Linie durch ihre Durchsetzungsfähigkeit bestimmt. Die Chancen der Durchsetzungsfähigkeit spiegeln damit die Machtstrukturen innerhalb des Regierungssystems wider. Moderne Demokratien werden vielfach als pluralistische Systeme bezeichnet. Es gibt eine Vielzahl unterschiedlicher, politisch organisierter und vermittelter Interessen. Moderne Demokratien sind folglich durch eine pluralistische Interessenvermittlung charakterisiert.

Pluralistische Demokratietheorie

Insbesondere in der amerikanischen politikwissenschaftlichen Theorie stellt die pluralistische Interessenvermittlung eine zentrale Voraussetzung der Stabilität und Funktionsfähigkeit von Demokratien dar. Die unter anderem von Robert A. DAHL vertretene pluralistische Demokratietheorie geht davon aus, dass organisierte Interessen wechselseitig konkurrieren und sich dabei kontrollieren und dass pluralistische Interessenkonkurrenz zu einem gesellschaftlichen Gleichgewicht mit einer optimalen Repräsentation gesellschaftlicher Interessen in politischen Entscheidungen führt. Diese Theorie beschreibt aber eher einen erstrebenswerten Idealzustand. Mit der Realität der modernen westlichen Demokratien gerät die

Gleichgewichtskonzeption der pluralistischen Demokratietheorie vor allem aus drei Gründen in Konflikt:

- gesellschaftliche Interessen sind ungleich organisations- und durchsetzungsfähig;
- gesellschaftliche Interessen konkurrieren miteinander nicht systematisch und können sich deshalb auch nicht wechselseitig kontrollieren und beschränken;
- folglich ist die pluralistische Interessenvermittlung nicht gleichgewichtig und führt auch nicht zu einer stabilen Politiksteuerung, sondern erzeugt im Gegenteil beträchtliche Legitimations- und Rationalitätsprobleme aufgrund einer selektiven und damit eher geringen Interessenberücksichtigung.

Machtkonzentration als Steuerungsstrategie

Aufgrund dieses Sachverhaltes kann man mit guten Gründen argumentieren, dass die Probleme einer umfassenden Interessenvermittlung nur lösbar sind, wenn in demokratischen Regierungssystemen die politische Macht institutionell so stark konzentriert wird, dass politische Entscheidungen relativ abgekoppelt von den Pressionen der organisierten Interessen beschlossen und durchgesetzt werden können. In dieser Perspektive muss also das politische System über eine Machtkonzentration verfügen, die es ihm erlaubt, die pluralistische Interessenvermittlung zu überlagern und ihr Berücksichtigungspotential von Interessen zu erweitern. Zudem unterstützt eine erhebliche Machtkonzentration im politischen System auch die Bewältigung der aus selektiven Entscheidungen resultierenden Konflikte. Eine Konzentration von Macht ist also eine wichtige Voraussetzung der Fähigkeit des politischen Systems, selektive Entscheidungen zu fällen und durchzusetzen.

Diese Argumentation ist jedoch wiederum insofern problematisch, als eine Konzentration von Macht auch die Möglichkeit bietet, einseitige und der gesellschaftlichen Interessenstruktur nicht entsprechende Selektivität politischer Entscheidungen durchzusetzen. Konzentrierte Macht kann damit zu einer Verringerung des Interessenberücksichtigungspotentials politischer Entscheidungen genutzt werden. Das bedeutet, dass eine Konzentration politischer Macht zwar zum Ausgleich der mit der pluralistischen Interessenvermittlung häufig verbundenen selektiven Berücksichtigung von Interessen notwendig erscheint, gleichzeitig aber auch im gegenteiligen Sinn zur Durchsetzung partikularer Interessen und zur Verringerung statt Erweiterung des Interessenberücksichtigungspotentials politischer Entscheidungen eingesetzt werden kann. Deshalb ist es eben auch sinnvoll, Macht nicht zu konzentrieren, sondern sie institutionell zu teilen und zu beschränken.

Ambivalenz struktureller Bedingungen

Die hier bisher diskutierten Sachverhalte machen deutlich, dass die Legitimität und Durchsetzbarkeit politischer Entscheidungen von strukturellen Bedingungen abhängen, die ein hohes Maß an Ambivalenz und Widersprüchlichkeit enthalten. Das lässt sich anhand der in diesem Text bisher dargestellen Regierungssysteme illustrieren.

Beispiel: Großbritannien

Ein typisches Beispiel für ein pluralistisches System mit einer starken institutionellen Machtkonzentration ist Großbritannien. In Großbritannien wird, wie wir gesehen haben, die politische Entscheidungsgewalt für die Dauer der Legislaturperiode auf die Mehrheitspartei konzentriert. Das erlaubt auf der einen Seite eine beträchtliche Machtkonzentration beim Kabinett bzw. Premierminister und damit erhebliche Steuerungsmöglichkeiten, führt aber auf der anderen Seite zu Problemen der Interessenberücksichtigung und des Konsenses. Damit ist auch eine relativ einseitige Selektivität politischer Entscheidungen verbunden, die allerdings nicht kontinuierlich und langfristig wirkt, weil das britische Wahlsystem einen häufigeren Regierungswechsel begünstigt. Der häufigere Regierungswechsel führt zu einer eher langfristigen „Ausbalancierung" der Selektivität, was die Legitimität des politischen Systems begünstigt. Dafür ist allerdings der beträchtliche Preis einer stärker diskontinuierlichen Politiksteuerung und einer geringen Integrationsfähigkeit staatlichen Handelns zu bezahlen.

Beispiele: Frankreich und Deutschland

Im Gegensatz zum britischen Regierungssystem ließen die politischen Systeme der Dritten und Vierten Republik in Frankreich und der Weimarer Republik in Deutschland wegen der Zersplitterung des Parteiensystems und der damit verbundenen Koalitionsproblematik keine beträchtliche Machtkonzentration und damit auch kaum eine ausreichende Handlungsfähigkeit des politischen Systems zu. In allen drei Systemen führte die Instabilität des Regierens zu einer geringen Integration und Konsistenz des polititschen Handelns. Die drei Systeme wiesen zwar eine potentiell hohe Berücksichtigung unterschiedlicher Interessen auf, konnten diese aber wegen ihrer geringen politischen Stabilität kaum umsetzen. Insgesamt war in allen drei Ländern die Handlungsfähigkeit des politischen Systems eher gering. In Frankreich wurde dies allerdings durch die stark integrierte Bürokratie teilweise kompensiert. In der Weimarer Republik dagegen führte die Handlungsschwäche des parlamentarischen Systems – im Sinne der Unfähigkeit zur Bildung einer stabilen Regierung – zu einer zunehmenden, unkontrollierten Verlagerung der Macht hin zum Reichspräsidenten, der mit Hilfe von Notverordnungen regierte, wodurch die Legitimität des politischen Systems zunehmend erodierte.

Fünfte Republik

Aufgrund der Erfahrungen mit der Dritten und Vierten Republik in Frankreich wurde in der Fünften Republik die institutionelle Struktur des politischen Systems grundlegend verändert. Es wurde eine starke Machtkonzentration beim Präsidenten eingeführt. Dadurch gewann das politische System zunächst an Handlungsfähigkeit, musste dafür aber erhebliche Konsens- und Legitimationsprobleme in Kauf nehmen, was sich insbesondere in einer relativ antagonistischen Parteienpolitik äußerte. Inwieweit diese institutionelle Struktur auch bei der zunächst nicht „eingeplanten" Situation der so genannten „Cohabitation" zu politischer Handlungsfähigkeit der doppelten Exekutive von Regierung und Staatspräsident führt, hängt zumindest von zusätzlichen Bedingungen ab. Zum Beispiel von geringen persönlichen politischen Ambitionen des Präsidenten.

Bundesrepublik

Auch in der Bundesrepublik Deutschland wurden die Erfahrungen der Weimarer Republik verfassungspolitisch in Form von institutionellen Regelungen umgesetzt, die eine starke und stabile Regierung begünstigen. Die Stärke der Regierung basiert zwar auf der einen Seite auf dem relativ stark integrierenden Wahl- und Parteiensystem, aber auf der anderen Seite auf der gegenüber dem Parlament starken Position des Kanzlers. Im Gegensatz zu Großbritannien weist das politische System der Bundesrepublik Deutschland dennoch eine starke institutionelle Beschränkung der Regierungsmacht auf, die sich aus der föderalistischen Struktur und der Mitwirkung des Bundesrates an der Bundesgesetzgebung ergibt. Darüber hinaus führt das deutsche Wahlrecht und das Parteiensystem unter den gegenwärtigen sozialstrukturellen Bedingungen faktisch immer zu Koalitionsregierungen. In der Bundesrepublik Deutschland wird also, im Unterschied zu Großbritannien, die Mehrheitspartei/-koalition nicht zum alleinigen Machtträger. Die Regierungsmacht ist zwar in der Bundesrepublik stark entwickelt, gleichwohl aber auch differenziert, so dass in der Regel ein starker Konsenszwang besteht. Letzterer wird noch verstärkt durch die relativ konzentrierte und umfassende Organisation sozio-ökonomischer Interessen im Rahmen der Tarifautonomie. Diese hohe Integration von Interessen innerhalb des politischen Systems der Bundesrepublik Deutschland ist eine der zentralen Grundlagen seiner Effektivität und Stabilität.

Die Kehrseite der Münze, d.h. der Preis der Integration und der damit verbundenen Konsenszwänge, besteht in einer beschränkten Anpassungsfähigkeit an neue Konfliktdimensionen. Das System ist primär auf die Lösung traditioneller sozio-ökonomischer Konflikte (der „sozialen Frage") hin orientiert und strukturiert. Neue Konfliktdimensionen (z.B. die Demokratisierungskonflikte der sechziger Jahre und die post-materialistischen Konflikte/Umweltprobleme) dagegen sind in dem festen Gefüge von Verhandlungspositionen kaum repräsentiert und nur schwer integrierbar. Sie haben folglich zu einer Erweiterung des Parteiensystems geführt. Dies trifft auch für die politische Bewältigung des Prozesses der deutschen Vereinigung zu, in dem sich im Wesentlichen die traditionellen und etablierten (westdeutschen) Interessen durchgesetzt haben. Dies gilt nicht in dieser Weise für Ostdeutschland, wo mit der PDS eine Erweiterung des Parteiensystems auf dem linken Spektrum erfolgte.

Beispiel: Schweiz

Wir stoßen hier auf das Problem, dass Konsenszwänge und Integrationsanstrengungen tendenziell auch Innovationsrestriktionen darstellen. Das wird besonders deutlich am Beispiel der Schweiz. Die direkte Demokratie und die Konkordanzpraxis verbinden eine breite Berücksichtigung gesellschaftlicher Interessen mit einer hohen Integrationsleistung. Die damit verbundenen Konsenszwänge bringen jedoch beträchtliche Innovationsprobleme mit sich. Da im Rahmen des Konkordanzsystems grundlegende Entscheidungen zumeist nur nach langen Verhandlungen und in Form von diffizilen Kompromissen zustande kommen, sind größere Innovationen schwer durchsetzbar. Darüber hinaus können Probleme vielfach nur in Form von kurzfristig wirksamen Regelungen gelöst werden. Dafür jedoch weist das System eine hohe Stabilität und Legitimität auf.

Beispiel: Vereinigte Staaten von Amerika

In einem interessanten Kontrast zur Schweiz stehen die Vereinigten Staaten von Amerika. Das amerikanische System von „checks and balances" lässt nicht nur keine institutionelle Konzentration von Macht zu, sondern ist auch mit einer geringen Integrationsleistung verbunden. Die Strukturen der amerikanischen Parteien und das „logrolling" im Kongress verstärken dieses Integrationsproblem noch. Insofern sind die USA das vergleichsweise typischste Beispiel einer pluralistischen Demokratie. Das amerikanische Regierungssystem verfügt zwar über ein beträchtliches Berücksichtigungspotential, wenn es um hoch organisations- und konfliktfähige Interessen geht, versagt aber häufig dann, wenn es sich um zwar breite, aber wenig organisations- und konfliktfähige Interessen handelt. Das zeigt sich insbesondere in anhaltenden Problemen der Integration ethnischer Minderheiten oder in Schwierigkeiten mit der sozialpolitischen Bewältung der Armut.

Fazit

Aus diesem kurzen Abriss der relativen Problemlösungsfähigkeit unterschiedlicher demokratischer Regierungssysteme ergibt sich eine einfache, aber fundamentale Schlussfolgerung: kein Regierungssystem kann gleichzeitig das Interessenberücksichtigungspotential, die Konsensfähigkeit, die Innovationsfähigkeit und die Kontrolle politischer Macht „maximieren". Jedes der hier vorgestellten „Modelle" hat seine spezifischen Schwerpunktsetzungen mit entsprechender Vernachlässigung anderer Dimensionen. Dieser Sachverhalt lässt sich noch deutlicher aufzeigen, wenn man die Strukturprobleme moderner Demokratien detaillierter und ausführlicher diskutiert, als wir das bisher in diesem Abschnitt getan haben.

Staat und sozio-ökonomische Interessen

Im Folgenden sollen deshalb die bisher erörterten Zusammenhänge von Strukturen und Kapazitäten westlicher Regierungssysteme exemplarisch an den Beispielen Deutschland und Schweiz vertieft werden. Dabei beschränken wir uns nicht mehr auf formale Verfassungsstrukturen, sondern betrachten vor allem die Interaktionsstrukturen von Staat und sozio-ökonomischen Interessen.

Politisch-ökonomische Verflechtung

In Deutschland, der Schweiz und anderen westlichen Demokratien wird der überwiegende Teil der Staatstätigkeit im Rahmen eines komplexen politisch-ökonomischen „Managements“ bestimmt, das über die verfassungsrechtlich und gesetzlich vorgesehenen Formen politischen Entscheidens weit hinausgeht. Es findet seinen institutionellen Ausdruck in einer Vielzahl unterschiedlicher Strukturen und Verfahren, durch die Staat und Wirtschaft eng miteinander verflochten sind.

Dieses politisch-ökonomische Netzwerk kann grob und vereinfacht wie folgt beschrieben werden:

Konsultations- und Verhandlungssysteme

- Ein erstes zentrales Element dieses Netzwerkes wird durch eine große Zahl unterschiedlicher und unterschiedlich angelegter Konsultations- und Verhandlungseinrichtungen gebildet, in deren Rahmen Staat, Unternehmensverbände, Gewerkschaften und andere Organisationen kontinuierlich versuchen, Konflikte zu schlichten, Verhalten zu koordinieren und Lösungen für wirtschaftliche und gesellschaftliche Probleme auszuhandeln. Zu diesen Einrichtungen gehören in Deutschland regelmäßige Spitzengespräche zwischen Regierung und Tarifpartnern, die Beiräte der Ministerien und anderer Bundesbehörden, Kommissionen sowie die ministeriellen und parlamentarischen Anhörungsverfahren. In der Schweiz handelt es sich vor allem um eine große Zahl vorparlamentarischer Expertenkommissionen und Vernehmlassungverfahren, die für die exekutive Vorbereitung und Durchführung legislativer Entscheidungen von Bedeutung sind.

Mischfinanzierung

- Ein zweites wichtiges Element der Verflechtung von Staat und Wirtschaft wird konstituiert durch ein breites Spektrum von Mischfinanzierungsformen, das von gemeinsamen Forschungs-, Entwicklungs- und Investitionsprogrammen über staatliche Risiko- und Projektfinanzierungen bis hin zu staatlichen Beteiligungen an privaten Unternehmen, Stiftungen und Institutionen reicht. Zahlreiche Beispiele für diese Mischfinanzierung finden sich in nahezu allen Wirtschaftssektoren – in Deutschland u.a. in der Luft- und Raumfahrtindustrie, in der Schweiz zum Beispiel in der Uhrenindustrie, in beiden Ländern stark ausgeprägt auch im Energiesektor.

„Parastaatliche Administration“

- Das Gegenstück zu dieser staatlichen Beteiligung an privaten Unternehmen sind die Wahrnehmung und Ausführung staatlicher Aufgaben durch private Unternehmen und Organisationen, die ein drittes wichtiges Element der politisch-ökonomischen Verflechtung darstellen. Dazu gehören beispielsweise die Entwicklung und Überwachung von technischen Normen, die Ausübung von Aufsichtsfunktionen oder die Wahrnehmung von Aufgaben der beruflichen Bildung. Zu dieser so genannten „parastaatlichen Administration“ gehört auch die Regulierung öffentlicher Interessen durch formelle oder informelle Vereinbarungen zwischen staatlichen Instanzen und privaten Organisationen. Auf der Basis solcher Vereinbarungen bilden beispielsweise die einzelnen Bankgruppen in der Bundesrepublik Deutschland Fonds zur Sicherung von Einlagen im Fall von Bankenzusammenbrüchen, die an Stelle der in anderen Ländern üblichen staatlichen Zwangsversicherung treten. In der Schweiz beruhte jahrelang ein großer Teil der staatlichen Konjunkturpolitik mangels gesetzlicher Grundlagen auf Vereinbarungen zwischen Privatbanken und der Schweizerischen Nationalbank, die übrigens selbst eine privatrechtliche Aktiengesellschaft mit öffentlichen Aufgaben ist.

Diese und andere Formen der Interaktion von staatlichen und privaten Handlungsträgern bilden zusammen ein differenziertes und vielschichtiges Verbundsystem, in dem der überwiegende Teil politischer Entscheidungen unterhalb der verfasssungsrechtlich legitimierten Entscheidungsebene vorstrukturiert und ausgestaltet wird. Dabei werden politische Entscheidungen im Wesentlichen durch das Zusammenspiel von Verbänden, Unternehmen und Bürokratien in zumeist segmentierten Interaktionen nach Maßgabe der Organisations- und Konfliktfähigkeit sozio-ökonomischer Interessen sowie die administrationsinterne Durchsetzungsfähigkeit der beteiligten bürokratischen Instanzen bestimmt.

Probleme politischer Willensbildung

Diesem Verbundsystem stehen die traditionellen Institutionen demokratischer Willensbildung auf der Basis einer direkten oder repräsentativen Beteiligung der Bürger nach populärer Ansicht nahezu ohnmächtig gegenüber. Politik, so scheint es allenthalben, wird im modernen Wohlfahrtsstaat kaum mehr durch demokratisch legitimierte Institutionen, sondern vielmehr durch Verbände und Bürokratien gesteuert. Es wird behauptet, Parteienkonkurrenz und Parlament bzw. die direkte Demokratie in der Schweiz hätten ihre Funktion und ihre Macht weitgehend eingebüßt.

Derartige Behauptungen sind insofern problematisch, als sich wohl kaum aufzeigen oder gar nachweisen lässt, dass Parteienkonkurrenz und Parlamente bzw. die direkte Demokratie historisch einmal gehabte Funktionen heute verloren haben. Die Funktion von Parteienkonkurrenz und Parlament hat sich in den meisten westlichen Demokratien im Wesentlichen immer auf die Wahl einer Regierung und ihrer Kontrolle über die förmliche Verabschiedung von Gesetzen beschränkt, während die inhaltliche Ausarbeitung der vom Parlament verabschiedeten Gesetze und die Ausgestaltung der übrigen Staatstätigkeit durch das Kabinett, die Fachministerien und ihren Apparat bewältigt wurden. An diesem Sachverhalt hat sich kaum etwas geändert. Ähnlich verhält es sich mit der direkten Demokratie in der Schweiz. Ihre Funktion besteht heute, wie schon im letzten Jahrhundert, vor allem in einer plebiszitären Nachkontrollmöglichkeit der exekutiv ausgearbeiteten und parlamentarisch verabschiedeten Gesetze und Beschlüsse von Bund und Kantonen sowie – in begrenztem Rahmen – aus der Initiierung legislativer Tätigkeit. Von einem grundsätzlichen Bedeutungs- und Funktionsverlust von Parlament und direkter Demokratie kann also nicht die Rede sein.

Veränderte Funktionsbedingungen im modernen Wohlfahrtsstaat

Was sich tatsächlich verändert hat, sind nicht die primären Funktionen von Parlament und direkter Demokratie, sondern es ist der Kontext, in dem diese Funktionen zu erfüllen sind. Der moderne Wohlfahrtsstaat unterscheidet sich von der klassischen liberalen Demokratie vor allem durch qualitativ und quantitativ erheblich erweiterte Staatsfunktionen. Der Staat hat in wachsendem Ausmaß gesellschaftliche Produktions-, Verteilungs- und Steuerungsaufgaben übernommen. Durch die Ausweitung des öffentlichen Sektors wurde das staatliche Handeln unvermeidlich immer stärker mit wirtschaftlichen und gesellschaftlichen Interessen verflochten. Damit haben sich die Handlungsbedingungen demokratischer Institutionen und die Möglichkeiten und Grenzen einer demokratischen Kontrolle staatlichen Handelns durch Parteienkonkurrenz und Parlament bzw. direkte Demokratie nicht unerheblich verändert.

Einfluss der Verbände

Die enge Verflechtung von Staat, Unternehmen und Verbänden sowie ihre Institutionalisierung in Form der oben dargestellten Verbundsysteme sind offensichtlich mit einer Beschränkung des Handlungsspielraumes des politischen Systems im engeren Sinne verbunden. Aus dieser wenig überraschenden Erkenntnis wird häufig die Schlussfolgerung gezogen, in Deutschland und anderen parlamentarischen Demokratien sei die Parteienherrschaft längst durch eine Verbändeherrschaft verdrängt oder zum institutionellen Überbau eines Unternehmerstaates degradiert worden. Diese Charakterisierung des Regierungssystemes der Bundesrepublik Deutschland ist insofern zutreffend, als Verbände und Unternehmen in der Tat einen starken Einfluss auf die Politiksteuerung ausüben. Dennoch liefert sie bestenfalls ein einseitiges und simplifizierendes Zerrbild der politisch-ökonomischen Realität. Sie übersieht nämlich, dass nicht nur die Politik durch Verbände und Unternehmen stark beeinflusst wird, sondern dass umgekehrt auch die wirtschaftliche Entwicklung und das Handeln von Unternehmen und Verbänden in starkem Maße durch die Politik bestimmt werden. Die Wirklichkeit des modernen Wohlfahrtsstaates und des entwickelten Kapitalismus besteht also nicht in einer einseitigen, sondern in einer wechselseitigen Durchdringung von Wirtschaft, Gesellschaft und Politik.

Reichweite parlamentarischer Politiksteuerung

Viel wichtiger ist in unserem Zusammenhang jedoch, dass die Verbändeherrschaft im politischen System Deutschlands immer noch durch eine nicht nur formal, sondern auch real wirksame parlamentarische Politiksteuerung beschränkt wird, in deren Rahmen die Parteien und die Parteienkonkurrenz einen insgesamt erheblichen verbleibenden Spielraum für die Gestaltung des staatlichen Handelns besitzen. Parteien und Parlament müssen zwar die konkrete Ausgestaltung des staatlichen Handelns weitgehend dem Verbundsystem von Bürokratien und Verbänden überlassen, können aber durch ihre Entscheidungen einen mehr oder weniger engen Rahmen der Politikentwicklung vorgeben.

Interessenberücksichtigung durch Parteienkonkurrenz

Das impliziert jedoch keineswegs, dass über die real wirksame Politiksteuerung von Parteienkonkurrenz und Parlament die Interessenberücksichtigung von Politik erweitert und die Durchsetzung der etablierten und dominanten ökonomischen Interessen verringert werden. Im Gegenteil: es spricht vieles dafür, dass die Parteienkonkurrenz und die parlamentarische Politiksteuerung in Deutschland ein im Vergleich zur gesellschaftlichen Differenzierung defizitäres Berücksichtigungspotential aufweisen.

Primat einer handlungsfähigen Regierung

Das Regierungssystem Deutschlands ist verfassungssystematisch auf eine strukturell starke und handlungsfähige Regierung angelegt. Das äußert sich vor allem im Wahlmodus für den Bundeskanzler, in der Regelung der parlamentarischen Ministerverantwortung, in einer eher schwachen Institutionalisierung parlamentarischer Oppositionsrechte und in einer strukturell starken Position des Bundeskanzlers (Richtlinienkompetenz). Diese institutionellen Faktoren sowie die in der Regel knappen elektoralen und parlamentarischen Mehrheitsverhältnisse zwingen zur Bildung einer disziplinierten und auf die Unterstützung der Regierung ausgerichteten parlamentarischen Mehrheit.

Integrationsleistung der Parteien

Es liegt auf der Hand, dass damit von den Parteien eine außerordentliche Integrationsleistung zu erbringen ist. Die im Bundestag vertretenen Parteien – insbesondere CDU und SPD – repräsentieren in ihrer inneren Struktur ein breites Spektrum unterschiedlicher und teilweise widersprüchlicher gesellschaftlicher Interessen. Diese Interessen müssen in der innerparteilichen Willensbildung diskutiert und auf ein in der Partei und bei den Wählern mehrheitsfähiges Programm reduziert werden. Gleichzeitig müssen die Parteien durch eine Willensbildung von oben nach unten versuchen, der Politik des von ihnen getragenen Kanzlers und seiner Regierung eine beständige Unterstützung durch die Partei- und Wählerbasis zu sichern. Das verursacht häufig Konsensschwierigkeiten, weil erstens die Regierungspolitik immer in einem Spannungsfeld von parlamentarischer und interessenpolitischer Politiksteuerung formuliert werden muss, und weil zweitens der Kanzler und seine Regierung wegen ihrer strukturell starken Position sich immer wieder den Imperativen der innerparteilichen Willensbildung entziehen können.

Selektivität der Interessenberücksichtigung

Die von den Parteien kontinuierlich zu erbringende Integrationsleistung ist unvermeidlich mit einer selektiven Interessenberücksichtigung der innerparteilichen Willensbildung verbunden. Der Zwang zur innerparteilichen Konsensbildung und zur Abstimmung von Partei- und Regierungspolitik beschränkt das Spektrum der innerparteilich durchsetzungsfähigen Interessen. Durchsetzungsfähig sind gesellschaftliche Interessen in der innerparteilichen Willensbildung von so genannten Volksparteien größtenteils nur, wenn sie entweder eine allgemeine Wahlrelevanz besitzen oder wenn sie in Form von innerparteilich relevanten Fraktionen organisierbar sind.

Das bedeutet, dass auch im Rahmen der Willensbildung von Parteien und Parlament vor allem organisations- und konfliktfähige Interessen durchsetzungsfähig sind. Die in den pluralistischen Entscheidungsstrukturen von Bürokratie, Unternehmen und Verbänden wegen ihrer mangelnden Organisations- und Konfliktfähigkeit vernachlässigten Interessen werden also auch durch Parteien und Parlament kaum oder doch zumeist nur schwach vermittelt. Die durchaus effektive Politiksteuerung durch Parteien und Parlament kann folglich die Partizipationschancen gesellschaftlicher Interessen an der staatlichen Willensbildung nicht wesentlich über das durch die pluralistischen Entscheidungsstrukturen repräsentierte Maß hinaus erweitern. Ihre Leistung besteht mit anderen Worten nicht so sehr in einer Erweiterung des politischen Potentials zur Berücksichtigung wenig durchsetzungsfähiger Interessen, sondern vielmehr in einer Strukturierungs- und Aggregationsfunktion bei der politischen Interessenvermittlung.

Legitimationsprobleme

Diese Leistung ist zwar für die wirtschaftliche, gesellschaftliche und politische Stabilität der Bundesreublik Deutschland von kaum zu überschätzender Bedeutung, kann aber das Auftreten von mehr oder weniger stark ausgeprägten Legitimationsproblemen nicht verhindern, weil sie mit dem Preis eines im Vergleich zur Differenzierung der gesellschaftlichen Interessenstrukturen relativ geringen Berücksichtigungspotentials zu bezahlen ist.

Interessenvermittlung durch direkte Demokratie

Für die Schweiz stellen sich die soeben thematisierten Zusammenhänge zunächst ganz anders dar. Das direkt-demokratische System der Schweiz gewährleistet prinzipiell eine umfassende Berücksichtigung von Interessen. Die Möglichkeit, pluralistisch vermittelte und parlamentarisch sanktionierte Entscheidungen durch ein obligatorisches oder fakultatives Referendum einer parlamentarischen Nachkontrolle zu unterziehen und die Verfassungs- bzw. Gesetzgebung per Volksinitiative anzuregen, gibt auch relativ schwachen und nur ad-hoc organisierbaren Interessen reelle Chancen der Beteiligung an der politischen Willensbildung.

Der prinzipiell hohen Interessenberücksichtigung der direkten Demokratie steht theoretisch eine niedrige Integrationsleistung gegenüber. Es liegt auf der Hand, dass eine Serie von Volkabstimmungen mit wechselnder Wahlbeteiligung und wechselnden Mehrheiten spontan keine integrierte Politik hervorbringen kann. Das ist jedoch in der Schweiz ein theoretisches, aber kein reales Problem, weil in der politischen Praxis der Schweiz die direkte Demokratie durch ein extensives Konkordanzsystem überlagert wird.

Konkordanzpraxis

Die Konkordanzpraxis ist unvermeidlich mit extrem hohen Konsenskosten und aufwendigen Entscheidungsprozeduren verbunden. Sie ist denn auch in der Schweiz in einem umfassenden System von Kommissionen, Vernehmlassungsverfahren (vorparlamentarischen Hearings und Konsultationen) und anderen Konsultationen institutionalisiert, was hier nicht im Einzelnen beschrieben werden soll. Vereinfacht dargestellt nehmen politische Entscheidungsprozesse auf Bundesebene in der Regel etwa den folgenden Verlauf: geplante Verfassungs-, Gesetzes- und Beschlussvorlagen werden zunächst als erster Entwurf ausgearbeitet, dann mit Verbänden und Kantonen informell abgestimmt, überarbeitet und dem Bundesrat (der Regierung) vorgelegt. Der Bundesrat bestimmt Zuständigkeiten und Beteiligung der einzelnen Departemente (Ministerien), die Zusammensetzung einer Expertenkommission und den Umfang der Vernehmlassung. Dann wird der Entwurf in der vorparlamentarischen Expertenkommission ausführlich beraten, vom zuständigen Departement entsprechend überarbeitet und den Kantonen, Parteien und Verbänden zur schriftlichen oder mündlichen Vernehmlassung vorgelegt. Anschließend wird der Entwurf erneut überarbeitet und als Vorlage in den beiden Kammern des Parlaments eingebracht. Nach der parlamentarischen Beratung und Verabschiedung werden der Verfassungsartikel, das Gesetz oder der Bundesbeschluss – wenn erforderlich – der obligatorischen bzw. – wenn beantragt – der fakultativen Volksabstimmung unterworfen. Wenn an irgendeinem Punkt dieses Verfahrens Konsensschwierigkeiten auftreten, wird das Verfahren häufig abgebrochen und nach einer Revision der Vorlage erneut eingeleitet. Dieses institutionell aufwendige Verfahren nimmt bei wichtigen und nicht von vornherein konsensualen Vorlagen häufig mehrere Jahre in Anspruch. Die Beratung und Verabschiedung des schweizerischen Nationalbankgesetzes dauerte beispielsweise fast zwanzig Jahre.

Vorparlamentarische Politiksteuerung

Diese knappe Skizze eines typischen Entscheidungsprozesses macht deutlich, dass in der Schweiz das Schwergewicht der Politiksteuerung im vorparlamentarischen Raum liegt. Damit wird das oben dargestellte Verbundsystem von Bürokratie, Verbänden und Unternehmen, das in der Schweiz auch Parteien und Kantone miteinschließt, zum tragenden Element des staatlichen Handelns. Es bildet insgesamt eine quasi-repräsentative Entscheidungsinstanz, die den größten Teil der für die Funktionsfähigkeit des schweizerischen Regierungssystems essentiellen Konsensleistung zu erbringen hat.

Dieser Tatbestand markiert auch den Bedeutungsverlust des Parlaments, von dem heute so viel gesprochen wird. Das schweizerische Parlament hat seit Ende des 19. Jahrhunderts kaum eine mit den Parlamenten repräsentativer Demokratien vergleichbare politische Rolle gespielt. Es ist nicht die zentrale Instanz demokratischer Kontrolle staatlichen Handelns, sondern ein zwar wichtiges, aber nicht dominierendes Element des die Konkordanzpraxis steuernden Verbundsystems.

Funktionsverlust der direkten Demokratie?

Wie die Konkordanzpraxis zu einem Bedeutungsverlust des Parlaments geführt hat, hat sie auch nach einer verbreiteten Meinung einen Funktionsverlust der direkten Demokratie bewirkt. Diese Behauptung mag in Anbetracht des extensiven vorparlamentarischen Aushandelns „referendumssicherer" politischer Entscheidungen sehr plausibel und unmittelbar einleuchtend erscheinen. Sie beruht indessen unseres Erachtens auf einem fundamentalen Missverständnis der Funktion und Leistungsfähigkeit direkter Demokratie in einem modernen Wohlfahrtsstaat.

Es ist sicher utopisch anzunehmen, dass die Bewältigung eines breiten und komplexen Spektrums staatlicher Aufgaben unmittelbar durch direkt-demokratische Verfahren ausgestaltet werden könnte. Referendum und Initiative sind (analog zu Wahlen in repräsentativen Systemen) nicht primär Instrumente einer materiellen politischen Kontrolle der Staatstätigkeit. Ihre wesentliche Funktion besteht in der Absicherung einer möglichst weitgehenden Übereinstimmung von gesellschaftlichen Interessen und staatlichem Handeln.

Diese Funktion erfüllt die direkte Demokratie in der Schweiz, gerade weil sie eine weitreichende Konkordanzpraxis verursacht. Sie erzwingt damit eine Berücksichtigung zumindest der referendumsfähigen gesellschaftlichen Interessen in den politischen Entscheidungen. Darüber hinaus gewährleistet die Konkordanzpraxis ein hohes Maß an politischer Integration. Extrem partikulare Interessen sind im Verbund von Bürokratien, Verbänden und Unternehmen sehr viel weniger durchsetzungsfähig als unter den Bedingungen einer Konkurrenzdemokratie, weil politische Entscheidungen zumeist als umfassende Kompromisse ausgestaltet werden müssen.

Geringe Innovationsfähigkeit

Das politische System der Schweiz erreicht folglich durch das Zusammenspiel von direkter Demokratie und Konkordanz gleichzeitig ein hohes Niveau bei der Berücksichtigung von Interessen und eine starke politische Integration. Dafür ist der Preis einer relativ geringen Innovationsfähigkeit und einer Schwerfälligkeit des politischen Entscheidens zu bezahlen. Entscheidungsprozesse nehmen zumeist lange Zeit in Anspruch. Darüber hinaus ist es selten möglich, Problemlösungen durchzusetzen, die erheblich vom Status quo abweichen. Dabei zeigen sich auch gelegentlich massive Interessenunterschiede zwischen den politischen Eliten des Landes und ihren Bürgern. So zum Beispiel bei der Volksabstimmung über den Beitritt der Schweiz zum europäischen Wirtschaftsraum, bei der die Schweizer mehrheitlich der fast durchgängigen Befürwortung dieses Schritts durch ihre Eliten nicht gefolgt sind.

Diese Feststellungen verweisen auf einen zentralen Aspekt der schweizeri schen Konkordanzdemokratie – nämlich auf eine insgesamt geringe politische Steuerbarkeit der sozio-ökonomischen Entwicklung. Der schweizerische Staat kann und konnte niemals in dem Ausmaß in die Wirtschaft intervenieren und gesellschaftliche Entwicklung gestalten, wie beispielsweise mit unterschiedlichen

Mechanismen der deutsche, französische oder schwedische Staat. Dies zeigt sich auch in einer vergleichsweise niedrigen Steuerquote. Direkte Demokratie und Konkordanz lassen strukturell nur eine schwache Regierung mit einem geringen autonomen wirtschafts- und gesellschaftspolitischen Handlungsspielraum zu.

2. Wirkungszusammenhänge zentraler und dezentraler Politiksteuerung

Moderne demokratische Regierungssysteme sind, wie wir an konkreten Beispielen sehen konnten, institutionell komplexe Systeme. Die politischen Vermittlungsstrukturen, deren Wirkungen wir bisher erörtert haben, sind nur ein Element des Regierungssystemes. Sie entfalten ihre partiellen Wirkungen im Kontext des umfassenden Regierungssystemes und seiner strukturellen Wirkungszusammenhänge.

Zusammenhang von (De-) Zentralisation der Politiksteuerung und Leistungsfähigkeit

Wir können im Rahmen dieser Einführung die strukturellen Wirkungszusammenhänge eines komplexen institutionellen Systemes nicht ausführlich und umfassend diskutieren. Zudem sind diese Wirkungszusammenhänge in der Forschung theoretisch und empirisch noch in vieler Hinsicht ungeklärt. Wir wollen jedoch in diesem Teil exemplarisch einen weiteren, theoretisch interessanten Wirkungszusammenhang untersuchen, nämlich den Zusammenhang zwischen dem Grad der Zentralisation bzw. Dezentralisation der Politiksteuerung einerseits und der Leistungsfähigkeit andererseits. Damit erfassen wir ein weiteres wichtiges Element der institutionellen Struktur moderner demokratischer Regierungssysteme.

Definition

Allgemein definiert heißt Dezentralisation die Verteilung von Entscheidungskompetenzen innerhalb eines Systemes auf autonome oder teilautonome Subsysteme. Dezentralisation heißt konkret die Übertragung von selbständigen Entscheidungs- und Handlungskompetenzen auf Gliedstaaten und Gebietskörperschaften (Regionen, Bezirke, Gemeinden). Dezentrale Politiksteuerung heißt dann die teilweise Bestimmung von Umfang und Inhalt der Staatstätigkeit durch selbständige Entscheidungen und Handlungen politischer Subsysteme.

Föderalismus als Form der Dezentralisation

Die uns bekannteste Form der Dezentralisation staatlichen Handelns ist der Föderalismus. In Ländern wie der Bundesrepublik Deutschland, den Vereinigten Staaten von Amerika, der Schweiz, Österreich oder Kanada sind staatliche Entscheidungs- und Handlungskompetenzen mehr oder weniger exklusiv auf Bund, Gliedstaaten und Gebietskörperschaften aufgeteilt. Auch in prinzipiell zentralistischen Ländern, wie Frankreich, Großbritannien, finden wir mehr oder weniger ausgeprägte Elemente von Dezentralisation in Form einer Zuweisung selbständiger Entscheidungs- und Handlungskompetenzen an Regionen und/oder Kommunen.

Frankreich als Beispiel für politisch-administrativen Zentralismus

Frankreich galt gemeinhin als ein Paradebeispiel für ein zentralistisches politisch-administratives System. Die Zentralregierung, vor allem die Staatsbürokratie, spielt in Frankreich traditionell eine dominante Rolle. In der Dritten und

Vierten Republik wurde wegen einer beträchtlichen Regierungsinstabilität die starke Rolle der Zentralebene überwiegend durch die Staatsbürokratie getragen; in der Fünften Republik wurde die Zentralgewalt durch die Schaffung einer starken Exekutive noch verstärkt. Dennoch wird der Zentralismus des französischen Regierungssystems häufig überschätzt. In Frankreich ist zwar der größte Teil staatlicher Macht bei der Zentralregierung konzentriert. Auch die finanziellen Ressourcen liegen überwiegend bei der Zentralebene, die über mehr als 90% aller Steuereinnahmen verfügt, während beispielsweise in der Bundesrepublik Deutschland, den Vereinigten Staaten von Amerika, aber auch in Finnland, Dänemark und Schweden die Zentralregierung über 60-80%, in Kanada und der Schweiz sogar über weniger als 60% der Steuereinnahmen verfügt.

Zudem sind die Entscheidungsbefugnisse weitgehend auf der Zentralebene konzentriert, während die nachgeordneten Ebenen (région, département, commune) überwiegend Implementationsfunktionen mit beschränktem Gestaltungsspielraum erfüllen. Dennoch verfügen inzwischen vor allem die régions mit ihren Regionalparlamenten und -präsidenten, aber auch die großen Städte, über einen erheblichen Einfluss auf die Politikgestaltung, weil die Zentralebene in mannigfaltiger Weise auf ihre Kooperation angewiesen ist. Faktisch ist die Zentralebene häufig von nachgeordneten Ebenen bezüglich der Informationsvermittlung, der Mobilisierung politischer Unterstützung oder der Vermeidung politischer Opposition und nicht zuletzt auch einer effektiven Implementation abhängig.

Als Folge dieser nicht unbeträchtlichen Abhängigkeit hat sich auch in Frankreich teilweise unterhalb der verfassungsrechtlich vorgeschriebenen Strukturen und Institutionen, teilweise aber auch durch den zu Beginn der achtziger Jahre durch die Zentralregierung eingeleiteten Prozess der Regionalisierung, ein intensives Netzwerk von Verhandlungen zwischen der Zentralregierung und nachgeordneten Gebietskörperschaften herausgebildet. Das Dezentralisierungsgesetz von 1982 hat das noch verstärkt, weil es die hierarchische Kontrolle verringert, die horizontale Koordination ausbaut und insbesondere der politischen Komponente auf regionaler und lokaler Ebene eine größere Bedeutung zuweist. Heute wird denn auch die Politikgestaltung in Frankreich immer stärker geprägt durch eine subtile Mischung aus zentralistischer Kompetenzstruktur und praktizierter Kooperation zwischen den verschiedenen politisch-administrativen Ebenen. Es ist zu erwarten, dass sich der Dezentralisierungstrend in Frankreich fortsetzen und verfassungsrechtliche Implikationen haben wird.

Großbritannien als Beispiel für ein Mischsystem

Eine anders gelagerte Situation finden wir in Großbritannien vor, wo es zum einen die traditionelle Dezentralisation der Landesteile bzw. britischen Nationen gibt und zum anderen – im Gegensatz zu Frankreich – ein durchgängiges einheitliches Verwaltungssystem fehlt. In Großbritannien nimmt die Zentralregierung, von wenigen Ausnahmen abgesehen, in erster Linie die Planungs-, Entscheidungs- und Regulierungsfunktionen, aber keine Ausführungsfunktionen wahr. Vielmehr werden Letztere entweder öffentlichen Gesellschaften (National Public Corporations, z.B. der National Health Service, die Civil Service Commission oder die British Broadcasting Corporation), parastaatlichen Organisationen („quasi-governmental" oder „quasi-non-governmental agencies", z.B. der National Economic Development Council) oder auch dem „local government" überlassen. Die förmliche Politikgestaltung ist also stark zentralisiert, während die Politikimplementation (und damit auch ein Teil der materiellen Politikgestaltung) meist horizontal, aber auch vertikal dezentralisiert ist.

Rolle des „local government“

Im Rahmen dieser dezentralisierten Implementationsstruktur spielt das „local government“ eine wichtige Rolle. Das in unserem Zusammenhang wesentliche Merkmal des britischen „local government“ ist seine nur formale Unabhängigkeit. Die Gebietskörperschaften üben weitgehend nur formal die ihnen gesetzlich zugewiesenen Funktionen selbständig aus. Faktisch konnte diese formale Selbständigkeit vor allem in den vergangenen Jahrzehnten kaum mehr behauptet werden, weil das „local government“ immer stärker von Zuschüssen der Zentralregierung abhängig wurde. Diese fiskalische Abhängigkeit, die auf unzureichenden eigenen Einnahmequellen beruht, hat eine wachsende Intervention der Zentralregierung in das „local government“ hervorgerufen. Erst in jüngster Zeit wird – u.a. durch die Umwandlung der Zahlungen der Zentralregierung in „block grants“ (generelle Zuweisungen) – versucht, wieder stärker zu dezentralisieren. Allerdings gibt es immer noch eine starke Regulation durch nationale Gesetze. Die Statute für Schottland, Wales und Nordirland gestehen diesen Landesteilen (Nationen) in abgestuftem Grade zwar politische und kulturelle Autonomierechte zu, aber ihre „Selbstständigkeit“ ist nicht nur finanziell, sondern auch politisch eine vom Unterhaus verliehene, d.h. sie kann auch wieder durch Parlamentsbeschluss mit einfacher Mehrheit rückgängig gemacht werden. Ob dies politisch opportun wäre (den Fall Nordirland ausgenommen), muss allerdings bezweifelt werden.

Italien als Beispiel für die Regionalisierung des politisch-administrativen Systems

Italien ist, ebenso wie Frankreich und im Gegensatz zu Großbritannien, ein traditionell zentralistischer Staat. Im letzten Jahrhundert wurde nach der nationalen Vereinigung das nach dem französischen Modell konstruierte präfektorale System Piemonts im neuen Königreich Italien übernommen. Im Rahmen dieses Systemes waren Provinzen und Kommunen reine Verwaltungseinheiten ohne bemerkenswerte selbständige Gestaltungsspielräume. Dieser Zentralismus wurde im Faschismus noch erheblich verstärkt. Auch nach 1945 änderte sich daran faktisch nicht viel. Die Verfassung der Republik Italien sah zwar Regionen mit einer gewissen Eigenständigkeit vor, in der Realität blieb die zentralistische Politiksteuerung aber weitgehend erhalten, da bis Mitte der siebziger ein Ausführungsgesetz zu dieser Verfassungsbestimmung nicht verabschiedet wurde. Auch die so genannten „speziellen Regionen“ Sardinien, Sizilien, Aosta, Friuli-Venezia Giulia und Trentino-AltoAdige konnten trotz ihres Sonderstatus außer kultureller Autonomie nur wenig politische Eigenständigkeit entwickeln. Es gab bis Ende der sechziger Jahre zwar Elemente von administrativer Dekonzentration, aber kaum eine nennenswerte politische Dezentralisierung.

Seit Beginn der siebziger Jahre kann man jedoch in Italien einen noch nicht abgeschlossenen Prozess der zunehmenden Regionalisierung des politisch-administrativen Systemes beobachten, der nicht mehr nur auf eine administrative Dekonzentration, sondern auf eine beträchtliche politische Dezentralisierung hinausläuft. Dabei wurden den Regionen zunächst lediglich mehr Vollzugsaufgaben mit limitiertem Gestaltungsspielraum übertragen. Es blieben eine weitgehende fiskalische Abhängigkeit und eine intensive zentralstaatliche Kontrolle regionalen Handelns. Die Einsicht in die institutionelle Sklerose des politisch-administrativen Systemes Italiens und ein erheblicher regionaler Interessendruck haben im weiteren Verlauf der siebziger Jahre zu einer effektiveren Dezentralisation geführt.

Die Zentralregierung hat auf der einen Seite ihre Regelungs- und Interventionskompetenzen bezüglich der den Regionen in Art. 117 der Verfassung zugewiesenen Aufgaben (u.a. regionale Dienstleistungen, öffentliche Wohlfahrt, Land- und Forstwirtschaft, Tourismus und Stadtplanung) weniger stark genutzt und auf der anderen Seite vermehrt Aufgaben (insbesondere in den Bereichen Gesundheit, Raumordnung und wirtschaftliche Entwicklung) delegiert. Zudem wurden die finanziellen Zuwendungen an die Regionen drastisch erhöht. Schließlich hat sie die Kooperation mit den Regionen in der Wirtschaftsplanung und Wirtschaftspolitik verstärkt, so dass die Regionen heute eine wichtige Rolle bei der nationalen Planung spielen können und auf diese Weise einen erheblichen Einfluss haben. Seit der Gültigkeit des Regionalstatuts im Jahre 1975 verfügen die Regionen auch über legislative und exekutive Institutionen – die Regionalräte und die Regionalausschüsse –, die in den einzelnen Regionen unterschiedlich effektiv als Instrument regionaler Politiksteuerung eingesetzt werden. Insbesondere einige Regionen Norditaliens haben über diesen institutionellen Mechanismus ihre Leistungsfähigkeit und ihre Autonomie beträchtlich erhöht. Neueste Entwicklungen und Pläne lassen erwarten, dass trotz unterschiedlicher Auffassungen in dem derzeit regierenden Mitte-Rechts-Kabinett unter Berlusconi dieser Trend anhalten wird.

Betrachtet man die zentralistischen Länder insgesamt, kann man auch unter ihnen beträchtliche Unterschiede hinsichtlich des Zentralisierungsgrades, d.h. des Ausmaßes, in dem Politik tatsächlich zentralistisch gesteuert wird, feststellen. Diese Unterschiede zeigen sich u.a. in verschiedenen Verteilungen der Steuereinnahmen auf die Zentralregierung und die lokale bzw. regionale Ebene.

Dezentralisierung als Strategie

Die in vielen Ländern trotz zentralistischer Regierungsstruktur beträchtliche Dezentralisation staatlichen Handelns hat zum Teil kulturelle Gründe (z.B. im Streben subkultureller oder kultureller Minderheiten in einzelnen Regionen nach größerer Selbstbestimmung, aber auch im wachsenden Regionalbewusstsein in vielen Ländern). Sie lässt sich jedoch auch funktional begründen. Dezentrale Politikgestaltung wird häufig diskutiert als eine interessante Strategie der Reduktion der Komplexität und der Verbesserung der Effektivität und Effizienz staatlichen Handelns. Dabei wird argumentiert, dass unter den heute für alle westlichen Demokratien gültigen Bedingungen einer pluralistischen Interessendifferenzierung einerseits und einer großen Aufgabenbreite von Politik andererseits eine dezentralisierte Politikgestaltung häufig effektiver und effizienter als eine zentralisierte sei.

Mögliche Vorteile der Dezentralisierung

In dieser Perspektive bietet eine dezentralisierte Politikgestaltung insbesondere die folgenden möglichen Vorteile:

- Dezentralisierte Systeme sind besser in der Lage, unterschiedliche Interessen differenziert aufzunehmen und zu integrieren, weil die einzelnen Teilsysteme unterschiedliche Programme und Politiken verfolgen und dabei insbesondere regional verschiedene Interessenlagen berücksichtigen können. Dadurch kann auch eine Produktion von öffentlichen Gütern entgegen den Interessen von Minderheiten teilweise vermieden werden.
- Da gesellschaftliche Problem- und Interessenlagen zumeist regional unterschiedlich ausgeprägt und verteilt sind, reduziert eine Dezentralisierung häufig die Komplexität politischer Entscheidungen. Probleme lassen sich regional differenziert vielfach enger und präziser fassen sowie bezüglich ihrer

Konsequenzen besser übersehen. Darüber hinaus dürften in der Regel Problem- und Interessenlagen innerhalb von Regionen homogener sein als im gesamten Staatsgebiet.

- Mit den eben genannten Sachverhalten ist eine Reduktion von Konfliktkosten verbunden. Durch eine Verlagerung von Entscheidungen in relativ zum Gesamtsystem gesehen kleine und homogene Subsysteme – und die daraus resultierende Verringerung der Zahl und der Differenziertheit der an politischen Entscheidungen beteiligten Interessen und Institutionen – werden Konfliktpotentiale vermindert. Dezentralisierung reduziert also die „Konsenskosten“ politischer Entscheidungen.
- Schließlich wird durch eine Dezentralisation die Komplexität des Staatsapparates reduziert. Dadurch sinken auch die Informations- und Kontrollkosten des Staatsapparates (Agenturkosten). Darüber hinaus erleichtert ein mehrstufiger föderativer Staatsaufbau die Suche nach der optimalen Betriebsgröße für die Bereitstellung öffentlicher Güter und Dienstleistungen.

Folgt man dieser Argumentation, ermöglicht eine dezentrale Politikgestaltung eine der gesellschaftlichen und räumlichen Differenzierung der modernen Industriegesellschaften und der großen Aufgabenbreite des Staates angemessene Wahrnehmung und Verarbeitung von Problemen und reduziert gleichzeitig die Informations-, Organisations- und Konsenskosten von Politik.

Voraussetzungen dezentraler Politikgestaltung

Diese Argumentation vernachlässigt jedoch die Voraussetzungen dezentraler Politikgestaltung. Letztere funktioniert nur so lange optimal, wie

- sich Probleme innerhalb des Bereiches von Subsystemen begrenzen lassen;
- Problemlösungen nur von internen Bedingungen der zuständigen Subsysteme abhängen;
- die Auswirkungen und Folgen von Problemlösungen und Politiken auf den Bereich der sie bearbeitenden Subsysteme beschränkt bleiben;
- die zuständigen Subsysteme über ausreichende Informations-, Organisations- und Handlungskapazitäten sowie über ausreichende finanzielle Ressourcen verfügen.

Interdependenzprobleme

In den modernen kapitalistischen Gesellschaften sind diese Bedingungen häufig kaum oder gar nicht realisierbar, weil diese Gesellschaften zwar auf der einen Seite sozio-ökonomisch stark differenziert, auf der anderen Seite aber durch vielschichtige soziale und ökonomische Tauschprozesse stark verflochten sind. Sozio-ökonomische Probleme und Entwicklungen sind deshalb zumeist regional unterschiedlich ausgeprägt, zugleich aber auch gesamtstaatlich oder gar supranational verflochten. Das hat häufig zur Folge, dass eine der regionalen Differenzierung von Problemen angemessene dezentrale Politikgestaltung übergreifende Zusammenhänge vernachlässigt und unkontrollierte Folgen und Auswirkungen sowohl für andere Regionen als auch für die gesamtstaatliche Entwicklung verursacht (so genannte negative externe Effekte).

Einfluss des Zentralisationsgrades organisierter Interessenvermittlung

Diese Interdependenzprobleme werden durch politisch-ökonomische Machtstrukturen zum Teil erheblich verstärkt. In Anbetracht einer generell hohen Interdependenz von politisch-administrativem System und organisierten Interessen liegt es auf der Hand, dass die Handlungsmöglichkeiten dezentralisierter Politikgestaltung nicht unerheblich vom Grad der Zentralisation organisierter Interessenvermittlung bestimmt werden. In Ländern mit stark zentralisierter Interessenvermittlung dürften die materiellen Möglichkeiten dezentraler Politikgestaltung unabhängig von der formalen Kompetenzverteilung deutlich geringer sein als in Ländern wie der Schweiz, wo dezentrale Politikgestaltung noch stärker mit dezentralisierten Interessenstrukturen korrespondiert.

Weitere erhebliche Restriktionen der Handlungsmöglichkeiten von Subsystemen ergeben sich häufig als Folge vorhandener Informations- und Organisationskapazitäten und finanzieller Ressourcen. Die Planungs- und Entscheidungskapazitäten und die finanziellen Möglichkeiten von Subsystemen, insbesondere von Gebietskörperschaften, reichen häufig für eine weitreichende Dezentralisation von Politikgestaltung nicht aus. Ein Beispiel sind die ostdeutschen Länder, aber auch strukturschwache Regionen und Gliedstaaten in den USA oder in Italien.

Zusammenhang von (De-) Zentralisation der Politikgestaltung und Leistungsfähigkeit staatlichen Handelns

In der bisher vorgetragenen Argumentation wurden einerseits auf die Effektivität und Effizienz staatlichen Handelns bezogene Gründe für dezentrale Politikgestaltung und andererseits eine Reihe damit verbundener Effektivitäts- und Effizienzprobleme, die sich vor allem aus interdependenten Problemzusammenhängen und beschränkten dezentralen Handlungsfähigkeiten ergeben, diskutiert. Betrachtet man beides zusammen, dann stellt sich die Frage, ob man überhaupt einen klaren und eindeutigen Zusammenhang zwischen der Zentralisation bzw. Dezentralisation der Politikgestaltung einerseits und der Effektivität und Effizienz staatlichen Handelns andererseits erwarten kann.

Spannungsfeld zwischen Zentralisation und Dezentralisation

In zentralistischen Ländern zeigt sich das Spannungsfeld zwischen Zentralisation und Dezentralisation, wie wir an den Beispielen Frankreichs und Großbritanniens sehen können, in mehr oder weniger starken und unterschiedlich entwickelten Dezentralisierungstendenzen innerhalb des generell zentralistischen Systems. In föderalistischen Ländern zeigt sich dieses Spannungsfeld in mehr oder weniger starken Unitarisierungstendenzen über fiskalische Zentralisierung und Politikverflechtung.

Beispiele

In der Bundesrepublik Deutschland ist die Politikverflechtung seit 1969 verfassungsrechtlich in Form von Gemeinschaftsaufgaben und einer Mischfinanzierung über Finanzhilfen des Bundes geregelt. Damit hat der Bund vielfältige Möglichkeiten erhalten, in beträchtlichem Maß in die Kompetenz, die Planung und die Etathoheit der Länder (und auch der Gebietskörperschaften) einzugreifen. Ein Sonderproblem stellt in diesem Zusammenhang die Finanzierung des Fonds „Deutsche Einheit" zur Förderung des Strukturwandels in den neuen Bundesländern dar. Dadurch ist auch der Finanzausgleich zwischen den Bundesländern, der auf dem Verfassungsgebot zur Herstellung vergleichbarer Lebensverhältnisse im Bundesgebiet beruht, in eine weitere Schieflage im Sinne der Abhängigkeit der Länder vom Bund geraten.

Auch in den Vereinigten Staaten von Amerika entwickelte sich die Mischfinanzierung vor allem infolge von ungleichgewichtigen finanziellen Ressourcen von Bund und Einzelstaaten. Unter extensiver Auslegung seiner Kompetenzen, insbesondere auch der „implizierten Befugnisse" (implied powers), hat der Bund regulierend und finanzierend verstärkt in die Aufgabenbereiche der Einzelstaaten (und der Gemeinden) interveniert. Er operiert dabei insbesondere mit zweckgebundenen Beiträgen, die u.a. an eine komplementäre Finanzierung der Staaten gebunden sind. Das Ergebnis ist, ähnlich wie in der Schweiz, eine zunehmende Verflechtung zwischen Bund und Einzelstaaten.

In der Schweiz basiert diese Politikverflechtung vor allem auf einer teilweise weitreichenden finanziellen Beteiligung des Bundes an Aufgaben, die ursprünglich den Kantonen zugewiesen waren und es verfassungsrechtlich auch heute zumeist immer noch sind. Mit seiner finanziellen Beteiligung an diesen Aufgaben hat der Bund immer auch eine substantielle Regelung verbunden. Er hat seine finanziellen Mittel als Instrument der Regulierung der Aufgabenerfüllung von Kantonen und Gemeinden eingesetzt.

Ambivalenz von Zusammenhängen

Das Spannungsverhältnis von Zentralisation und Dezentralisation, das wir in zentralistischen ebenso wie in föderalistischen Ländern beobachten können, macht erneut deutlich, dass

- institutionelle Wirkungszusammenhänge häufig ambivalent sind, weil wir mit jeweils bestimmten institutionellen Strukturen sowohl positive als auch negative Steuerungspotentiale verbinden können;
- positive und negative Steuerungspotentiale unter unterschiedlichen Handlungs- und Rahmenbedingungen jeweils unterschiedlich zum Tragen kommen, so dass strukturelle Wirkungszusammenhänge häufig erst in konkreten Funktions- und Handlungsbezügen klar ermittelbar sind.

Komplexität der Systeme

In diesem Zusammenhang müssen wir wiederum darauf hinweisen, dass die Zentralisation bzw. Dezentralisation der Politiksteuerung, ebenso wie die strukturelle Integration der Interessenvermittlung, nur Elemente komplexer institutioneller Systeme sind. Deshalb können wir bei einer partiellen Betrachtung dieser Elemente nicht mehr als insgesamt relativ schwache Wirkungszusammenhänge erwarten.

Zusammenhänge zwischen Strukturen und Leistungsfähigkeit

Die Analyse dieses und des vorangegangenen Kapitels hat gezeigt, dass die Zusammenhänge zwischen politischen Institutionen und Strukturen einerseits und der politischen Leistungsfähigkeit andererseits nicht eindeutig festgelegt sind. Die verbreitete Annahme der Korporatismustheorie, dass die Handlungs- und Leistungsfähigkeit des Staates umso größer sei, je stärker die Integration der Interessenvermittlung ist, trifft empirisch offensichtlich nur auf bestimmte interessenpolitische Lösungsmuster zu. Es lässt sich zwar zeigen, dass Länder mit integrierender Interessenvermittlung in einigen Politikbereichen besser abschneiden als solche mit stark pluralistischer Interessenvermittlung. Für viele Bereiche trifft das jedoch nicht zu. Insgesamt ist der Zusammenhang zwischen politisch-ökonomischen Vermittlungsstrukturen und staatlicher Leistungsfähigkeit deshalb ambivalent.

Steuerungspotentiale von unterschiedlichen Strukturen

Dieser Sachverhalt wird theoretisch erklärbar, wenn man berücksichtigt, dass unterschiedliche Strukturen nicht nur über unterschiedliche Kapazitäten für die Konfliktregulierung und Interessenaggregation verfügen, sondern dass damit auch unterschiedliche Verhandlungs- und Konsenskosten verbunden sind. Unterschiedliche Interaktionsstrukturen gehen also mit jeweils spezifischen positiven und negativen Steuerungspotentialen einher.

- Stark integrierte Strukturen schaffen zwar die Möglichkeit einer kooperativen Politikformulierung im Rahmen von Verhandlungen zwischen Staat und organisierten Interessen, können aber auch zu einer geringen Innovationsfähigkeit und zu Immobilismus bzw. zur Überregulation führen.

– Schwach integrierte Strukturen begünstigen zwar eine hohe Durchsetzungsfähigkeit von organisierten Interessen und eine partikularistische Politiksteuerung, bieten aber auch erhebliche Chancen einer spontanen Koordination der Interessenvermittlung im Rahmen von Parteienkonkurrenz und politisch-administrativer Problemverarbeitung.

Die unterschiedlichen positiven und negativen Steuerungspotentiale von solchen Strukturen kommen in spezifischen Politikbereichen verschieden zum Tragen. Sie begünstigen darüber hinaus in jeweils konkreten Problemzusammenhängen bestimmte Politikstrategien und benachteiligen andere. Die Steuerungspotentiale müssen also im Zusammenhang mit konkreten Politikstrategien gesehen werden. Das stark integrierte japanische System zum Beispiel begünstigte eine breit konzentrierte Wirtschaftspolitik (mit dem Problem fehlender öffentlicher Kontrolle). Im stark pluralistischen System der Vereinigten Staaten von Amerika wäre eine derartige Strategie kaum erfolgversprechend. Dagegen war dort eine mit dem Instrument öffentlicher (ziviler und vor allem militärischer) Beschaffung operierende Wirtschaftspolitik erfolgversprechend, weil sie zum einen im Rahmen von „log rolling"-Prozessen im Kongress politisch gut durchsetzbar war, und weil sie zum anderen mit einem geringen Maß an Koordination ausgekommen ist.

Determinanten staatlicher Handlungsfähigkeit

Der hier postulierte Zusammenhang zwischen Strukturen und Strategien impliziert, dass die staatliche Handlungsfähigkeit strukturell nur partiell determiniert ist. Er impliziert nicht, dass sie strukturell völlig offen ist. Sie ist nur offener, als das etwa die Korporatismus-Debatte vermuten lässt, weil Probleme häufig mit unterschiedlichen Strategien gleichermaßen lösbar sind. Das erlaubt es Systemen mit unterschiedlichen Strukturen, über unterschiedliche Strategien ähnliche oder gleich gute Leistungen bezüglich der Lösung eines bestimmten Problemes zu erbringen. Nur: kein Problem lässt sich mit beliebigen Strategien lösen, und keine Struktur lässt beliebige Strategiewahlen zu. Vielmehr läßt sich jedes Problem jeweils nur mit einer mehr oder weniger großen Menge bestimmter Strategien lösen und lässt jede Struktur nur eine mehr oder weniger große Menge bestimmter Strategien zu. Die Schnittmenge dieser beiden Mengen, die groß, aber auch eine Nullmenge sein kann, beschreibt die effektiven Handlungsmöglichkeiten des Staates bezüglich der Lösung bestimmter Probleme. Mit anderen Worten: die Handlungsfähigkeit des Staates bezüglich der Lösung bestimmter Probleme wird determiniert durch das Maß an Übereinstimmung bzw. Diskrepanz zwischen den institutionell und strukturell möglichen Strategien und den hinsichtlich der Lösung des jeweiligen Problemes effektiven Strategien. Politische Institutionen spielen zwar eine zentrale Rolle für den politischen Prozess und seine Ergebnisse, aber sie determinieren beide Elemente nicht. Spezifische Kontexte, kognitive Muster von Akteuren und deren normative Orientierungen müssen zur Erklärung von strategischen Handlungen hinzugezogen werden.

3. Institutionen und Politikfähigkeit im Vergleich: Das empirische Beispiel der Arbeitsmarktpolitik

Effektivitäts- und Effizienzprobleme der Politik

Wie wir dargestellt haben, sind die vielfältigen Funktionen des Staates in den modernen demokratisch-kapitalistischen Gesellschaften mit kaum mehr erfüllbaren Leistungsanforderungen verbunden – mit Leistungsanforderungen, die die Organisations-, Informations- und Finanzierungskapazitäten und insgesamt die politische Problemlösungsfähigkeit und die gesellschaftliche Durchsetzungsfähigkeit des Staates überfordern. Die vielschichtigen und häufig weitreichenden staatlichen Interventionen in die Wirtschaft stoßen dann auch häufig an die Grenzen der politischen Steuerungskapazität moderner Demokratien.
Die wirtschaftlichen Krisen und das geringer gewordene Wachstum in den vergangenen Jahren sowie die anhaltenden Beschäftigungsprobleme in den meisten OECD-Ländern machen deutlich, dass der moderne kapitalistische Staat häufig kaum mehr in der Lage ist, die ihm angesonnenen oder von ihm selbst aktiv übernommenen ökonomischen Funktionen effektiv und effizient zu erfüllen.

Interaktion von öffentlichem und privatem Sektor

Die hier angesprochenen Effektivitäts- und Effizienzprobleme staatlicher Politik lassen sich theoretisch als Probleme der Interaktion von öffentlichem und privatem Sektor und der Verbindung beider Sektoren über die politische Interessenvermittlung fassen. Wie wir im ersten Teil des Textes gesehen haben, macht diese Zusammenhänge insbesondere der amerikanische Wirtschaftswissenschaftler Mancur OLSON deutlich. In seinem Buch „Der Aufstieg und Niedergang von Nationen" argumentiert er, dass ein erheblicher Teil der Ineffektivität und Ineffizienz staatlicher Interventionen in die Wirtschaft auf die pluralistische Interessenvermittlung in den modernen Demokratien zurückzuführen sei. Ungleiche Organisations- und Konfliktfähigkeit sozio-ökonomischer Interessen und eine schwache oder ganz fehlende Konkurrenz zwischen Interessengruppen begünstigen, so OLSON, eine hohe Durchsetzungsfähigkeit partikularistischer Interessen. Das hat zur Folge, dass der Staat häufig protektionistisch in den Markt interveniert und damit wirtschaftlichen Wettbewerb sowie die Anpassungsfähigkeit der Wirtschaft an veränderte technologische und wirtschaftliche Bedingungen beschränkt. Derartige Interventionen hemmen das Wachstum und begünstigen eine Stagnation der Wirtschaft.

Korporatismustheorie

Ähnliche Argumente finden wir auch in einer wachsenden Zahl politikwissenschaftlicher Studien zum Zusammenhang von politischer Interessenvermittlung und staatlicher Steuerungskapazität, insbesondere in der Korporatismustheorie. In der Perspektive dieser Studien verursacht eine unzureichende politische Integration ausdifferenzierter gesellschaftlicher Interessen und eine damit zusammenhängende Segmentierung des politischen Steuerungssystemes eine ineffiziente Allokation öffentlicher Güter und Dienstleistungen, eine unzureichende Kontrolle und Regulierung gesellschaftlicher Verteilungskonflikte, ein kaum kontrollierbares Wachstum des öffentlichen Sektors und eine insgesamt wenig effektive und effiziente staatliche Steuerung wirtschaftlicher und gesellschaftlicher Entwicklungen.

Kooperative Verhandlungssysteme

Die insbesondere von dem amerikanischen Soziologen und Politikwissenschaftler Philippe SCHMITTER entwickelte Korporatismustheorie argumentiert, dass die Überwindung der durch die pluralistischen Interessenstrukturen moderner demokratischer Gesellschaften erzeugten Probleme die Einbindung von Staat und organisierten Interessen in kooperative Verhandlungssysteme erfordert. Solche Verhandlungssysteme, die nicht an partikularen Interessenbezügen, sondern an allgemein relevanten Problemzusammenhängen orientiert und auf eine Konzertierung von öffentlichem und privatem Sektor angelegt sind, überlagern in der Sicht der Korporatismustheorie in manchen westlichen Demokratien immer mehr die traditionellen pluralistischen Strukturen der Interessenvermittlung. Wesentliche Merkmale dieses liberalen Korporatismus sind:

- eine Zentralisierung und Monopolisierung organisierter Interessenvermittlung,
- eine Einbindung organisierter Interessenvermittlung in übergreifende Verhandlungssysteme, und
- eine starke Verflechtung von Spitzenverbänden und staatlichen Zentralinstanzen.

Effektivität und Effizienz als Strukturproblem

Geht man von dieser Argumentation aus, dann ist die häufig beklagte Ineffektivität und Ineffizienz der Staatstätigkeit nicht nur ein Problem der Formulierung und Durchführung einzelner „Politiken" („policies"), sondern auch ein politisch-ökonomisches Strukturproblem. Aus den oben kurz skizzierten theoretischen Überlegungen folgt nämlich, dass staatliches Handeln umso weniger mit Effektivitäts- und Effizienzproblemen belastet ist, je mehr das politische System in der Lage ist, die gesellschaftliche Interessenvermittlung politisch zu integrieren, differenzierte Interessen in konsensfähiges Handeln umzusetzen und politische Macht zur Durchsetzung allgemeiner Interessen gegenüber hoch organisations- und konfliktfähigen partikularen Interessengruppen zu mobilisieren.

Beispiel: Arbeitslosigkeit

Wenn diese Überlegungen zutreffen, dann müssten politische Systeme, die über ein hohes Maß an Integration der gesellschaftlichen Interessenvermittlung verfügen, bei bestimmten wirtschaftlichen Entwicklungen, für die der Staat zumindest teilweise verantwortlich zeichnet, besser abschneiden. Ein geeigneter Testfall scheint die Entwicklung des Indikators „Arbeitslosigkeit" in den letzten Jahren zu sein. Während einerseits die Beschäftigung immer noch überwiegend dezentral von privaten Wirtschaftssubjekten vorgenommen wird, ist andererseits der Staat für die Bekämpfung der Arbeitslosigkeit in mindestens dreifacher Weise mitverantwortlich: als Unternehmer, als wirtschaftspolitischer Akteur, der Risiken erzeugt, und als sozialpolitischer Akteur, der das Risiko der Arbeitslosigkeit absichern muss. Mit anderen Worten, es dürfte in unserem Zusammenhang von Interesse sein, ob systematische Beziehungen zwischen der Integration gesellschaftlicher Interessenvermittlung durch geeignete Institutionen und der Entwicklung der Arbeitslosenquote in vergleichender Perspektive beobachtet werden können.

Steigende Arbeitslosenquoten

Betrachtet man die Entwicklung der Arbeitslosigkeit in den OECD-Staaten seit Beginn der achtziger Jahre, so fällt auf, dass die Arbeitslosenquoten zwar in allen Staaten zunächst deutlich gestiegen sind, dass aber in der Phase der langen konjunkturellen Erholung in der zweiten Hälfte der achtziger Jahre bei Weitem nicht alle Länder einen entsprechenden Rückgang der Arbeitslosigkeit zu verzeichnen haben. In einigen Ländern scheint die Konjunktur den Arbeitsmarkt nicht bzw. kaum erreicht zu haben.

Institutionelle Gründe

Diese Beobachtung nehmen wir zum Ausgangspunkt. Dazu stellen wir aus politikwissenschaftlicher Sicht die Frage, ob es institutionelle Gründe gab, die diesen Staaten den Ausweg aus der hohen Arbeitslosigkeit versperrten? Diese Frage versuchen wir am Beispiel von drei Staaten zu beantworten. Diese sind die USA, Schweden und Deutschland. Das politische System Schwedens ist zwar nicht Gegenstand der Darstellung in diesem Text, aber es ist als Beispiel eines korporatistischen Landes für die Beantwortung unserer Frage wichtig. Wir haben es deshalb für das empirische Beispiel der Entwicklung und Kontrolle von Arbeitslosigkeit zusätzlich einbezogen.

In der Literatur findet sich – wie wiederholt ausgeführt – die These, dass Länder mit einer korporatistischen (integrierten) Interessenvermittlung in zentralen Bereichen eher die institutionellen Voraussetzungen besitzen, ökonomische Krisen erfolgreich zu verarbeiten als Länder mit pluralistischer (fragmentierter) Vermittlung. Nach dieser Unterscheidung gehörte Schweden zu den „Prototypen" der korporatistischen Länder. Deutschland hat man in der Regel eine Mittelposition auf dieser Dimension attestiert, während man die USA eindeutig zu den pluralistischen Ländern rechnete.

In Anlehnung an institutionalistische Ansätze gehen wir von der Vermutung aus, dass arbeitsmarktpolitische Erfolge von spezifischen institutionellen Voraussetzungen abhängig sind. Die in den Ländern vorhandenen Institutionen können einerseits dem politischen Opportunismus parteipolitischer Akteure Grenzen setzen. Andererseits können Institutionen aber auch beim Versuch der politischen Steuerung als Filter oder Puffer wirken, die nicht alle Steuerungssignale durchlassen bzw. Steuerungsversuche, die nicht ihre „Funktionslogik" berücksichtigen, in ihrer Wirkung abschwächen bis blockieren. Ein sehr häufig genanntes Beispiel ist die institutionelle Unabhängigkeit der deutschen Bundesbank, die mit ihrer Stabilitätspolitik in Gegensatz zur Fiskal- und Haushaltspolitik der Bundesregierung geraten kann. Die Tarifautonomie ist ein weiterer Fall.

Politisch-ökonomische Makrokonstellationen:

Wir beginnen mit einer Kurzdarstellung der politisch-ökononomischen Makrokonstellationen, die wichtige Rahmenbedingungen für die Durchführung und Umsetzung von Arbeitsmarktpolitik schaffen.

Schweden

In Schweden regierten bis 1991 (mit Unterbrechung von 1976-82) und regieren seit kurzem wieder die Sozialdemokraten. Angesichts der politischen Fragmentierung des bürgerlichen Lagers kann dabei von einer Hegemonialpartei gesprochen werden. Es fanden zentralisierte Lohnverhandlungen unter Moderation des Staates mit einer Dominanz der Achse Regierung–Gewerkschaften statt. Dabei galt der Grundsatz einer solidarischen Lohnpolitik – das sog. Rehn-Meidner-Modell: gleicher Lohn für gleiche Arbeit, unabhängig von Branche, Unternehmen oder Region. Allerdings nimmt im Verauf der 80er Jahre der Grad an politischer Koordination ab und die Verhandlungen verschieben sich zunehmend auf die sektorale Ebene.

Deutschland

In der Bundesrepublik trat nach korporatistischen Versuchen während der Großen Koalition („Konzertierte Aktion") ein frühes de facto-Ende dieser Ansätze im Bereich der Lohn- und Einkommenspolitik ein. Danach wird so genannte sozialdemokratische Krisenpolitik praktiziert, die durch eine restriktive Geldpolitik der institutionell unabhängigen Bundesbank im Gegensatz zu einer keynesianisch motivierten Nachfragepolitik der Bundesregierung gekennzeichnet ist. Nach der Wende 1982 standen die Chancen für einen arbeitsmarktpolitischen Konsens eher schlecht. Eine auf Inflationsbekämpfung, Haushaltskonsolidierung und Deregulierung von Beschäftigungsverhältnissen gerichtete Politik blockierte eine wirksame Kooperation mit den Gewerkschaften. Versuche, unter der derzeitigen sozialdemokratisch geführten Bundesregierung (z.B. Bündnis für Arbeit) die Konsensgespräche zu revitalisieren, lassen begrenzten Einigungsspielraum erkennen.

USA

In den USA verfolgte die Reagan-Administration eine angebotsorientierte Wirtschaftspolitik mit umfassenden Deregulierungen im Bereich der industriellen Beziehungen. Ein arbeitsmarktpolitischer Konsens war nicht notwendig oder gar zwingend, da im politischen System der USA plurale Machtzentren um die Durchsetzung ihrer Interessen streiten und die Gewerkschaften in diesen Auseinandersetzungen politisch wie organisatorisch zunehmend in die Defensive gerieten. Institutionell und administrativ ist Arbeitsmarktpolitik in den USA – trotz zentralstaatlicher Finanzierung der aktiven Arbeitsmarktpolitik – in hohem Maße dezentralisiert. Strukturen zur Umsetzung und Durchführung einer umfassenden und integrierten Politik auf dem Politikfeld „Arbeitsmarkt" waren und sind deshalb kaum vorhanden.

Industrielle Beziehungen

Als nächstes sollte auf der Meso-Ebene eine kurze Charakterisierung der industriellen Beziehungen vorgenommen werden. In den drei hier zur Diskussion stehenden Ländern verfügen zwei (Schweden und Deutschland) über relativ umfassende Branchengewerkschaften (in Schweden zusätzlich mit einem starken Dachverband), die im Rahmen eines hoch institutionalisierten Systems der Tarifbeziehungen agieren können. Damit wären zumindest theoretisch die institutionellen Voraussetzungen gegeben, sie in umfassende wirtschaftspolitische Arrangements einzubinden. Das System zentralisierter bzw. branchenübergreifender Tarifverhandlungen gerät allerdings angesichts sich differenzierender Wettbewerbsprobleme von Teilbranchen und Unternehmen in beiden Ländern zunehmend unter Druck.

In den USA dagegen sind die Gewerkschaften in erster Linie auf Betriebsebene organisiert und effektive, umfassende Organisationsstrukturen fehlen – trotz der Existenz eines Dachverbandes. Strukturwandel und Deregulierung haben in den letzten Jahren zu einer massiven Organisationskrise der US-Gewerkschaften geführt. Einige Experten sprechen schon von einem Ende der Gewerkschaftsbewegung in den USA, deren Organisationsgrad nur noch bei ca. 12% liegt.

Finanzierungssysteme der Arbeitsmarktpolitik

Eine sehr wichtige Rolle bei der Diskussion um die Effektivität von Arbeitsmarktpolitik spielen die Finanzierungssysteme. Prinzipiell lassen sich zwei Grundtypen von Finanzierungssystemen unterscheiden: beitragsfinanzierte Versicherungssysteme und aus staatlichen Einnahmen (Steuern u. Abgaben) finanzierte Systeme. In Schweden und den USA werden die Ausgaben für die so genannte aktive Arbeitsmarktpolitik (also für Maßnahmen zur Verbesserung des Angebots) entweder überwiegend (>90% in Schweden) oder ausschließlich (USA) aus allgemeinen Haushaltsmitteln – allerdings auf sehr unterschiedlichem Niveau – bestritten. Ein vorwiegend beitragsfinanziertes Versicherungssystem für passive und aktive Maßnahmen gibt es in der Bundesrepublik.

Versicherungssysteme

Umfassende Versicherungssysteme wie in Deutschland haben den Nachteil, dass sie eine kontraproduktive Logik entwickeln. Da passive Maßnahmen (Lohnersatzleistungen) und aktive Maßnahmen (Qualifizierung, Umschulung, Eingliederungsbeihilfen) aus demselben Budget bezahlt werden müssen, entsteht in Zeiten steigender Arbeitslosigkeit ceteris paribus ein budgetärer Verdrängungsprozess. Erhöhte Zahlungen von Lohnersatzleistungen führen bei zurückgehenden Einnahmen (weniger Beitragszahler) zu weniger Mitteln für aktive Maßnahmen – und zwar gerade dann, wenn sie z.B. zur Verhinderung von Dequalifizierungsprozessen besonders nötig wären. Ein weiteres Problem liegt auf der administrativen Ebene: beitragsfinanzierte Systeme tendieren dazu, sich als eigenständige Verwaltungen (auf spezifischer gesetzlicher Grundlage, wie z.B. in Deutschland durch das Arbeitsförderungsgesetz von 1969) von anderen Bereichen, in denen auch beschäftigungsrelevante Politik (z.B. Struktur- und Regionalpolitik) betrieben wird, abzuschotten. Generell neigen Versicherungssysteme bei Finanzknappheit zur Aussteuerung schlechter Risiken (z.B. ältere Arbeitslose über Vorruhestandsmodelle).

Steuerfinanzierte Systeme

Aus allgemeinen Haushaltsmitteln finanzierte Systeme sind dagegen stärker an die Logik staatlicher Ausgabenentwicklung gebunden und damit auch eher dem Zugriff politischer Umverteilungsabsichten ausgesetzt. Bei Finanzproblemen tendieren sie eher zu allgemeinen Kürzungen der Leistungssätze.

Institutionen zur Verhinderung einer Teilung des Arbeitsmarktes

Auf der Meso- und Mikro-Ebene geht es in erster Linie um die Existenz von Institutionen, welche den Aufbau von Hürden und Barrieren zwischen Beschäftigten und Beschäftigung Suchenden, also zwischen internem und externem Arbeitsmarkt, verhindern können. Dabei ist unstrittig, dass das Zeitproblem zur Verhinderung von Langzeitarbeitslosigkeit von zentraler Bedeutung ist. Das Problem der Verteilung von Arbeit unter den Bedingungen eines abnehmenden Beschäftigungsvolumens insgesamt wird dabei mit mehreren allgemeinen Modellen diskutiert. Diese sind:

- Reduzierung und Flexibilisierung der individuellen Arbeitszeiten,
- Kostensenkungen beim Faktor „Arbeit“,
- Flexibilisierung der Beschäftigungsverhältnisse,
- Qualifizierungsoffensive zur Beseitigung des so genannten „Qualifikations mismatch“, d.h. des Auseinanderklaffens von nachgefragter und angebotener Qualifikation,
- Verbesserung der lokalen und regionalen Wirtschaftsstruktur,
- Schaffung eines zweiten, staatlich subventionierten Arbeitsmarktes.

Anschlussfähigkeit an vorhandene Institutionen

Ohne hier auf die institutionellen Details und die Vor- und Nachteile im Einzelnen eingehen zu können, fällt auf, dass zwar alle Modelle (auch als Mischformen) in den meisten politischen Systemen diskutiert und zum Teil praktiziert werden, dass aber auch eine Schwerpunktsetzung in bestimmten Ländern zu beobachten ist, was durch die Anschlussfähigkeit einzelner Modelle an das vorhandene Institutionengefüge bestimmt wird.

So wird in Deutschland im Zusammenhang mit Modellen der Arbeitszeitverkürzung und -flexibilisierung vor allem versucht, einen bestimmten Beschäftigungsstand in den Unternehmen zu halten. Diese Strategie bildet eine Kompromissbasis für Arbeitgeber und Gewerkschaften bzw. Betriebsräte, da damit der interne Arbeitsmarkt stabilisiert werden kann. Derartige Modelle sind allerdings wenig geeignet, die Kluft zwischen internen und externen Arbeitsmärkten zu verringern.

Beschäftigungsmodelle für 2. Arbeitsmarkt

Auf der lokalen Ebene werden unter Mitwirkung mehrerer Träger, einschließlich des Arbeitsamtes, Modelle eines zweiten Arbeitsmarktes praktiziert. Obwohl sie im Einzelfall dauerhafte Beschäftigung ermöglichen und auch teilweise Mechanismen des Übergangs in reguläre Beschäftigungsverhältnisse darin enthalten sind, bleibt ihre Wirkung in dieser Richtung bei fehlender Koordination der einzelnen Modellansätze und -versuche gering.

In den USA sind die Hürden für Beschäftigung Suchende dadurch gesenkt worden, dass Beschäftigungsverhältnisse dereguliert und nicht nur Real-, sondern Nominallohnsenkungen durchgesetzt wurden.

Arbeitsmarktpolitik als Teil einer gesellschaftlichen Modernisierung

Ohne Frage ist Schweden von den hier ausgewählten Ländern dasjenige mit dem ausgeprägtesten Versuch, Arbeitsmarktpolitik als Teil einer integrierten politisch-ökonomischen Modernisierungsstrategie zu begreifen. Dahinter steht die inzwischen allgemein verbreitete Einsicht, dass die Wohlfahrtsentwicklung eines Landes in erster Linie von der längerfristigen Produktivitätsentwicklung und der relativen Position in der internationalen Produktivitätshierarchie abhängt. Es setzt sich dabei auch die Erkenntnis durch, dass die Produktivitätsentwicklung in hohem Maße durch die mikro-institutionellen Arrangements auf der Ebene des Arbeits- und Produktionsprozesses und die meso- und makropolitischen Institutionen auf gesamtgesellschaftlicher Ebene bestimmt wird. Dies lässt sich an den konträren Fällen Schweden und USA gut demonstrieren. Während in den USA staatliche Sozial- und Arbeitsmarktpolitik weitgehend von der Entwicklungsstrategie und Produktivitätsoptimierung der Unternehmen entkoppelt ist, kennt das schwedische System diese Trennung nicht. Mit anderen Worten, es gibt Institutionen, die eine Verzahnung und Integration der unterschiedlichen Ebenen ermöglichen.

Wirkungen und Defizite

Nachdem die institutionellen Rahmenbedingungen für arbeitsmarktpolitische Interventionen in den ausgewählten Ländern in sicherlich verkürzter Weise dargestellt wurden, sollen nun die Wirkungen und Defizite der unterschiedlichen institutionellen Konfigurationen untersucht werden.

Strukturierung der Arbeitslosigkeit in Deutschland

In der Bundesrepublik beginnt die Arbeitslosenquote nach 1985 aufgrund des einsetzenden Aufschwungs leicht abzunehmen. Die wirtschaftliche Dynamik und der lange Aufschwung wirken sich dabei aber in erster Linie auf die Beschäftigung aus (unterstützt durch die Politik der Bundesregierung, zum Beispiel mit Hilfe des Beschäftigungssicherungsgesetzes von 1985), während die Arbeitslosigkeit relativ hoch bleibt. Die zunächst eingetretene Schwächung der Gewerkschaften (durch zunehmende Arbeitslosigkeit, Reallohnverluste, Verlust der SPD als Regierungspartei bis 1998) wurde durch den Anstieg der Beschäftigung nach

Ende der Krise wieder ausgeglichen. Generell gilt dabei, dass die „Abkoppelung" eines Arbeitsmarktsegmentes von der allgemeinen wirtschaftlichen Entwicklung auch die Gewerkschaften in die Lage versetzt, „business as usual" zu betreiben. In der Folge entwickelt sich eine zunehmende De-facto-Entsolidarisierung mit den Arbeitslosen und eine Steigerung der Realeinkommen der beschäftigten Arbeitnehmer auf breiter Front. Diese Entwicklung führte in Verbindung mit den soeben dargestellten politisch-institutionellen Problemen der Arbeitsmarktpolitik in Deutschland zu einer zunehmenden Strukturierung der Arbeitslosenpopulation bzw. zunehmenden Teilung des Arbeitsmarktes in Arbeitsplatz"besitzer" und (Langzeit-) Arbeitslose.

Kostenprobleme der Arbeitsmarktpolitik in Schweden

Auch Schweden verzeichnete zu Beginn der achtziger Jahre einen Anstieg der Arbeitslosigkeit auf über 2%. Abgesehen davon, dass dieses Niveau kaum für die Entstehung eines massiven Segmentierungsproblems ausreicht, haben in Schweden die Instrumente der aktiven Arbeitsmarktpolitik gegriffen, was die Entstehung von Langzeitarbeitslosigkeit bisher verhinderte. Das Staatsfinanzierungsprinzip erlaubt dabei einen politisch gezielteren und kontrollierteren Mitteleinsatz. Nach Rückgang der Arbeitslosenquote ab 1983 geht auch fast im Gleichtakt die Langzeitarbeitslosigkeit zurück (bei einem deutlich geringeren Niveau im Vergleich zu Deutschland).

Das Vollbeschäftigungsziel der schwedischen Politik wurde jedoch vor allem durch fiskalische Expansion erkauft, da sowohl die Zahl der Personen, die sich im Qualifizierungsprozess befanden, erhöht als auch die staatliche Beschäftigung ausgeweitet werden mussten. Deshalb wurden beachtliche staatliche Haushaltsprobleme erzeugt, deren makro-ökonomische Auswirkungen in den letzten Jahren wirksam wurden. Die politische Quittung für die Sozialdemokraten blieb nicht aus. Der für Schweden dramatische Anstieg der Arbeitslosenquoten unter der inzwischen wiederum abgewählten, nicht nur parlamentarisch schwachen bürgerlichen Koalition verweist auf die Achillesferse des schwedischen Modells. Geht der wirtschafts- und arbeitsmarktpolitische Konsens verloren und fehlt bei der Regierung der politische Wille zur Umverteilung zugunsten dieses Bereichs, dann brechen trotz ausgebauter Meso- und Mikroinstitutionen sehr schnell die Dämme.

Deregulierung in den USA

Die USA sind seit langem der „klassische" Fall, bei dem Arbeitslosigkeit durch das Auf und Ab wirtschaftlicher Zyklen bestimmt wird. Die Politik der Reagan-Administration hat diese Eigenschaft des amerikanischen Arbeitsmarktes durch ihre Deregulierungsbemühungen verstärkt. Der mit Beginn der zweiten Amtszeit von Reagan beobachtbare Rückgang der Arbeitslosenzahlen ist deshalb eine Folge des konjunkturellen Aufschwungs und des „verbilligten" Arbeitsangebots. Die Beschäftigungserfolge wurden meist mit relativ hohen Einkommensverlusten erkauft. Dies gilt nicht nur für die so genannten „Hamburger-Jobs" im wenig qualifizierten Dienstleistungsbereich, wo auch die Beschäftigungssicherheit abgebaut wurde (z.B. durch Anwendung des Instruments der zeitlich befristeten Entlassung), sondern auch im industriellen Kernbereich des Arbeitsmarktes. Die Flexibilisierung der Beschäftigung zu Lasten der Arbeitnehmerrechte hat deshalb zwar einen deutlichen Beitrag zum Abbau der Arbeitslosigkeit geleistet, aber auf Kosten einer ausreichenden und stabilen Einkommenssituation für viele Arbeitnehmer. Die Langzeitarbeitslosigkeit ist jedoch – wie im schwedischen

Fall – parallel zur Arbeitslosenquote gefallen. Der lange Konjunkturaufschwung in den USA während der neunziger Jahre hat das Arbeitslosenproblem in den meisten Sektoren und Regionen der Wirtschaft in sein Gegenteil, den Arbeitskräftemangel, verwandelt. Allerdings bleiben Beschäftigungsverhältnisse prekär und in hohen Maße vom Verlauf der Konjunkturzyklen abhängig.

Was bedeutet dies für die Chancen einer erfolgreichen Arbeitsmarktpolitik und die dafür notwendigen Voraussetzungen? Das Fazit aus diesen Ausführungen scheint zu lauten, dass es offensichtlich keinen Königsweg gibt, um mit Arbeitslosigkeit politisch „umzugehen". Jeder der drei nationalen Sonderwege lässt deutliche Defizite in der einen oder anderen Richtung erkennen. Die hier vorgestellten drei Länder verweisen jedoch auf unterschiedliche politisch-institutionelle Lösungsmuster.

Institutionelle Logik

Die konsequentesten Wege im Sinn ihrer institutionellen Logik sind die USA und bis zu Beginn der neunziger Jahre Schweden gegangen, während Deutschland eine derartige Logik und Konsistenz vermissen ließ. Zum Teil erfolgreichen Ansätzen auf Mikro- und Mesoebene standen Deregulierungs- und Budgetkürzungsversuche auf Makroebene gegenüber, die z.B. im Prozess der Haushaltserstellung der Bundesanstalt für Arbeit aufeinandertreffen. In Deutschland wurde mit institutionell nicht koordinierten Strategien Arbeitsmarktpolitik betrieben. Die Bekämpfung der Arbeitslosigkeit ist dabei insofern ein sozialpolitischer Sonderfall, als sie z.B. im Gegensatz zum Finanzierungsproblem der Renten ein sozial selektives Risiko darstellt, das in weit größerem Maße individualisierbar ist und damit auch eher den Rückzug bzw. die Zurückhaltung der Regierung auf diesem Politikfeld ermöglicht. Dies trifft in unterschiedlichem Ausmaß auch für die Tarifparteien zu. Dies fällt umso leichter, als es ein Versicherungssystem gibt, das für die unmittelbaren Folgen der Arbeitslosigkeit zuständig ist. Die langfristigen Folgen können darüber hinaus zumindest teilweise auf andere Kostenträger abgewälzt werden. Das Fehlen einer integrierten, andere Politikbereiche einbeziehenden Arbeitsmarktpolitik auf Makroebene führt zu einer bloßen „Verwaltung" der Arbeitslosigkeit auf der Mikroebene. Obwohl diese Probleme inzwischen erkannt sind, haben es integrierte Politikansätze bis heute schwer und haben darüber hinaus mit der inzwischen eingetretenen massiven Segmentierung der Arbeitslosenpopulation zu kämpfen.

Die Arbeitsmarktpolitik diente uns als Anschauungsbeispiel dafür, wie unterschiedliche institutionelle Kontexte zu sehr verschiedenen Politikergebnissen führen können. Insbesondere verweist dieses Beispiel auf die Notwendigkeit einer integrierten Politikstrategie, die die Probleme und Interessen der betroffenen Subsysteme und Akteure einbezieht. Nur auf diese Weise sind die Problemverlagerungen und Kostenverschiebungen zwischen unterschiedlichen Institutionen zu vermeiden. Eine integrierte Politikstrategie bedeutet in unserem Fall konkret die Zusammenarbeit der staatlichen Akteure auf unterschiedlichen Ebenen (Bund, Länder, Gemeinden), der Arbeitsverwaltung und der Tarifparteien. Ob man diese Zusammenarbeit „Konzertierte Aktion" oder „Runder Tisch" nennt, ist dabei von nachrangiger Bedeutung.

4. Perspektiven der Vergleichenden Regierungslehre

Erkenntnisstand der Vergleichenden Regierungslehre

Der gegenwärtige Erkenntnisstand der Vergleichenden Regierungslehre lässt sich zusammengefasst und vereinfacht durch folgende Thesen beschreiben:

- Die Vergleichende Regierungslehre hat viel deskriptives Wissen über die institutionellen Strukturen politischer Systeme zusammengetragen.
- Sie hat vor allem für die westlichen Regierungssysteme die normative Logik institutioneller Strukturen weitgehend geklärt. Sie vermag die den einzelnen Institutionen und Verfahren zugewiesenen Funktionen und die Zusammenhänge zwischen den Funktionsprinzipien der unterschiedlichen Elemente von Regierungssystemen systematisch aufzuzeigen.
- Auch über die reale Funktionsweise unterschiedlicher Regierungssysteme liegt viel Wissen vor. Dieses Wissen besteht jedoch überwiegend aus historisch-deskriptiven Aussagen, die theoretisch nicht systematisch integriert sind, und aus partiellen Erklärungen einzelner Funktionszusammenhänge institutioneller Strukturen. Systematische Erklärungen auf der Basis einer allgemeinen Theorie liegen nur vereinzelt bzw. ansatzweise vor.

Entwicklungsperspektiven

Dieser Erkenntnisstand ist vor dem Hintergrund der bisherigen Entwicklung der Vergleichenden Regierungslehre verständlich. Bis vor wenigen Jahrzehnten wurde die Vergleichende Regierungslehre durch die Verfassungssystematik dominiert. Sie hat sich in dieser Tradition vor allem als formal-deskriptive Regierungsformenlehre und als normative Institutionenlehre dargestellt. Dabei blieb sie empirisch überwiegend auf der Ebene einer theoretisch wenig oder gar nicht systematisierten politischen Länderkunde stecken.

Diese Tradition überwand die Vergleichende Regierungslehre erstmals durch die Übernahme der systemtheoretischen Perspektive. Die Systemtheorie brachte eine Neuorientierung in Richtung auf ein empirisch-analytisches Wissenschaftsverständnis mit sich. Der Wechsel im Wissenschaftsverständnis der Vergleichenden Regierungslehre blieb jedoch wegen der mit der funktionalistischen Basis der Systemtheorie verbundenen wissenschaftstheoretischen Probleme unbefriedigend.

Theoretische Vielfalt

Die ökonomische Theorie der Politik brachte zwar eine weitere Formalisierung bzw. eine explizitere logische Struktur der theoretischen Aussagen der Vergleichenden Regierungslehre, sie demonstrierte aber gerade aufgrund der axiomatischen Annahmen über das Verhalten von Akteuren starke Defizite in der empirischen Anwendung. Neuere Ansätze, die von einer begrenzten Rationalität der Akteure ausgehen und institutionelle Aspekte in die Theorie zu integrieren suchen (siehe Teil I, Kapitel 4.), versprechen zumindest die Überwindung einiger empirischer Anwendungsprobleme, ohne dabei die Vorteile einer logisch geschlossenen Theorie bei der Erklärung empirischer Sachverhalte wieder aufzugeben. Inwieweit die Ergänzung dieser Ansätze durch kognitive und lerntheoretische Überlegungen, die auch von einigen Autoren als Wende oder Abkehr vom Paradigma des rational handelnden individuellen und kollektiven Akteurs verstanden werden, das Postulat einer allgemeinen, logisch konsistenten und gleichzeitig empirisch gehaltvollen Theorie erfüllen werden, ist noch nicht abschließend zu beurteilen. Bezieht man so genannte diskursanalytische Versuche in die Zukunftsperspektiven der Vergleichenden Regierungslehre ein, so könnte man auch zu der Einschätzung gelangen, dass der alte Gegensatz zwischen Erklären und Verstehen von sozialen bzw. politischen Sachverhalten inzwischen wieder die Diskussion über die „richtige" Theoriestrategie die Disziplin und damit auch die Subdisziplin der Vergleichen Regierungslehre beherrscht. Dieser aus unserer Sicht eher unfruchtbare Konflikt geht dabei auch von einem fundamentalen Unterschied zwischen zwei Erkenntnisstrategien aus: entweder man versteht die Welt als aus Phänomenen bestehend, die in vergleichbarer Weise, aber in variablen Graden bzw. Ausprägungen in verschiedenen Kontexten (politischen Systemen) zu beobachten sind, oder begreift man sie als Konfigurationen und Konstellationen, die man durch akribische Detailkenntnisse (dichte Beschreibungen) erfassen muss und nur dadurch in ihrer Funktionsweise verstehen kann. Im Extremfall treten diese Konstellationen dann auch nur einmal auf. Diese gegensätzlichen Erkenntnisstrategien werden in der Sozialwissenschaft auch häufig mit der Variablensoziologie Emile DURKHEIMS und der Verstehenssoziologie Max WEBERS in Verbindung gebracht. Wäre die neuere theoretische Diskussion nur eine Neuauflage dieses alten Streites, dann würde sich der theoretische Fortschritt in der Politikwissenschaft im Allgemeinen und der Vergleichenden Regierungslehre im Besonderen eher als eine Kreisbewegung und nicht als eine Weiterentwicklung erweisen.

Partielle Theorien

Da es in der Politikwissenschaft keine einheitliche und geschlossene Theorie gibt, operiert auch die Vergleichende Regierungslehre zwangsläufig mit partiellen Theorien, d.h. mit mehr oder weniger systematischen Hypothesen über einzelne Funktions- und Wirkungszusammenhänge institutioneller Strukturen und der Handlungslogik von individuellen und kollektiven Akteuren. Diese Hypothesen beruhen auf unterschiedlichen theoretischen Annahmen (z.B. dem Nutzenmaximierungsprinzip in der ökonomischen Theorie der Politik) und sind miteinander nur partiell verbunden. Hypothesen lassen sich nur dann miteinander zu umfassenden Aussagesystemen verbinden, wenn ihre theoretischen Basisannahmen übereinstimmen und sich logisch miteinander vereinbaren lassen.

Politikfeldperspektive

Das Fehlen einer allgemeinen theoretischen Basis der Politikwissenschaft zeigt sich auch in einem Auseinanderklaffen von „Politics"- und „Policy"-Perspektiven. Die Policy-Forschung oder Politikfeldanalyse stellt sich überwiegend als eine Alternative zur „traditionellen" Politikwissenschaft dar und wird gerne zu einem alternativen „Paradigma" der vergleichenden Analyse erklärt. Die „traditionelle" Politikwissenschaft dagegen hat die durchaus interessanten neuen Perspektiven der Politikfeldforschung bisher nur unzureichend zur Kenntnis genommen. Für die Vergleichende Regierungslehre hat das zur Folge, dass es bisher zwar eine Vielzahl von Analysen einzelner Politikfelder, aber nur wenig Ansätze zu einer integrierten und übergreifend konzipierten Analyse der Zusammenhänge von institutionellen Strukturen, internen Funktionszusammenhängen und externen Wirkungszusammenhängen unterschiedlicher Regierungssysteme gibt. Neuere Ansätze (zum Beispiel der Neo-Institutionalismus, das Veto-Spieler-Theorem oder kognitive bzw. konstruktivistische Ansätze) mit dem Versuch, unterschiedliche Theorietraditionen zu integrieren, eröffnen trotz der oben erwähnten gegensätzlichen Erkenntnisstrategien neue Chancen in der Theorieentwicklung.

Es ist das Verdienst existierender allgemeiner theoretischer Ansätze wie der System-theorie oder der ökonomischen Theorie der Politik, dass sie die Notwendigkeit einer integrierten und übergreifend konzipierten Analyse von Strukturen, Funktionen, Akteuren und Wirkungen deutlich machen. Es ist ihre Schwäche, dass sie diese Perspektive theoretisch noch nicht umfassend einlösen können. Die Tatsache, dass dies bisher nicht gelungen ist, markiert die theoretischen Defizite einer empirisch-analytischen Politik-wissenschaft im Allgemeinen und der Vergleichenden Regierungslehre im Besonderen.

Theoriekonvergenz durch Internationalisierung der Politik

Die Notwendigkeit einer systematischeren theoretischen Weiterentwicklung ergibt sich aber nicht zuletzt aus der Veränderung ihres empirischen Gegenstandes selbst. Die Souveränität der Nationalstaaten wird zunehmend durch supranationale Systeme und/oder intergouvernementale Vereinbarungen eingeschränkt bzw. verändert. Ein Systemvergleich auf nationalstaatlicher Basis verliert dadurch nicht an Bedeutung, aber er muss ergänzt werden durch eine transnationale Perspektive, die dazu führt, dass politische Systeme als Mehr-Ebenen-Systeme begriffen werden müssen. Zwar wurden auch bislang subnationale Strukturen innerhalb von politischen Systemen identifiziert und analysiert, aber sie wurden unter Eigenschaften des jeweiligen Nationalstaats in der vergleichenden Forschung subsumiert. Diese Strategie ist bei supranationalen und intergouvernementalen Gebilden nicht mehr sinnvoll, da es sich dabei um eigene Systeme handelt, die über die politische und territoriale Verfasstheit des Nationalstaats hinausreichen. Ihre Analyse war bislang Domäne der Internationalen Beziehungen als Subdisziplin der Politikwissenschaft. Je stärker diese politischen Gebilde jedoch den Charakter zwischenstaatlicher Verträge und Vereinbarungen verlieren und zu supranationalen politischen Institutionen mit verbindlicher Entscheidungskompetenz für die Nationalstaaten werden, desto stärker müssen sie auch in das analytische Blickfeld der Vergleichenden Politikwissenschaft bzw. Vergleichenden Regierungslehre geraten. Das prominenteste empirische Beispiel, bei dem Internationale Beziehungen und Vergleichende Politikwissenschaft, insbesondere als vergleichende Politikfeldforschung, in ihren Forschungsinteressen und -konzepten nahezu konvergieren, ist der Prozess der europäischen Integration. Die Konvergenz der empirischen Gegenstände kann nicht ohne Auswirkungen für die theoretischen Perspektiven der Vergleichenden Regierungslehre bleiben. Auch hier zeigen sich Annäherungen bei den beiden Subdisziplinen zum Beispiel dadurch, dass politisches Handeln im transnationalen Raum nicht mehr als staatliches Handeln im Sinne von Regieren mit den Instrumenten hierarchischer Steuerung, sondern als Governance im Sinne einer zielgerichteten politischen Koordination von interessenbestimmten Netzwerken begriffen wird. Dieser zunächst für die Analyse internationaler, intergouvernementaler Beziehungen entwickelte und bewährte Ansatz erweist sich für supranationale Systeme, aber auch für Erscheinungsformen „weichen" Regierens in nationalstaatlichen Kontexten, als geeignete theoretische Strategie. Dabei kann die Vergleichende Regierungslehre von der stärker theoretisch orientierten Internationalen Politik profitieren.

Mehr-Ebenen-Systeme

Versteht man das politische System der Europäischen Union in diesem Sinne als Mehr-Ebenen-System mit komplexen, vertikal wie horizontal ausdifferenzierten und nach Politikfeldern zu unterscheidenden Strukturen, dann ergibt sich daraus eine Vielzahl von Chancen für positive Koordinationsmöglichkeiten auf der Grundlage von Verhandlungen und mit Hilfe von implitziten und expliziten Verträgen. Nicht-hierarchische und flexible Entscheidungsarenen gestatten es öffentlichen wie privaten Akteuren, durch Bildung von Koalitionen und Subnetzen ihre Einflussmöglichkeiten zu erweitern. Die weitere Integration Europas und seine politische Handlungsfähigkeit müssen deswegen auch nicht, wie noch häufig in der Literatur nachzulesen, prinzipiell pessimistisch beurteilt werden. Aus dieser Perspektive kann sich sogar eine Relativierung des in der Öffentlichkeit viel beklagten Demokratiedefizits der europäischen Institutionen ergeben. Bei dieser Frage ginge es dann weniger um den Prozess der Demokratisierung eines absoluten Staates durch Konstituierung einer Volkssouveränität und Etablierung repräsentativer Institutionen, wie dies im 19. Jahrhundert der Fall war, sondern um die Einforderung von mehr Transparenz und Inklusivität bei der Vermittlung und Verhandlung von Interessen im europäischen Mehr-Ebenen-System.

Die derzeit vorherrschende theoretische Strategie bei der Analyse der unterschiedlichen, mehr oder weniger verflochtenen europäischen Politiknetzwerke kann als neo-institutionalistisch bezeichnet werden. Je nach institutionellem Kontext verändert sich die Problemsituation und es ist mit einer entsprechenden Variation der gefundenen Lösungen (Politikergebnisse) zu rechnen. Zum Beispiel ist die Zahl der institutionellen und politischen Vetospieler eine entscheidende Größe für das Zustandekommen und die Inhalte von Ergebnissen. Ist zum Beispiel die Wahrscheinlichkeit von Vetospielern auf der politischen Ebene hoch, haben die nachgeordneten Bürokratien und Verwaltungen in der Regel mehr Handlungsspielraum. In einer solchen Situation müssen die institutionellen und parteipolitischen Akteure (Prinzipale) daran interessiert sein, die bürokratischen Spielräume der Verwaltungen (Agenten) durch Regulierung ihrer Kompetenzen zu begrenzen (so z.B. Kongress und Präsident als institutionelle Akteure im amerikanischen Regierungssystem). Aber wie in Kapitel 4. von Teil I ausgeführt, wird dabei nicht unterstellt, dass die institutionellen Faktoren das Politikergebnis alleine bestimmen. Kognitive und normative Elemente der individuellen und kollektiven Akteure sind zumindest mitentscheidend. M.a.W., hier finden die neueren theoretischen Konzepte der Vergleichenden Regierungslehre und der Politikfeldanalyse Anwendung. Dabei ist festzustellen, dass zur Zeit und vermutlich auch in absehbarer Zukunft die Vergleichende Regierungslehre vor allem als vergleichende Politikfeldforschung (siehe Teil I, Kapitel 5.) eine theoretische wie empirische Perspektive besitzt.

5. Literaturhinweise zu Teil III

Der dritte Teil hat exemplarisch die Vergleichende Regierungslehre mit einer „Policy"-Perspektive verbunden.

Zur Einführung in die Policy-Analyse empfiehlt sich folgende Lektüre:

Héritier, A. (Hg.) (1993): Policy-Analyse. Kritik und Neuorientierung. PVS-Sonderheft 24/1993. Opladen.
Schmid, J. (2002): Wohlfahrtsstaaten im Vergleich. 2. Auflage. Opladen.
Schubert, K. (1991): Politikfeldanalyse. Eine Einführung. Fernstudienkurs Nr. 3222. Hagen.
Windhoff-Héritier, A. (1987): Policy-Analyse: Eine Einführung. Frankfurt a.M./New York.

Während es sich hier um allgemeine Einführungen handelt, geht es im Folgenden um Policy-Studien zu unterschiedlichen Bereichen:

Schmid, G./Reissert, B./Bruche, G. (1987): Arbeitslosenversicherung und aktive Arbeitsmarktpolitik. Finanzierungssysteme im internationalen Vergleich. Berlin.
Schmidt, M.G. (1982): Wohlfahrtsstaatliche Politik unter bürgerlichen und sozialdemokratischen Regierungen. Frankfurt a.M.
Schmidt, M.G. (1992): Die westlichen Länder. Lexikon der Politik, Bd. 3. München.
Widmaier, U. (1991): Segmentierung und Arbeitsteilung. Die Arbeitsmarktpolitik der Bundesrepublik Deutschland in der Diskussion, in: Aus Politik und Zeitgeschichte, Beilage zur Wochenzeitung „Das Parlament" B 34-35/91, S. 14 - 25.

Für eine vertiefende Beschäftigung mit politischen Vermittlungsstrukturen sei insbesondere auf folgende Arbeiten hingewiesen:

Alemann, U. von/Forndran, E. (Hg.) (1983): Interessenvermittlung und Politik. Opladen.
Alemann, U. von/Heinze, R.G. (Hg.) (1979): Verbände und Staat. Opladen.
Lehmbruch, G./Schmitter, P.C. (Hg.) (1982): Patterns of Corporatist Policy-Making. London.
Lijphart, A. (1975): The Politics of Accommodation. Berkeley.
Offe, C. (1972): Politische Herrschaft und Klassenstrukturen, in: Kress, G./Senghaas, D. (Hg.): Politikwissenschaft. Frankfurt a.M., S. 135-164.
Olson, M. (1965): Die Logik des kollektiven Handelns. Tübingen.
Reutter, W./Rütters, P. (Hg.) (2001): Verbände und Verbändesysteme in Westeuropa. Opladen.
Schmitter, P.C./Lehmbruch, G. (Hg.) (1980): Trends Towards Corporatist Intermediation. Beverly Hills/London.
Streeck, W. (Hg.) (1994): Staat und Verbände. PVS-Sonderheft 25/1994. Opladen.

Neuere Literatur zur europäischen Integration:

Kohler-Koch, B. (Hg.) (1999): Regieren in entgrenzten Räumen. Opladen.
Jachtenfuchs, M./Kohler-Koch, B. (Hg.) (1996): Europäische Integration. Opladen.